吉田伸之
Nobuyuki Yoshida

都市

江戸に生きる

シリーズ日本近世史④

岩波新書
1525

はじめに――下からの視座、三つの方法

本書『都市　江戸に生きる』は、日本近世最大の都市であり、歴史上最大規模の城下町でもあった江戸を舞台に、そこで働き暮らした人びとに焦点を当てながら、近世の都市とはどのような性格を持つ社会であったのかを、残された史料を通して考えようとするものである。

「江戸に生きる」人びと、と一口にいっても、江戸時代二六〇年余りの間、江戸で暮らした人びとの総数は、おそらく一千万をはるかに超えるに違いない。その一人ひとりが、現在の私たちと同じように、それぞれかけがえのない生を営んだのである。

また、現代の社会では、建前としてはすべての市民は平等ということだが、当時は、人間の有り様が、生まれの違いによって差異化・差別化される社会、つまり身分社会であった。将軍《しょうぐん》やその家族、全国からやってくる大名《だいみょう》や江戸に定住するその家族たち、そして多数の家臣《かしん》たち、さらには旗本《はたもと》や御家人《ごけにん》などからなる武士。かれらは社会の支配者層として民衆に臨んだが、その武士身分の中にも、種姓にもとづく細かい身分の差異が存在した。また、寺院や神社の僧侶

や神職など宗教者についても、天皇家や貴族層、有力武士の出身者から、はては乞食《こじき》同様の者まで、そこには世俗世界顔負けの差異・差別があった。

一方、町人の社会(町方《まちかた》)は、商人(店舗を持つ)や諸職人(作業場を持つ)たちがその主人公であったが、そこでも巨額の富を蓄えた豪商や大店《おおだな》から、中小の問屋《といや》・仲買《なかがい》、また零細な小商人や棒手振《ぼてふり》(天秤棒で荷をかついで商う商人)などの雑業層、さらには肉体労働者である日用稼《ひようかせ》ぎ、また芸能者や乞食などと、その内部に大きな階層差や身分差を含む、きわめて多様で錯雑とした不平等な構造を持った。

本書では、こうした中で、江戸の町方社会を取り上げ、そこで生きた多様な人びとの存在を見ながら、都市における身分社会の有り様と、その矛盾について見てゆくことにしたい。

現代でもそうであるように、社会を見る眼は、見る人の位置、すなわち視座と、何を見ようとするか、すなわち問題関心や価値観、などによって大きく拘束される。例えば、江戸新吉原《しんよしわら》の遊廓《ゆうかく》世界を見ようとするとき、きらびやかに着飾った高級遊女たちの衣装や飾りに関心を持つ、性風俗の実態をのぞいてみたいという野卑な好奇心で見る、美しい遊女たちがもたらす利益に群がる者たちやその仕組み、さらには遊女の奴隷的で凄惨な実態をあばこうと迫る、などなど、かつて実在した同じ事実をめぐっても、視座や問題関心の違いによって接近する道はいくつもあり、その結果、描かれる歴史像はまったく異なるものとなるだろう。

そうした中で、本書では「下からの視座」に立ち、ふつうの人びとの暮らしや営みを事実に即してリアルに見よう、という問題意識で、町方を中心に、江戸の都市社会の実態に迫ってゆきたい。現在も過去も、社会の全体を把握しよう、知ろうとするとき、わかりやすく手っ取り早い方法は、時の最高権力者の目を借りて、天上から社会を見下ろす(睥睨《へいげい》する)ことであろう。自ら汗を流して労働することもなく、民衆の生み出す富を収奪しながら、ひたすら贅《ぜい》を尽くす消費生活が彩る居心地の良い場所から、世界を、そして「下々」を見下ろす。民衆の暮らしの細かいことなど、どうでもいいことなので、あまり気にしない。こうして権力者の目を借りて、大ざっぱに全体を把握するのは、ある種の快感を伴うのであろうが、結局は社会の表層か虚像を描くに留まり、空《むな》しい結果に終わることになるのではないか。

一方、奢侈《しゃし》的な生活にうつつを抜かす武士たち支配者をはるかに見上げつつ、その全重量を一身に引き受け、地べたで汗にまみれ、虐《しいた》げられながらもしたたかに生きる人びとの視線、つまり「虫けら」の目を持つ民衆の側に身を寄せて、その社会を見上げるように、しかし精緻《せいち》に凝視する、そういう全体把握の方法もある。もとより地べたから簡単には全体を見渡せない。とりあえずは、ごく身近の狭い一角しか目に入らないだろう。しかし、社会を形づくる大切なものの大半は、そうした地べたの細部に息づいている。社会の底辺における細部は、普通に生きる・生きた人びとの世界であり、そこには日々の労働や暮らしに根ざす確かな生活がひろがる。そして本書では、困難な作業とはなるが、ためらうことなく後者の視座に立ち、巨大都市江戸における社会の全体像の把握を目指してゆきたい。先に述べた新吉原の例で言えば、遊女の、それも局《つぼね》遊女屋(狭い空間で遊女を使役する零細な遊女屋)で使役された下級遊女たちの視座から、遊廓の実態とその背後に聳《そび》え立つ幕藩体制の全体を明らかにしてゆく、というような立場である。

こうして「下からの視座」から、まだ闇に覆われた過去の都市社会の全体像に迫ろうとするとき、なくてはならない大切なものは、歴史学の方法である。ただ闇雲《やみくも》に、徒手空拳《としゅくうけん》のままで歴史の暗闇に旅立とうとするのは無謀である。正確なコンパス、精緻な地図、十分な装備、そして柔軟な思考が欠かせない。そこで本書では、次の三つの方法を携えて、過去の世界へ、「江戸に生きた」民衆の世界へと旅立ちたい。

第一の方法は、社会の様子を知る上で、それが基盤とし、舞台となる空間をも同時に見てゆくというものである。つまり、歴史の中の社会と空間とを密接不可分なものとして扱う方法である。こうした方法を「社会＝空間構造論」と呼んでいる。この点は、実は過去の社会に対してだけでなく、現代を理解する上でも同じように重要な、社会認識の基礎であると考えている。

第二は、社会の周縁部分にいる人びとに焦点を当てて、そこから社会全体の特徴をあぶり出すという方法である。武士などの支配層ではなく、田畑を所持する百姓身分でもない。手に技術を備え、多彩な道具を駆使する諸職人でもない。土地や道具などの主な所有対象や、これらによって生産を行う手段や方法が手元にあるわけでない。自分自身の肉体やわずかな貨幣、あるいは知識や芸などが、ほぼ唯一自分の持ち物である。日用稼ぎや棒手振、芸能者や乞食などがまずこれらに相当し、こうした周縁に属す人びとや集団の特徴を見ることで、身分社会の全体を明らかにしようとする方法である。これを「身分的周縁論」と呼んでいる。ちなみに、豪商のように、貨幣や動産を厖大に蓄え、武士身分とともに歩み、これに寄生しながら、同時に身分や特権も売買するような「金の力」で身分社会をこわしてゆくような存在——つまり現在の新自由主義の萌芽——も、この身分的周縁論で考えるべき対象としている。

第三は、身分社会の構造を、のっぺらぼうな一つの全体としてではなく、そこに見いだされる社会集団や団体、ネットワークなど、人びとのつながりや小さな社会を個々の要素と見て分節的に捉え、それらの積み重ねと相互の関係によって全体が構成されている点を重視し、また権力による秩序にも注意を払いながら、全体の構造に迫ろうとする方法である。こうした方法を「分節構造論」と呼んでいる。歴史社会では、個人と全体社会とが、地縁、職縁、血縁などにもとづくさまざまな集団や、集団どうしの結びつきが介在して関係づけられている。社会の実態は、何よりもそれら中間的な集団や団体、ネットワークが形づくる網の目で構成されており、一方でこれらを束ね、統合しようとする権力の作用によって、一つの構造が形成される。こうした中間的な諸集団の実態を明らかにし、それらの連携や対立によって、社会の構造が生み出されるという、分節的な有り様を見てゆこうとするものである。

こうして本書では、社会＝空間構造論、身分的周縁論、分節構造論、という三つの方法を携えて、江戸の社会へと向かいたい。江戸は、巨大都市が形成されたという点で、近世の例外的な社会であろうが、同時に、天皇家や貴族層を除き、近世社会を彩る諸身分のほとんどがそこに寄り集った、という点で、近世社会全体の縮図であり、身分の坩堝《るつぼ》ともいえよう。こうした特徴をもつ江戸を、その部分ではあっても、「下からの視座」に立って見てゆくことは、同時に近世社会の全体を見ることに通ずる。

本書は以上のような問題意識や方法を念頭において、次の五章で構成する。まず第一章では、前提として、城下町という都市の性格を考えながら、その最大規模のものである江戸がどのように形成され、巨大化を遂げたかをたどる。そして、近世後期の江戸の構造を、その身分的な編成のされ方を中心に、江戸城・武家地・寺社地《じしゃち》・町方・かわた町村について、それぞれの概要を見てゆく。

続く第二章から第四章では、巨大化を遂げた江戸の町方から三つのポイントを地帯として選び、それぞれの構造や特徴を少していねいに見ながら、そこで生きる人びとの具体像に迫りたい。取り上げる地帯は、江戸の中心部の社会——南伝馬町《みなみでんまちょう》とその周辺(第二章)、江戸北東部の巨大寺院を中心とする社会——浅草寺《せんそうじ》と寺領《じりょう》社会(第三章)、江戸南端に接する品川宿《しながわじゅく》とその周辺社会(第四章)、の三つである。

また最後の第五章では、身分的な構造をもつ巨大な城下町を存続させ、江戸に生きる人びとを支えるために、なくてはならない燃料エネルギー源の要として、薪《まき》に注目する。そして、江戸周辺部から薪がどのように供給され、江戸へと流通し、販売されてゆくのかを、流通を支えるハード面にも注意しながら、それぞれの場面に息づく人びとの営みにふれる。こうして、モノに焦点を当てることで、江戸の全体像はどのように把握できるか、併せて考えてみたい。

目　次

第一章　城下町・江戸

この章では、第二章から五章への導入として、巨大城下町江戸の空間と社会について、大まかなものとなるが、その概要を見ることにしよう。その際、城下町という個性的な都市が、古代末期以来のこの列島の歴史のなかで、どのように生み出され、長い中世の時期を経て、一七世紀末に現在イメージするようなものへと成長していったか、少し振り返っておきたい。次いで江戸に即し、一二世紀以降の歴史をいくつかの段階に区分しながら、徳川政権の中枢が置かれた都市として確立するに至り、その後に成熟を遂げてゆく過程を見よう。そして、江戸時代中後期の江戸の構造を大きく捉えてみたい。こうして、大まかながら江戸の全容についての見取り図を描き、第二章以降で取り上げるそれぞれの地帯や局面が、江戸という巨大な城下町の中でしめる社会や空間における位置を見定め、そこに営まれる小世界の固有性や特徴について、考える前提としたい。

1　城下町のイデア

日本の近世は「城下町の時代」でもある。近世中後期、全国二七〇家に及ぶ大名《だいみょう》たちは、それぞれ地元(国元《くにもと》)の領地に、城郭《じょうかく》や陣屋《じんや》を営み、またその膝元には町場《まちば》や寺社地《じしゃち》を抱えた。いうまでもなく、江戸はその中でも最大のものであり、巨大な規模に達した城下町の一つであった。そこでまず、城下町とはいったいどのような都市をいうのか、簡単に見ておこう。

城下町は、武士がもつ独自の理念に基づいて建設された城塞《じょうさい》都市である。こうした都市建設の前提となる理念は「都市のイデア」と呼んで、古典古代の時代から現在に至るまで、古今東西の諸都市でさまざまな形で見られるものである。

「城下町のイデア」は、その萌芽を古代末期東国の草深い在地社会で見いだせる。

中世武士の所領支配

戦後の中世史研究を長くリードしてきた石井進氏は、中世武士団の特徴についてわかりやすく説明するなかで、「中世武士の所領支配の構造」を示すものとして、図１-１のような同心円構造を示した。在地社会において、防禦《ぼうぎょ》のために土塁《どるい》で囲繞《いにょう》した武士の館《やかた》・屋敷を中心とし、その廻りに在地領主が直接経営する直営田(佃《つくだ》、門田《もんでん》など)が存在し、さらにその外延部分に、当の領主による支配が及ぶ範囲である「地域単位」(荘《しょう》・郷《ごう》・保《ほう》など)が展開する。

石井氏はこれを、在地社会における武士の所領支配の構造と見て、その中核にある武士のイエ、すなわち館・屋敷が、武士の当主とその家族の生活の場であるとともに、一帯を支配する政治的・軍事的な拠点であり、併せてここが「農業経営・商業・手工業・交通のセンター の役割」も果たした、と述べた。つまり、在地社会に芽生えたばかりのさまざまな都市的な要素を、支配者である武士がそのイエを中心として凝集し、これが一つの社会単位として現れるようすを図に描いて見せたのである。

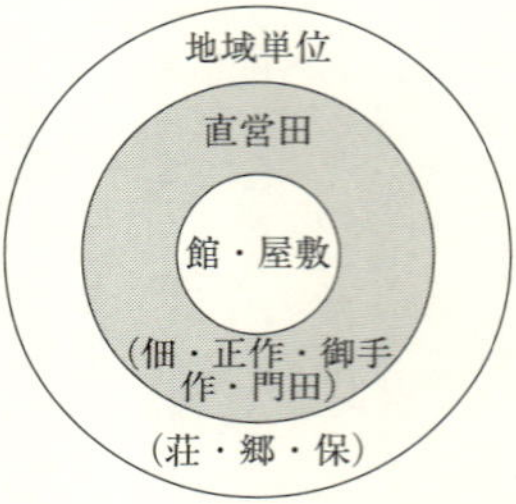

図1-1 「中世武士の所領支配の構造」概念図(石井進氏による)

石井氏が示したこの図で、武士の館とこれを取り囲む空間を城郭と御殿に、また直営田を町人たちの居住地区(町人地)や寺社の分布する一帯(寺社地)に、さらに支配する「地域単位」を大名の支配領域(藩の領域)などにそれぞれなぞらえると、図1-1の同心円の中心とこれを囲む直営田の空間は、ほぼそのまま城下町の構造に、また「地域単位」をその領地範囲に見立てることが可能となる。

つまり城下町とは、こうした在地社会における武士のイエを中心とする構造が、在地社会から分かれて大規模なスケールへと発達したもの、ということができる。こうして、古代末期に生まれ、中世の在地社会を全国規模で彩ることになる在地領主のイエと、これをとりまく周辺の社会こそ、城下町の萌芽・幼生ということができるのである。

伊吹半右衛門の屋敷図

図1－2は、近江国《おうみのくに》湖北の伊香《いか》郡小山《こやま》村（現、滋賀県木之本町）に残された有名な村絵図である。これは近世前期の村のようすを描くものだが、かつてこの地域の在地領主であった伊吹半右衛門《いぶきはんえもん》の居館の「屋敷図」として知られる。その中心に描かれるのは伊吹半右衛門の屋敷で、一町四方（一〇九メートル平方）の範囲にある。ここは土塁で囲まれており、「郭内《かくない》」と呼ばれ、南に表門、東に裏門がある。

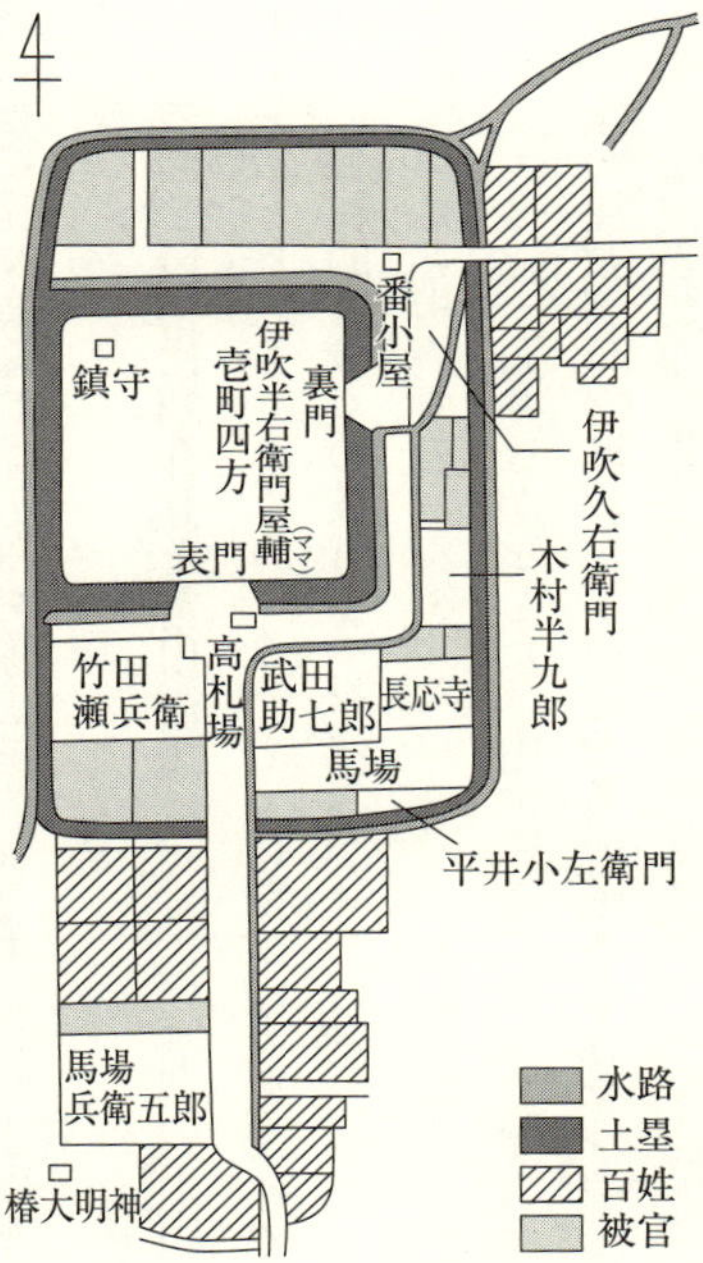

図1-2　伊吹家の屋敷図

この郭内を囲む土塁の外側は「堀ノ内」と呼ばれる。堀ノ内には、伊吹氏の同族・一門の家五軒や長応寺《ちょうおうじ》があり、また被官《ひかん》と呼ばれる本家に従属する農民の家が一五軒みえる。これら郭内と堀ノ内は、全体が堀で囲まれる閉じた空間である。さらに堀ノ内の外部には、南に馬場兵衛五郎《ばばひょうごろう》の家とその被官(一軒)、また東北側と併せて百姓の家が二二軒集まる。

この図を最初に紹介した宮川満氏は、「中世末期の小山村は土豪小山＝伊吹家・馬場家と一般の独立小農民とからなり、……とくに伊吹家は堀をめぐらした広い範囲を屋敷として、そのうちに隷属的な多くの被官をヘヤ住みさせていた」と述べ、この図には中世末期のようすが描かれていると指摘する。

図1-2は、石井氏が示した「中世武士の所領支配の構造」概念図とほぼ同質であり、また伊吹家の屋敷部分を城郭に、被官たちの屋敷部分を家中屋敷《かちゅうやしき》に、百姓の住む一帯を町人地に見立てれば、「まさに近世の城下町構成の原型」(西川幸治氏)と見ることができる。またこの堀などで全体を囲繞《いにょう》する構造は、城下町の外郭ラインである惣構《そうがまえ》を想起させる。

秋田藩の城下町モデル図

図1-3は、山口啓二氏が近世初期の秋田藩における本城久保田(秋田)や、藩領内の横手《よこて》・大館《おおだて》・角館《かくのだて》・湯沢《ゆざわ》・大曲《おおまがり》など有力家臣の支城駐屯地の事例から、それら本城や支城の城下町に共通するモデルを図示し、都市構造プランとしてわかりやすく説明するために作成したものである。

ここでは空間は中央部の川で二分され、その右側には城郭と内町《うちまち》(侍町《さむらいまち》)がある。ここは

「土塁・枡型《ますがた》で外界と遮断」される。また川の左側は、外町《とまち》と足軽町《あしがるまち》（下級家臣団の集住地）・寺《てら》町《まち》が配置される。外町は、町人たちが居住する空間、すなわち「町人町《ちょうにんまち》」（町方《まちかた》）であり、ここは「碁盤割の街路広く、舟運・街道とも結ばれて商業活動の便がはかられ」優遇されている。そして、外町にへばり付くように、足軽町と寺町が見える。

　こうして、図1－1〜図1－3からは、在地領主の所領支配に見られる「城下町のイデア」が、中世の長い歴史を経て、近世の城下町へと連続するように展開していった過程をたどることができる。城下町の都市建設の理念とは、自らが支配する範囲を身分ごと同心円状に区分し、中心に武装した自身の家と組織された家臣団を置き、周辺に武家の権力を補強する寺院や神社からなる宗教施設、また支配域における商業や手工業のセンターを掌握し、流通を支配するために優遇しつつ招き寄せた商人・手工業者たちを配置する、そしてこれらの全体を堀や土塁による惣構で囲む、というものであったといえよう。つまり、こうした武士の支配理念が目に見える形をとったものが城下町であるということができる。

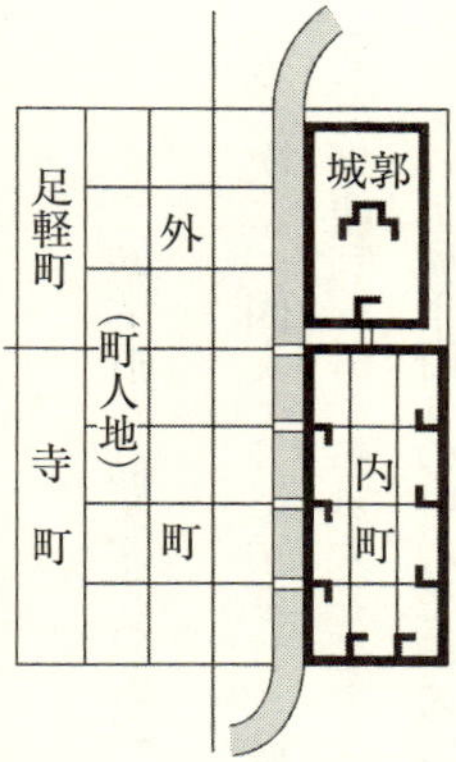

図1-3　城下町の都市構造プラン（山口啓二氏による）

2　城下町を構成する要素

さて次に、図1－3に示された城下町の構成要素それぞれについて、その特徴を見ておこう。ここでは便宜的に、ある大名領主Aの国元における城下町aをモデルとする。

城　内　城下町aの中心である城内には、大名当主Aとその家族の居館、そして支配機関とが複合して存在する。これらは御殿《ごてん》と呼ばれ、外部から遮断された空間である(御殿空間)。御殿の居館部分はAやその家族、女中たちから構成される「奥《おく》」の世界である。一方、支配の諸機関や政務の場が存在する空間は、御殿の中で「表《おもて》」と呼ばれ、ここには役務を担う家臣たちが出勤して詰めた。城内には、この他、城米《じょうまい》や武器を貯える蔵、また手工業者の作業場などが置かれ、さらに下級家臣団や藩直属の武家奉公人《ぶけほうこうにん》が駐屯する施設(長屋)が分布した。

家中屋敷　城内を取り囲むように広がるのは、家臣団の屋敷地が集まる武家地である。これらは大名Aとの姻戚関係、譜代《ふだい》・外様《とざま》などの親疎や家格、また与えられた知行《ちぎょう》(領有地)の量などにより屋敷地の広狭や位置が決められ、その多くは堀などで外部から閉じられた空間(郭内、曲輪内《くるわない》)の中に展開する。有力家臣の屋敷は、大名Ａの御殿と類似の内部構造を持ち、その内に家族や独自の家臣(大名Ａから見ると陪臣《ばいしん》)・武家奉公人などを抱える。また中下級の家臣屋敷は、近似的な規模の者同士が集住することで、地縁的な「町《ちょう》」(侍町)を形成した。

足軽町

藩直属の足軽層は下級家臣団として組に編成され、曲輪の外、周辺部などにまとめて配置される場合が多い。これを足軽町と呼ぶ。足軽町は武家地の一部であるが、町人地や城下町に接する在方《ざいかた》に設置される場合もあった。足軽は本来、戦国期の戦乱の中に生み出された労働者的な性格を持つ戦闘員で、弓・鑓《やり》・鉄砲などの部隊を構成して戦闘の中核を担った。近世においても大名の軍隊にとって重要な戦闘部隊であり、城郭防衛のため城下町の要所に集団で駐屯し、足軽町を形成した。

以上、城内、家中屋敷、そして多くの足軽町の広がる範囲は武家地と呼ばれ、城下町の面積の大半を占める。城郭は将軍から大名Ａへ、また家中屋敷や足軽屋敷は大名Ａからそれぞれの家臣へと与えられた一種の公有地であり、そこでの私有権は制限され、屋敷地の売買や質入れは原則的に禁止された。

寺　社

寺社の中では、まず大名Ａ家の菩提寺《ぼだいじ》や、領主・領域を守護する有力神社が城内に近接して置かれた。また領域に分布する多様な宗派の本寺などが城下町内にまとめて置かれ、寺町を形成した。

これらの寺社は、その土地(境内《けいだい》)を大名Aから与えられ、僧侶や神職などが居所とした。城下の寺院は、領域内の諸寺院を支配し(触頭《ふれがしら》)、領民の人別を把握し身元を担保することで、領主による支配の一翼を担った。また神社は、城下町の町人や領民を氏子《うじこ》に組織し、神事や祭礼を通じて領民支配を補完する役割を果たした。

これら寺社は、領主や家臣団、さらに町人にとっての文化的な営みにも大きな役割を果たすことが多かった。そして城郭や武家地、また町人地とは異なる空間として位置づけられ、寺社地と総称された。こうした寺社地では、境内を芸能や商いの場として開放したり、門前を町人らに貸し付けて門前町屋を営む場合も多く、町人地の社会と深いつながりをもった。

職人町

先に見た図1-3で「外町」とある部分では、近世初期において職人町《しょくにんまち》と町人町《ちょうにんまち》とが別個に存在した可能性が高い。当初の職人とは手工業者一般ではなく、大名や家中に武具を調達し、また城郭や陣地を構築するための技術者・手工業者たちにほぼ限定された。大工《だいく》、杣《そま》、木挽《こびき》、大鋸《おが》、鍛冶《かじ》、桶結《おけゆい》、畳刺《たたみさし》、塗師《ぬし》、鋳物師《いもじ》、鉄砲師、弓師などがそれであり、「諸職人」と総称される。

諸職人の棟梁《とうりょう》は、領主Aに技術労働で奉仕する代償に、直接給与(扶持《ふち》)を受けたり(扶持職人)、また城下町の一定の範囲に屋敷地を与えられた(職人町)。棟梁らが拝領した屋敷地(町屋敷)は配下の職人たちに分割され、家持《いえもち》職人の町《ちょう》が形成された。そこでは、家持職人の共同組織(仲間)と地縁的な共同体(町中《ちょうじゅう》)とは一つのものとして存在した。

諸職人たちは、武器生産などで領主に奉仕するのみでなく、領域内の進んだ技術を独占し、また先進地帯から高度な技術を導入して、道具・農耕具・治水・灌漑・土木など生産技術体系の中心を担った。そして、大名Aはこれら諸職人を優遇することで、領内の生産技術の根幹を掌握しようと試みた。こうした中で、大名Aの領地の百姓や城下町aにおける町人たちの消費需要が拡大すると、職人の仕事は、こうしたいわば民間需要に応ずることが中心となり、狭い職人町に集住することはむしろ桎梏《しっこく》となってゆく。かくて職人町の大半は、早い時期から次に見る町人町とほぼ同質化し区別できなくなり、町方の一つの構成部分となってゆく。

町人町　大名Aの領域内、また隣接する諸都市・諸産地や、上方《かみがた》・江戸など大都市域との間における流通と商業機能を一手に担う商人たちが居住する空間を、町人町(町方、町人地)と呼ぶ。その基礎にあるのは、町《ちょう》と呼ばれる地縁的な共同体である。

町は、職人町のものも含め、多くが通りを挟む両側町《りょうがわちょう》の形をとる。狭い間口(二~五間ほど)と長い奥行き(一五~二〇間ほど)を屋敷地の単位とし(町屋敷)、これらが二〇~四〇軒集まって

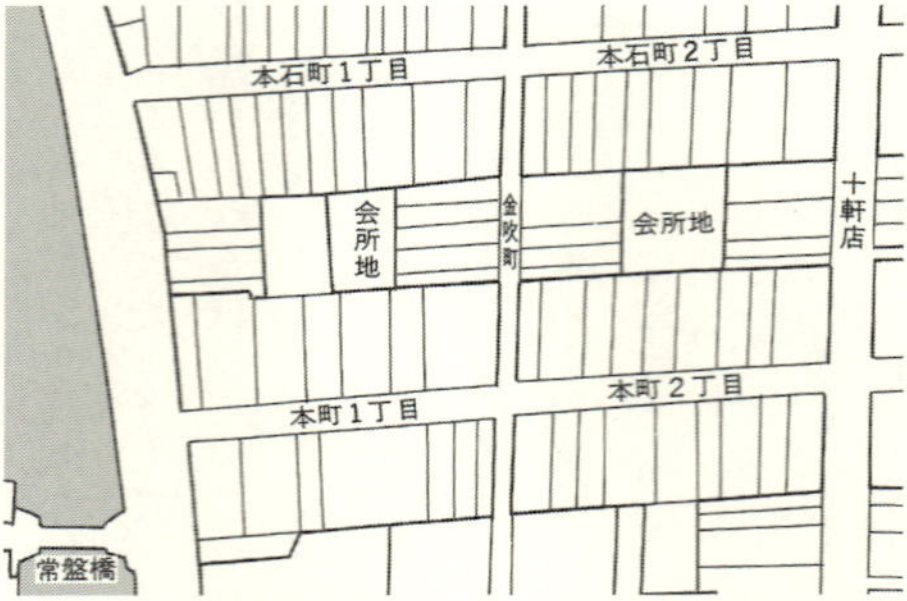

図1-4　日本橋北，本町・本石町周辺の町割復元図．いずれも通りをはさんで構成される両側町の例(玉井哲雄氏による)．

一つの町を形づくった(図1-4)。こうして町屋敷の所持者である家持たちが町の正規のメンバーである町人となる。家持の町人たちは、町内の法(町掟《ちょうおきて》)にもとづき、合議によって、町を共同で運営した。この共同体を「町中《ちょうじゅう》」と呼ぶ。

職人町を含む町方は、大名Aとその家臣団を支えるための諸機能(賄《まかない》機能)を果たすべく、城下町の中でそれぞれ役割を与えられ、その見返りに営業特権や城下町内部での「自由」を認められた。また町人たちは、大名Aに奉仕する単純労働を、町を通じて役として奉仕した(町人足役《ちょうにんそくやく》)。町では、例えば火を用いる一部の職人などを忌避し排除する例もあるが、町人町全体としては、町ごとに同じ職種同士が集住するのを強制されることはなかった。

町人地社会の中心・頂点にいたのが問屋《といや》である。問屋は、本来都市部でのみ許される業態であり、城下町aにおいて領域内外の流通を大名Aが掌握するための役割を担わされた。問屋にはその代償として、口銭《こうせん》と呼ばれる手数料（商品代金の数パーセントほど）を流通する諸商品に賦課する権益が与えられた。これらの問屋の中には、規模の大きな家・店舗（大店《おおだな》）を有す者が現れ、そこでは、武家と類似の構造を持つ家が形成された。この大店には、家族以外に多数の奉公人（下人・下女）が居住した。

町人町には商人のみでなく、広汎な民間需要にも応ずる多様な手工業者、流通の末端を担う仲買《なかがい》や小売商人、棒手振《ぼてふり》、また日用《ひよう》労働者など、多様な職分を担う人びとが集まった。これらの中で、都市の雑業を担う人びとは、城下町の周縁部（場末《ばすえ》）や各町内の裏店《うらだな》に居住して、独自の民衆世界を形づくった。

問屋を経て供給され、また周辺域から生産者や小商人が直接持ち込んだ商品をめぐり、町人町では市場《いちば》が発達した。市場は定期市の場合もあるが、魚や野菜（青物）など一部品目については常設の市場も発達した。市場で売買される品目は、米・雑穀、魚、野菜類、薪炭《しんたん》などが主なものであり、遠隔地からの品目としては塩、茶、古着、小間物《こまもの》などがあった。こうして市場での取引によって、品目ごとの相場が決められたのである。

かわた町村　図１‐３には描かれていないが、城下町ａの構成要素として、その縁辺か周縁部に、かわた身分に属す人びとの集住する区域が設定される場合も多かった。それらは、単独のあるいは複数の町から構成される町場であったが、一方で行政的には村として扱われた。こうした、町場でありながら村として把握される地縁的な共同体は「町村《まちむら》」と呼ばれる。こうした町村の一種であるかわた町村は、大名Aの政策にもよって領域内で差別的な地位に置かれたが、高度な皮革加工を中心とする独自の手工業やこれを扱う問屋や商人が集まる都市集落としての性格をもった。

3　城下町の時代

次に、以上述べたような特徴をもつ城下町を、異なる二つの視点から考えてみよう。一つは世界史の中でどのように位置づけることができるか、という点であり、もう一つは、さまざまな城下町のタイプをどのように整理し把握したらいいのか、という問題である。

世界史の中で　第2節で見たように、身分集団と居住域を一致させるような原理で都市の構造を分節化するのは、日本近世の城下町に見られる独特な個性であると考えられる。しかし、城郭＝要塞を核として、権力や軍団、そしてそれらを支える商業・流通機能が集中するような都市の類型は、一六世紀から一七世紀前半の世界各地でほぼ同時に出現することが最近注目されている。

ダニエル・ボッマン氏(イェール大学)によると、インドでは、イギリス植民地支配下のマドラス(チェンナイ)、ボンベイ(ムンバイ)、カルカッタ(コルカタ)、フランス植民地支配下のポンディシェリーなどは、いずれも要塞を核として建設された計画都市(プレジデンシー〔総督〕都市)であり、これから一六～一七世紀を世界史における「城下町の時代」として括ることができるのではと問題を提起している。

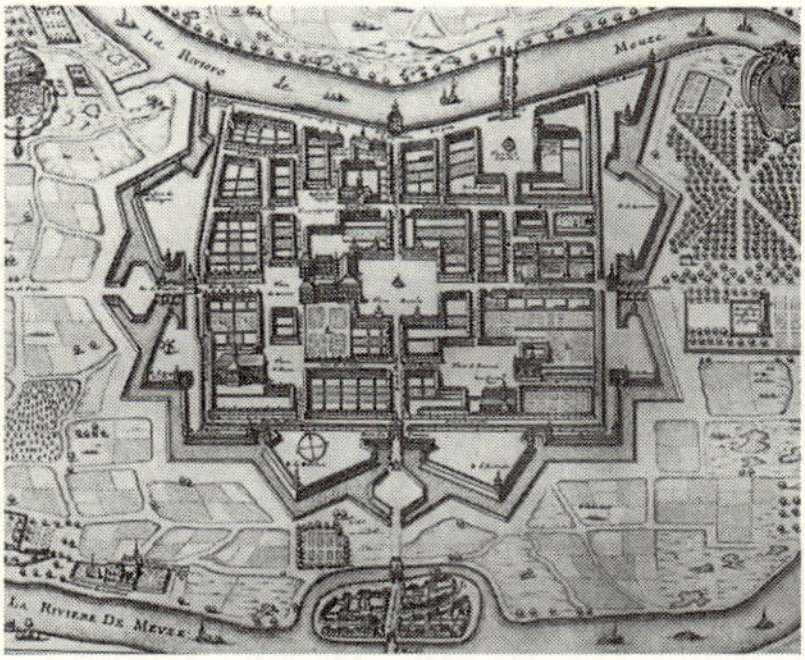
図1-5　17世紀のシャルルビル(アルデンヌ県文書館蔵)

この他に例えば、フランスとスペイン領ネーデルラント(現、ベルギー)国境地帯にアルシュ侯シャルル・ド・ゴンザークにより一六〇六年に創設された要塞都市シャルルビル(図1-5)、北米大陸東海岸に一六二六年頃オランダにより建設された植民都市ニュー・アムステルダム(現在のニューヨーク)、などをあげることができる。
ちょうど、イギリス、フランス、オランダなどの東インド会社が主導する重商主義により、西欧起源の「単一の世界史」がこの地球上を覆い始めたこの時期に、世界の各所で類似の要塞都市＝城下町がいっせいに生み出されたことは偶然とは考えられない。この時代を「城下町の時代」と呼ぶことができるとすれば、その内容をどのように考えたらいいのだろうか。

武器の革命、軍団編成や戦闘形態の激変、それらを背景として、「未開地」を植民地化し、あるいは国内の分立する諸勢力を武力によって統合し、編成する。そうした動向が、それぞれの地域特性に応じた個性的な要塞都市をいくつか生み出したということであろうか。そして、城下町が日本にのみ固有の要塞都市類型ではないこと、また他方で、空間を身分ごとに分節するという点は、日本近世にかなり特殊なものであることなどを指摘できそうである。

城下町の「発展段階」

城下町は、中世から近世の歴史の中でどのように展開したのだろうか。この点を考える場合、例えば戦国期城下町、織豊《しょくほう》(織田・豊臣期)城下町、近世城下町などと、時代ごとに分断して捉えるような見方もあるが、ここではそうした把握の方法は採らない。先に述べたように、城下町は、中世武士団の所領支配の構造に起源を持つ一つのイデアを基礎にする都市の類型として、終始一貫したものだと考える。そして、長い中世の中で育まれ、戦国時代末期までに一つの都市類型へと成長し、近世の初頭に武士の統一政権(織田・豊臣政権)が成立したときから徳川政権の初めにかけ、すなわち一六世紀末から一七世紀初めにかけて、全国的規模でいっせいに建設されたものである。つまり、幼生期の城下町(戦国期まで)、孵化《ふか》した城下町(織豊期)、成熟し衰退する城下町(徳川期)、などと連続して見ようとする方法である。そこで、城下町の形成から解体までの過程を、推定を交えて簡単にスケッチしてみよう。

幼生期の城下町

城下町のイデアは、前述のように、古代末期から中世前期の東国を中心として数多く生まれた在地社会の武士の所領支配それ自体である。そこには、城下町を構成することになるすべての要素——被官(家中と軍団)、百姓(諸職人と町人)、市、宿、寺院、神社——や、インフラ——街道や水路——が、それぞれ未熟ではあるが萌芽として存在する。しかし武士のイエは、これら諸要素をイエの廻りにまとめ、その全体を空間的に囲うことまではできていない。

中世後期になると、一部大規模化を遂げた一国一郡を領有の単位とする武士団が各地に登場する。かれらは領域支配の拠点を都市域に設置し、領域内の都市的なさまざまな要素を拠点の界隈に集め始める。また戦闘の形態が、足軽などの歩兵による集団的な形へと大きな変貌を遂げることで、下級の武士層やこれらの軍団を補助する労働者層(武家奉公人)が武士団の周辺に多数集まる。こうして武士の所領支配構造というイデアが、ルーズにではあるが、一定の都市領域として形を現す。すなわち城下町の幼生の誕生である。

城下町の孵化

こうした、まだルーズな城下町域が一定の空間範囲へと凝縮され、幼生としての城下町が一気に孵化を遂げるのは、一五七六年(天正《てんしょう》四)に織田信長《おだのぶなが》により着工された安土城《あづちじょう》(山)とその城下(山下《さんげ》)の建設を画期とする。

全国統一を間近に控えた信長が、琵琶湖東岸に建設した安土は、そのプランにおいて、その後の城下町の範型になった。一つは、家臣団が城下町へ居住することを強制したことである。その多くが、まだ尾張《おわり》や美濃《みの》に本拠がある家臣たちを、原則として家族ごと安土に居住することを命じた。二つは、優れた技術を持つ諸職人を城下に招き、職人町を与え、また琵琶湖舟運の拠点・湊町常楽寺《じょうらくじ》や中山道《なかせんどう》を城下町域に取り込み、商人や取引の場(市《いち》)を保護し優遇することで招き寄せたこと(いわゆる楽市楽座《らくいちらくざ》)が重要である。また、三つめとして、下級武士や武家奉公人が集住する空間を城下域内、すなわち惣構の内部に設定したことがあげられる。

その後、豊臣秀吉《とよとみひでよし》による伏見《ふしみ》や大坂の建設、またほぼ同時期に本格的な造営が開始される江戸などを軸に、統一権力の拠点としての大規模城下町が次々と造られ、これに従う諸大名らは自らの所領において、その拠点として城下町を新たに建設していったのである。

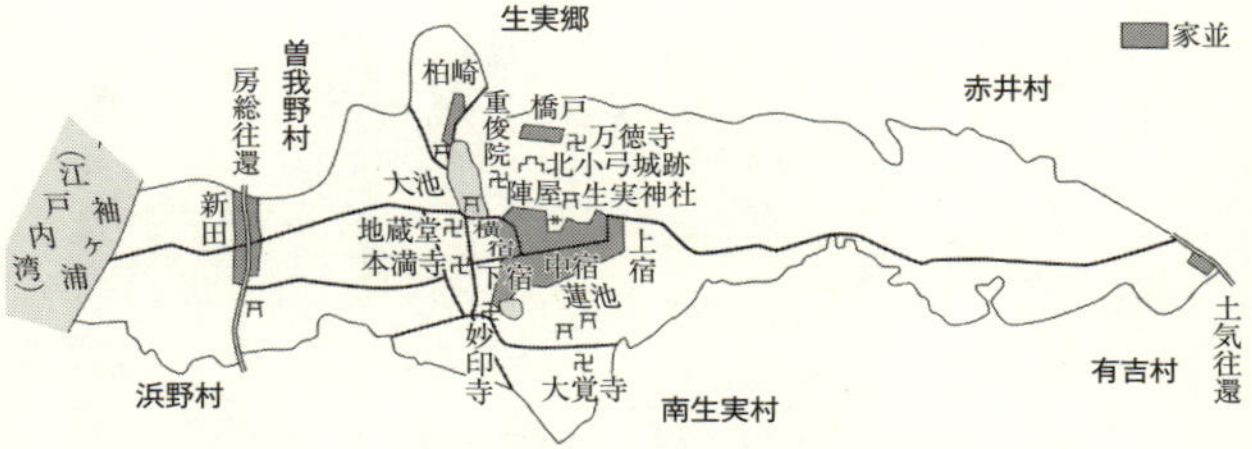

図1-6　陣屋元村　下総生実《おゆみ》藩(森川氏・1万石)の陣屋と北生実村(現，千葉市緑区)．

近世における城下町、四つの類型

こうして一七世紀以降、徳川幕藩体制期において、城下町は全国に普及・分布し、このあと二七〇年近くにわたり、日本を代表する都市の類型となる。そこにはいろいろなタイプの城下町が存在するが、これらを大きく次の四つに区分してみたい。

陣屋元村

大名の中でも一万石程度の小規模なものは、その本拠である国元に城郭を構えることはなく、陣屋《じんや》と屋敷をもつにすぎなかった。しかしこうした陣屋の界隈には、家中屋敷や商業機能を賄う町場、寺社などが所在し、ミニ城下町ともいえる様相を呈する。これを陣屋《じんや》元村《もとむら》と呼ぶ。幕府代官所《だいかんしょ》の所在地や、交代寄合《こうたいよりあい》格(上級旗本《はたもと》のうち、所領に陣屋を持ち、江戸に参勤するもの)の旗本においても類似の陣屋元村を見いだすことができる。これらは、在地社会に生まれた城下町の祖型、あるいは幼生を彷彿とさせるものである(図1-6)。

(真性)城下町

二、三万石から一〇万石程度の城持の大名が、国元に構える城郭・御殿をほぼ唯一の核として形成される城下町のことであり、図1-3のモデル図が基本的な構造となる。家中屋敷地が発達し、足軽町も展開する。また寺院や寺町も見いだすことができる。さらに、領内の手工業や商業の多様な要素を集約する形で、職人町と町人町からなる町方が、城下町の中心を占める。こうして、身分的に分節された社会や空間を伴う城下町が確立する。これをとりあえず「(真性)城下町」と呼んでいる(図1-7)。

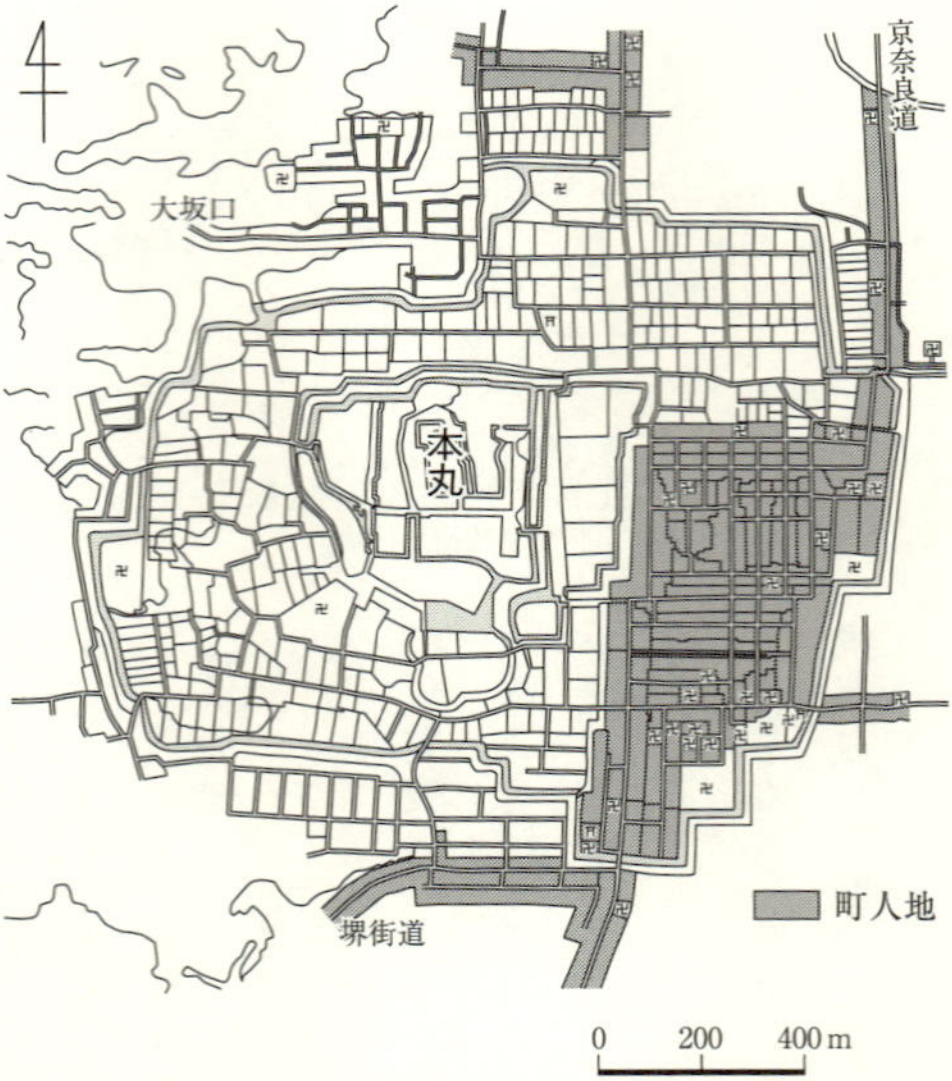

図1-7 (真性)城下町．享保期の大和郡山(柳沢氏・15.1万石，『図集 日本都市史』を一部改変)．

複合城下町

御三家《ごさんけ》や外様の大藩など、規模の大きな城下町がこれにあたる。例えば、名古屋、和歌山、水戸、仙台、会津若松、甲府、金沢、福井、岡山、広島、福岡、佐賀、熊本、鹿児島などをあげることができる。これらは郭内の規模、城下町の面積、町人地の人口などの点で(真性)城下町の数倍の規模に及ぶが、これを質の面で見ると、以下の点で独自の特徴を帯びている。

第一に、自立的な有力家中の屋敷が城下町内に複数包摂されることである。これら有力家中は、小規模大名や、上級の旗本層にも匹敵する規模をもち、また屋敷内外に固有の家中を抱えるなど、あたかも城下町内に独自の「小城下町」を構成するような形をとる。こうした点で、大規模城下町は、当の大名領主の城郭を中心としながら、複数の有力家中屋敷を副次的な核にもつように、複合的に構成されることになる。

第二に、町人地の規模が数十町以上の規模に膨らみ、これに対応して、有力商人の店舗(大店《おおだな》)が発達し、また規模の大きな市場が町人地内で常設化する、また雑業層や労働者層(日用《ひよう》)を中心とする都市民衆世界が成立する、など、大名の統御が及ばない独自の都市社会が高度に発達する。こうした特徴をもつ城下町を、複合城下町と呼んでみたい。

複合城下町が、一段と大規模化したものが巨大城下町である。これに相当するものとして、江戸と大坂をあげることができる。この二つは、それぞれ数百から千数百に及ぶ町が密集し、三〇〜五〇万人もの町人人口を抱える規模に達した。これに匹敵する巨大都市として京都がある。

巨大城下町

京都は、ながらく平安京以来の朝廷や公家《くげ》らの王朝都市であったが、承久《じょうきゅう》の乱《らん》後、鎌倉幕府による六波羅《ろくはら》探題《たんだい》の設置を経て、武家地の要素が徐々に浸潤・拡大し、室町幕府の開設以後においては、市中をも戦場とする長い動乱の時期を経る。こうして一五八六年(天正一四)、天下統一をほぼ手中にした秀吉は、京都の大改造を試み、その中で聚楽第《じゅらくだい》とそれに付随する「城下」の大名屋敷街、および新たな惣町《そうちょう》である聚楽町《じゅらくまち》の建設を実行した。

これと一六〇三年(慶長《けいちょう》八)の徳川家康《いえやす》による二条城《にじょうじょう》の建設は、京都の中に城下町を創出し、武家の都に変容させようとした試みといえるが、結局は挫折するに至った。こうして京都は、王朝都市の中に、二条城に象徴されるような城下町的性格を一部に嵌《は》め込んだ「複合都市」というユニークな性格をもつことになった。

こうして、いわば純粋の巨大城下町といえるのは、大坂と江戸の二つだけである。大坂は、豊臣氏の滅亡後、ごく一時期をのぞいて幕府の直轄都市として存在し、幕府が畿内《きない》や西日本を把握する要《かなめ》として、政治・軍事・経済の一大拠点としての役割を担ってゆく。
そこでは江戸のように諸大名の屋敷が広大な空間を占めることはなかった。しかし、西日本の諸藩を中心に数多くの大名が蔵屋敷を設置し、また幕府が派遣する大坂城代とその家臣団、東西の大坂町奉行所の機構など、江戸に較べれば小規模ではあるが、武家地の比重は決して小さいものではなかったのである。江戸については後述する。

城下町の「発展」と死

以上見てきたような、陣屋元村→(真性)城下町→複合城下町→巨大城下町というのは、城下町の発展段階のモデルであり、また同時に、近世における城下町の主要な類型を示すものでもある。ただし、発展段階のモデルとはいっても、例えば中世の江戸氏居館から、戦国期の太田氏や北条《ほうじょう》氏支配下の江戸、徳川氏の複合城下町を経て巨大城下町江戸へ、という事例以外に、こうした段階をたどった事例をあげることは困難である。

近世において、陣屋元村を含めれば数百に達する城下町は、明治維新以後、身分制の廃止に伴って、その多くは城郭や武家地が破却・解体され、その歴史を終える。こうしてかつての城下町は大きな変貌を強いられるが、主要なものは現在にまで至る都府県の中心都市として継承され、明治国家を支える拠点となった。こうしたなかで、特にかつての城下町段階において、流通や商業、また市場機能などを一手に担ってきた人びとが居住する町人地の部分は、明治期以後も、ほぼそのまま都市域の中枢として機能してゆくことになる。

4　城下町・江戸の「発展」段階

そこで次に、本書が舞台とする江戸の概略について、城下町の発展段階という視点から見ておこう。ここでは、次の八つの段階に区分して考えてみたい。

一期—中世武士の居館

一二世紀初め、秩父《ちちぶ》氏一族が武蔵《むさし》国豊島《としま》郡江戸郷に入り、江戸氏を名乗った重継《しげつぐ》による居館の建設が、江戸の歴史の始まりとされる。まさに、先に図1－1で見た、古代末期から中世の過程で生み出された在地武士のイエに相当する。

二期—戦国期武将の城郭

一四五七年(長禄《ちょうろく》元)、関東管領扇谷上杉《おうぎがやつうえすぎ》氏の家宰《かさい》であった太田資長《おおたすけなが》(道灌《どうかん》)により、江戸氏居館の跡に江戸城が建設される。この江戸城は、子城・中城・外城の三重の曲輪《くるわ》からなる堅固な平城《ひらじろ》であったとされる。また城郭に隣接する平《ひら》川《かわ》の河口には湊や町場である平川村があり、これらを城下と見ることも可能である。こうして詳細は未詳であるが、すでに城下町的性格をもつに至ったということができよう。

しかし、城下全体を囲繞する惣構《そうがまえ》はまだ存在しなかった。太田道灌が暗殺された後、上杉氏による支配を経て、一五二四年（大永四《だいえい》）に北条氏綱《うじつな》の支城となる。そして、一五九〇年（天正一八）四月ごろ北条氏を攻撃する秀吉軍がこれを接収し、七月に北条氏が本拠小田原で滅亡すると、関東への移封を強制された徳川家康に与えられることになる。

三期―豊臣政権期

家康の新たな居城となった江戸は、関八州《かんはっしゅう》における徳川氏の新たな所領支配の拠点として、急ピッチで拡大整備が進められる。まず城域が拡大、ついで西《にし》ノ丸《まる》部分が造営され、また日比谷入江など低湿地の大規模な埋立てと造成が推進される。この時期の江戸の構造は不詳であるが、東国随一の大大名にふさわしい大規模な複合城下町段階とでもいえるのではないだろうか。特に、ほぼ同時期に前後して建設される信長の安土、秀吉の今浜《いまはま》（長浜）（一五七四〜八五年）・大坂（一五八三年〜）・伏見（一五九二年〜）など、織田・豊臣の統一政権が主導して進められた城下町建設プランの影響を、江戸はどう受けたかが注目される。

四期―惣構の中の江戸

以下四〜八期は、江戸幕府開設以後の、すなわち江戸が徳川政権の中枢となった時期で、当初から巨大城下町レベルの段階に入る。

統一政権を継承した家康が江戸に幕府を開くと、江戸は国家権力の新たな所在地（首都）となる。そこで、支配下においた全国の諸大名を動員して、江戸城と街区の大規模な改造と造成、インフラ建設などに着手し、江戸は一挙に巨大城下町へと変貌を遂げる。その完成した形態は、寛永期《かんえいき》(一六二四〜四四年)の「武州豊島郡江戸庄図」(「寛永江戸図」)や「江戸図屏風」などから窺うことができる。

その大きな特徴は、江戸の全体を堀のラインを惣構としてほぼ囲繞した点である。江戸城(本丸・西ノ丸)を中心に、城内の尾張《おわり》・紀井・水戸《みと》の御三家をはじめ、内堀内外の諸大名屋敷地、旗本屋敷、足軽町、寺町、そして日本橋《にほんばし》・神田《かんだ》・中橋《なかばし》・京橋《きょうばし》などの町人地は、大寺社や街道沿いの町場部分を除き、いずれも惣構内に取り込まれるように置かれた。この時期、江戸北東部の浅草寺領《せんそうじ》を中心とする浅草《あさくさ》や、南部の品川《しながわ》などは、江戸近郊の都市域として、まだ江戸の外部にあったのである。

この時期、町人地を中心とする都市社会は、ようやく史料上にその輪郭をあらわし始める。惣構内の町人地に生まれた町は三〇〇町を超え、「古町三百町《こちょうさんびゃくちょう》」と呼ばれる。これらは日本橋を境に、「北之方《きたのかた》」と「南之方《みなみのかた》」の二つの広域グループに区分された。この二つは、江戸町方の町の連合体、すなわち「惣町」である。この中で、日本橋や中橋・京橋には職人町が集中し、江戸城への各種御用を勤めさせられ、またここは、諸国からの物資荷揚・流通の一大センターとしての機能をもち、これに携わる問屋・商人たちが分厚く密集した。また、「古町三百町」

には原則としてそれぞれに名主《なぬし》がおかれた。これを「町《ちょう》の名主」と呼ぶ。町は、家持町人が自治的に運営する共同体であり、幕府に対する多様な役負担や都市支配の末端を請負う主体であった。

江戸には早くから伊勢《いせ》・近江《おうみ》などより多様な商人が進出したと推定されるが、詳細はまだわかっていない。こうした中で寛永年間の初めに、上方からの下《くだ》り物を大量に運送する定期の海上舟運が開始された。菱垣廻船《ひがきかいせん》の始まりである。また、一七世紀初頭から魚市場が日本橋本小田原町《ほんおだわらちょう》界隈で開設されたとあり、後の市場《いちば》社会の原型がすでにこのときから見られる点が注目される。

五期―明暦大火と大拡張

一六五七年(明暦《めいれき》三)正月の大火(明暦大火《めいれきたいか》)は、数万人と言われる焼死者をはじめ、江戸城や大名屋敷群をふくむ巨大城下町の大半を焼き尽くすなど、計り知れない被害をもたらした大災害となった。しかしこうした災害をも、自己の権力基盤を固めるチャンスと見たものか、幕府は、江戸市中の空間構造をリセットするかのように、一回りも二回りも外縁部へと拡張する方向で、江戸の大規模復興に乗り出した。まず、江戸城と大名屋敷の位置づけを一新し、空間配置を大きく改めた。こうしたなかで、江戸城本丸天守閣はこの後二度と再建されることはなかったのである。

また御三家や外様大藩をはじめ、ほとんどの大名屋敷地を移動させ、また郭外への移転を命じた。一方、全国市場の確立に即応させるかのように、町人地を惣構の外や、海岸部、および隅田川対岸の沼沢地を新しく大規模に干拓・造成し、ここへ大きく展開させた。惣構の内では、築地《つきじ》・霊巌島《れいがんじま》・八丁堀《はっちょうぼり》地区の造成・整備が進み、また特に隅田川以東の本所《ほんじょ》・深川《ふかがわ》で、大規模な開発と運河や貯蔵施設などのインフラ整備、不足する旗本《はたもと》や御家人《ごけにん》の屋敷地開発が推進された。こうして、本所・深川には、全国市場と江戸を結び、江戸城をはじめとする幕藩領主や市中へ大量の物資を供給するターミナル機能が集中した。これによって、それまで江戸や江戸城への物資供給の拠点であった日本橋・中橋などでは、不要となった入り堀を埋め立て、新たな町や火除地《ひよけち》(広小路)が生み出された。

また、それまで江戸市中《しちゅう》と在方《ざいかた》とを隔てた惣構＝外堀が、境界としての役割を停止し、江戸は惣構の範囲をはるかに超えて、北に、西に、また南へと、大きく拡張した。その中で、一六六二年(寛文《かんぶん》二)に上野・下谷《したや》・芝《しば》など、それまで代官支配地であった地区や、中世以来独自の都市であった浅草地区が市中へと包摂された。

また、五街道《ごかいどう》沿いでは、隣接する在方社会で急激に都市化が進み、そこに多くの町場が新たに開かれていった。これら町場のかなりの部分は、御家人層の拝領町屋敷《はいりょうまちやしき》として設定されてゆく(大縄拝領町屋敷《おおなわはいりょうまちやしき》)。こうしてほぼ一八世紀の初頭までに、江戸は巨大都市の第二段階へと到達し、その後、幕末維新期に至るまで、空間の大枠が大きく変化することはなかったのである。

この間、江戸の範囲が拡大するなかで、都市社会もさまざまな点で著しく変容した。その背景にある重要な要因は全国市場の確立である。全国市場は、幕藩体制を維持するためのいわば循環器体系であり、三都を心臓部として全国の城下町や諸都市を結ぶ流通システムの全体を意味する。その中心を担ったのは、上方を中心とする有力な商人層である。

彼らは江戸をはじめ全国の諸都市に進出し、主要な品目の流通・販売や、その莫大な資産を基礎とする金融機能を通じて、幕藩領主と共生しながら全国市場を支配した。江戸では一六九四年(元禄《げんろく》七)に、上方と江戸との海運の共同保全を名目として、米・塗物《ぬりもの》・畳表《たたみおもて》・酒・紙・綿・薬種・小間物・油・釘などの品目に関わる問屋《といや》の連合が組織され、「十仲間《じゅうなかま》」(十組《とくみ》問屋仲間)が形成される。

十仲間結成に見られるような問屋層による流通の独占は、その一部に三都を股にかけて活動する巨大な商人資本を生み出してゆく。三井《みつい》越後《えちご》屋《や》や鴻池《こうのいけ》などがその例である。そしてこうした動向は、江戸市中にさまざまな影響をもたらした。

一つは、巨大商人により、江戸町方中心部の土地(町屋敷)が大量に集積され、一七世紀末までに、中心部の多くの町で居付《いつ》きの家持《いえもち》町人が激減し、町中《ちょうじゅう》を運営する主体が空洞化する事態が広範に見られたことである。これらの町では、巨大商人ら不在地主に代わって、彼らに雇用され、町内の役務を代行する家守《やもり》が増大する。そして、多くの町では、町の運営はほぼ家守に委ねられることになるのである（家守の町中）。そして、こうした事態に応じて、かつてはほぼ各町内に存在した名主（町の名主）の多くも不在となり、他方で一部の有力な名主が、名主不在となった周辺町々の支配を併せて兼任する「支配名主」に変容する。

いま一つは、都市民衆世界の顕在化である。諸国からの物流センターとなった江戸は、幕府や諸大名の奢侈的な消費生活を賄うだけでなく、流通の諸側面で多様な雑業の機会を生み出すことになった。水上運送に伴う荷役労働（艀下《はしけ》、水主《かこ》、小揚《こあげ》）、陸上交通に関わる運搬労働（牛車《うしぐるま》、仕手《して》方《かた》車力《しゃりき》、飛脚《ひきゃく》人足《にんそく》、馬子《まご》、駕籠《かご》舁《かき》）、市場での取引に伴う諸労働（軽子《かるこ》）、厖大な都市社会の隅々に消費物資を提供する小商人（振売《ふりうり》、棒手振《ぼてふり》）、などである。

また、武家や商家に奉公人や日用を供給する特異な労働市場が生み出された（人宿《ひとやど》）。特に幕府の諸機構や諸大名の屋敷には、下級の足軽をはじめ、雑務を担う中間《ちゅうげん》・小者《こもの》などが、江戸周辺諸国や江戸市中から多数供給された。彼ら武家奉公人は、一季・半季（一年や半年間）で雇用される場合も多く、事実上の都市労働者であった。そして、雇用先が見つからず浪人状態となった場合は、町人地の民衆世界にその身を置いたのである。こうした都市民衆層は、町人地で各町の裏店《うらだな》や場末《ばすえ》に居住し、あるいは大名ら武士の屋敷内で長屋に集団で居住するなど、無視できない社会層となってゆく。

六期―成熟期としての一八世紀

享保《きょうほう》から寛政《かんせい》に至る一八世紀の過程で、江戸はほぼ固定した広大な空間を枠組みとし、その内部に都市社会を熟成させてゆく。まず、一七一三年（正徳《しょうとく》三）に深川・本所・浅草・小石川《こいしかわ》・牛込《うしごめ》・市谷《いちがや》・四谷《よつや》・赤坂《あかさか》・麻布《あざぶ》などで「町と名のつく」所二五九町を江戸市中に編入し、江戸町方は九三三町に達する。また、それまで寺社奉行《じしゃぶぎょう》支配の下にあった寺社門前町《じしゃもんぜんまち》四四〇ヶ所と境内町屋《けいだいまちや》二二七ヶ所が、一七四五年（延享《えんきょう》二）に町奉行《まちぶぎょう》の管下に編入される。こうして江戸町方は総数一六七八町となり、「古町三百町」の五～六倍の規模に達する。そして町方の人口規模は五〇万人に及び、これら町数や人口数は、その後幕末までほとんど変わらない。こうした拡大により、江戸市中における町人地社会の比重は格段に増したことが想定できよう。

町人地の拡大とともに、支配名主を中心に自治と行政の仕組みが整えられていった。一七二二年（享保七）、町奉行大岡忠相《おおおかただすけ》が名主数の減少を求めたことを契機に、江戸市中の名主二六三名は、町入用《ちょういりよう》の縮減などを目的として、一七組からなる組合設立を出願し許可された（番外として新吉原《しんよしわら》)。名主番組は以前から存在したが、支配名主らの共同組織として、町奉行に初めて公認され、近世後期の町方行政の根幹を担うことになる。この名主番組は一部が分割され、また増加した寺社門前町の名主らを含めたりしたため、一七四九年(寛延《かんえん》二)までに二一番組(番外として、新吉原と品川寺社門前)となった。

一七世紀後半以降、巨大化を遂げつつある江戸には、多様な消費需要に応ずるさまざまな職業ごとに、諸職人や商人などで職種別の仲間が数多く生まれた。一七二一年(享保六)に町奉行所は、これら商売人に地域ごとの「向寄《むより》」で三〇~四〇人ずつの仲間を作り、そのリスト(名《な》前帳《まえちょう》)を提出するように命じた。この時、商売人として例示されたのは表1-1にある九六種である。その大半は、十仲間(十組)などの問屋を欠いており、都市民衆世界の代表的な職種が中心である。こうして幕府は、都市社会を構成する多様な要素を、名前帳を通じて直接把握しようと試みたのである。

また問屋については、地廻《じまわ》りから江戸に送られる主要な品目である米・味噌・炭・薪・酒・醤油・水油・魚油・塩・木綿・真綿・銭の一二品目について、問屋仲間の結合が公認される。これを十二品問屋《じゅうにひんといや》、河岸問屋《かしといや》などと称する。そして、江戸の都市社会を流通の側面から統括する問屋層は、十組と地廻り十二品問屋のいずれかに編成されてゆくことになった。

表 1-1　1721 年(享保 6)，諸商売人名目

扇屋	紺屋	菓子屋	紙屋
雛人形屋	瀬戸物屋	椀問屋	皮細工
小間物屋	きせる屋	糸組屋	火鉢土器屋
塗物屋	布物屋	絹紬問屋	鼻紙袋屋
はん木屋	練人形屋	絵馬屋	唐紙屋
たはこ入屋	玉細工	錺屋	鋳物師
金具屋	指物屋	塗師屋	蒔絵師
下傘請売	銅細工	唐金細工	はし屋
下駄屋	紙子屋	紺屋形彫	子供手遊類
戸障子細工	合羽屋	駿河細工	櫛引
鯨細工屋	作り花屋	だくわしや	さし傘
仕立屋	水引屋	小刀屋	煎餅屋
へつかうや	菖蒲甲屋	三味線屋	錫屋
雪駄屋	土人形屋	琴屋	屛風屋
御用達町人	菖蒲刀屋	楊弓屋	経師
張貫人形屋	飴屋	正平染屋	花火師
筆屋	花昆布屋	白銀屋	印籠師
縫箔屋	挑灯屋	硝子屋	青貝師
彫物師	鍔師	鏡屋	毛せん屋
ふすへ革屋	籠屋	革細工人	もゝ引屋
革羽織屋	革足袋屋	鞠屋	呉服屋
京都出店糸組屋	はりこ屋	請菓子屋	紙漉屋
うちわ屋	唐木細工	挽物師	硯師
みす屋	あかね染	紫屋	ひもの屋

『江戸町触集成』による．

こうして、名主番組という行政・自治の枠組みと、他方で、十仲間・地廻り十二品問屋という問屋層の仲間、また一〇〇種以上に及ぶ職人・商人の仲間・組合という、社会の編成や統合の仕組みができあがることで、幕府による江戸の支配はとりあえず安定することになる。

しかし、熟成を遂げたとはいえ、江戸の社会は巨大都市ゆえの深刻な矛盾を抱えこんだ。それは町方社会における厖大な都市民衆の存在である。前述したように、幕府や諸大名、また旗本屋敷は、江戸の都市機能に依存することで初めて奢侈《しゃし》的な消費生活を維持できた。かれらの統治のための活動や日々の暮らしは、特権的な両替商や有力問屋などの御用商人のみでなく、多様な雑業や奉公人の労働を担う全国から江戸に流入してくる人びとを含めて、厖大な数に膨れあがった都市民衆に全面的に依存することで初めて成り立っていたのである。その日その日の労働や零細な商売で手にしたわずかな収入で、かつかつの生活を営むこれら都市民衆は、賃銭の多少、米価や物価の高騰、地震・大火・水害などの災害、流行病、飢饉《ききん》などによって、その生活基盤をすぐに破壊され、また生存の危機に直面した。

西日本を中心とする、前年からの蝗害《こうがい》による大飢饉で米価が急騰し、江戸でも飢人が出るなか、一七三三年(享保一八)一月二五日に、江戸中心部本船町《ほんふなちょう》の米穀問屋・高間《たかま》伝兵衛《でんべえ》店が激しく打ちこわされた。これには、高間による米の買い占めに反発する諸職人・日用など其日稼《そのひかせぎ》の者二〇〇〇〜三〇〇〇〇人が押し寄せたとされ、幕府権力や特権的な豪商層にとって、初めてその膝元で直面した大規模な民衆騒擾《そうじょう》であった。これにより幕府は、都市民衆を無視しては江戸の安定的な維持が覚束《おぼつか》ないことを痛感させられたが、さしたる対策を施さないままに天明《てんめい》期にいたる。

一七八三年(天明三)から始まる未曽有の大飢饉のなかで、天明七年五月下旬に深川あたりから発生した騒動は、瞬《また》く間に江戸全域の町方すみずみに広がり、質屋・米屋など一〇〇〇軒近くが打ちこわされ、深刻な衝撃を幕府中枢に与えることになる。こうして、田沼意次《たぬまおきつぐ》失脚後の残党が一掃され、松平定信《まつだいらさだのぶ》らによる幕政改革が開始されることになる。この改革の最大の眼目は江戸の都市政策であり、なかんずく下層民衆に対する社会政策であった。町法改正と七分積《しちぶつみ》金《きん》の施行、江戸《えど》町会所《まちかいしょ》の設立、石川島人足寄場《にんそくよせば》の設置、町火消《まちびけし》制の改変(人足頭取《にんそくとうどり》の設置)などがそれである。こうしたなかで、都市民衆は其日稼の者という一つの社会層として認識されるに至り、その数は町人地人口の六〜八割にも及んだ。

七期―爛熟と専制の江戸

寛政期(一七八九〜一八〇一年)の幕政改革は六年ほどで頓挫したが、都市民衆に対する硬軟両面からの施策は継承され、幕末期まで江戸の都市支配の根幹を担うことになる。

文化《ぶんか》・文政期《ぶんせい》(一八〇四〜三〇年)の江戸は、一八〇六年(文化三)や一八二九年(文政一二)の二つの大火に挟まれた時期であるが、比較的安定した状況が続き、一八世紀後半にいっせいに開花した多様な都市文化が爛熟してゆく。歌舞伎、寄席《よせ》、錦絵《にしきえ》、出版文化、文化サロンの隆盛などである。この時期、都市構造の点では大きな変化は見られない。

しかし、一八一三年(文化一〇)に菱垣廻船積問屋仲間が、冥加金《みょうがきん》を年一万二〇〇〇両上納することを対価として、六五組一九九五株で幕府の公認を得たことは、問屋層を頂点とする都市社会の統合の到達点として重要な意味をもつ。これにより、株仲間《かぶなかま》の構成員が限定され、営業特権としての性格を強め、また株仲間の下に各種の下組や関連業種が組織されてゆく。そして、人宿《ひとやど》・八品商《はっぴんしょう》(盗品・紛失物の取締りに関わる唐物屋《からものや》・質屋・古着屋・古着買・小道具屋・小道具買・古鉄屋《ふるがねや》・古鉄買の八種)・芥請負人《あくたうけおいにん》・髪結《かみゆい》など、問屋の職分とはまったく異質なものまで、株仲間の内に位置づけられる。こうして、民衆世界にも及ぶ社会集団の多くが株仲間として把握され、十組諸問屋を中心とする社会統合の仕組みが一段と強化されたのである。これを「株仲間体制」と呼んでおく。

しかしこの株仲間体制は、三〇年と続かなかった。天保期《てんぽう》(一八三〇〜四四年)の飢饉を経て実施された幕政の改革(天保改革)のなかで、一八四一年(天保一二)一二月と翌年三月に公布された株仲間解散令で、株仲間体制は解体される。菱垣廻船によって運ばれてくる荷物をはじめ、全国から江戸に来るあらゆる商品は「素人直売買《しろうとじきばいばい》」(特権を持たない商人〔素人〕が、江戸に直接商品を売ること)が可能とされた。すなわち、江戸へと流入する諸品は原則としてすべて江戸問屋を介すことが当初から義務づけられていたのが、問屋仲間の解散と、問屋という名目や業務自体の否定というドラスティックな改革により、売買の自由が突然実現したのである。

これは、幕府が物価引き下げと価格統制をはかり、併せて流通の活性化を目的にしたものとされるが、解散令の衝撃ははるかに広く深く江戸の社会すみずみに及んだ。というのは、解散の対象とされたのが、特権的な十組問屋にとどまらず、民衆世界の諸仲間・組合も例外とされなかったためである。株仲間体制の下で巨大都市を構成するさまざまな社会集団を、仲間・組合を公認することでその構成員ごと把握し、株所有の特権を付与しつつ社会統合をはかってきたにもかかわらず、こうした統合の仕組みを幕府はいわば自己否定し、この後、一〇年間に及ぶ社会統合システムの「空白」を生み出してしまった。株仲間体制の下で、自由で利己的な利益の追求は、権力と株仲間組織の双方から抑制されてきたが、これが一挙に破壊されたのである。その結果、人びとの無限の欲望——それは新自由主義と称される現代資本主義に至る萌芽である——に、火が点《つ》けられたのである。

天保改革は、出版検閲の強化、岡場所《おかばしょ》撤去などの風俗統制、床店《とこみせ》撤去などの消費抑圧、芝居役者や勧進者《かんじんしゃ》の居所限定など、都市社会に対して前例のない専制によって相対したが、こうした専制的な都市支配と、株仲間解散による欲望への点火とは、大きく矛盾し齟齬することになった。かくして都市の人びとにとって、欲望を解放するうえで最大の桎梏であるのは長期に及ぶ武家政治それ自体であるとするような「世論」が、都市民衆をも基盤として急速に形成されてゆくことになる。

八期―維新へ向かう解体と再生

一八五一年(嘉永《かえい》四)三月、諸問屋再興により株仲間体制は復活することになる。しかし一〇年に及ぶ株仲間不在の時期に、問屋を介さない多様な流通ルートや、それまで疎外されてきた小営業者の新たな経営が多様に生まれていた。これらが否定され、復活した株仲間体制の下に組み込まれることとなり、さまざまな職種で大きな混乱や紛争が生じた。そうした混乱の最中、一八五三年(嘉永六)六月に、アメリカ東インド艦隊が浦賀《うらが》に来航し、江戸内湾深くにまで進入し、幕府に開国を迫るという大事件が起こる。翌年五月の日米和親条約締結による開国から、大政奉還《たいせいほうかん》による幕府倒壊に至る十数年間は、巨大城下町・江戸が死に瀕する過程でもあった。

ペリーの来航と江戸内湾進入は、江戸防禦体制の再構築を進めるきっかけとなり、品川沖を中心に、大あわてで一一ヶ所の台場《だいば》建設が計画され、すぐに着工される。翌年一二月までにこうちの五つの台場が完成するが、和親条約の締結もあって、一ヶ所は未完成のまま放置、五ヶ所は建設中止となった。台場の築造にはオランダ経由で伝えられたヨーロッパの先進的な築城技術が導入されたが、大量の木材・石材の調達や「水中埋立」、土砂の運搬や工事に動員される厖大な人足などの労働者調達の仕組みなど、近世初頭以来の土木技術や動員システムがフルに用いられた。結局、計画の半分も完成せず、完成したものもほとんど機能しなかったが、これらは機械化以前の土木建築技術の最高の達成ともいえるのは皮肉である。こうして台場は、外圧がもたらした城下町とは異質な軍事的インフラとして、はからずも巨大城下町・江戸の終焉を飾ることになったのである。

5　江戸大絵図を読む

江戸大絵図

さて本章の終わりに、右で述べた三期以降における巨大城下町・江戸の輪郭と骨格を江戸図でたどりながら、次章以後で取り上げる素材それぞれの舞台の背景を見ておこう。

ここで取り上げるのは、「江戸大絵図」と呼ばれる無題の江戸図である(図1-8。『天保一四年　御江戸大絵図』)。大きさは竪《たて》(東西)一二〇センチメートル、横(南北)一三五センチメートルという木版刷りで、彩色が施されている。図には「書林　芝神明前尚古堂　岡田屋嘉七、高山蘭山図」と記され、作図者が高山蘭山《たかやまらんざん》、版元は芝神明《しばしんめい》の岡田屋《おかだや》である。

この尚古堂版江戸大絵図の初版は一六九六年(元禄九)で、一八二二年(文政五)に補訂されたとあり、一八四三年(天保一四年)に再版されて、この後幕末まで改版を重ねることになる。図中の余白部分には詳細な「江戸年中行事」が付され、節句、寺社の法事・神事、諸大名の仏閣参詣、祭礼、芝居顔見世、二十六夜待《にじゅうろくやまち》など諸行事を月日ごと詳細に記す。これら行事案内は、ちょうど図中に描かれる神社仏閣や名所など、行事と関連する場所と対応する。こうして、本図は市中や近郊の名所への行楽案内にもなるよう工夫されている。

この大絵図が描く範囲は、北は荒川、東は中川、南は品川、西は板橋・内藤新宿・駒場・中目黒のラインに囲まれた部分である。つまり全体としては、江戸に隣接する四宿《ししゅく》(品川宿、内藤新宿、板橋宿、千住宿《せんじゅ》)と、小名木川《おなぎがわ》と中川が交叉する地点に置かれた「御番所《ごばんしょ》」(中川番所)を、絵図の東西南北端に描き、それらが江戸と周辺部との境界を象徴する。

この尚古堂版江戸大絵図は、図柄や色彩、また描かれる情報の内容などの点で、金鱗堂尾張

図1-8　尚古堂版江戸大絵図部分(天保14年，東京都立中央図書館蔵)．江戸城(御城・西御丸)を中心に江戸市中と周辺を描く．A：江戸城，B：日本橋，C：浅草寺，D：千住，E：品川，F：中川番所．

表1-2　尾張屋版江戸切絵図の地区区分

大名小路・神田橋・内桜田
麴町・永田町・外桜田
番町
飯田町・駿河台・小川町
日本橋北・内神田・両国・浜町
八丁堀・霊岸島・日本橋南
京橋・南築地・鉄砲洲
芝口南・西久保・愛宕下
今井谷・六本木・赤坂
千駄ヶ谷・鮫河橋・四谷
市谷・牛込
礫川・牛込・小日向
小石川
小石川・谷中・本郷
下谷
浅草
今戸・箕輪・浅草
芝・三田・二本榎・高輪
目黒・白金
麻布
青山
内藤新宿・千駄ヶ谷
牛込・市谷・大久保
雑司ヶ谷・音羽
駒込
染井・王子・巣鴨
根岸・谷中・日暮里・豊島
隅田川・向島
本所
本所・深川

屋版・江戸切絵図（一八四九年〔嘉永二〕から刊行され三〇図に及ぶ）とよく似ており、これに大きな影響を与えたことが窺える。こうして、尾張屋版の切絵図は、尚古堂版江戸大絵図の部分拡大図といった性格を帯びることになる。いま参考までに、この切絵図三〇枚の地区区分を示すと表1‐2のようである。一部、地区名の重複を含みながら、江戸を構成する各ブロックを、当時どのように区分していたかが窺える。

「江戸大絵図」から、江戸を構成する諸要素にはどのようなものがあるかを見ておこう。それらは大きく分けて、五つにまとめられよう。

江戸城　大絵図では「御城・西御丸」とあり、これが本丸・二ノ丸・三ノ丸・西ノ丸、吹上《ふきあげ》御庭《おにわ》(一三万坪)などからなる江戸城の中枢であり、面積は三〇・七万坪に及ぶ。本丸天守閣は一六五七年(明暦三)の明暦大火で焼失し再建されなかった。また本丸には広壮な御殿がひろがり、奥《おく》と表《おもて》に区分された。奥はさらに将軍の居宅と政務を営む場である中奥と、将軍の家族や女中が居住する大奥とに分化している。また表は、儀礼の場であるとともに、旗本らの諸役人が公務を勤める座敷や、諸大名が登城したときに詰める諸座敷が置かれた。こうして、本丸御殿の構造は、武士のイエが極限まで膨張拡大した姿である。

また本丸と堀を隔てて南側の西ノ丸もほぼ同じ構造の一回り小さい御殿が置かれた。ここの奥は大御所《おおごしょ》や世子《せいし》の居所であり、また表は儀礼や政務の空間である。一八六三年(文久三)に本丸・西ノ丸が焼失したあと、将軍は西ノ丸に作られた仮御殿を居所・政務空間とした。

「御城・西御丸」の廻りは外郭を構成するが、なかでも東側一帯(内桜田)には、幕府の諸施設(御厩《おうまや》・御春屋《おつきや》・御蔵《おくら》・御畳蔵《おたたみぐら》)や役所(評定所・南北町奉行所・伝奏《てんそう》屋敷・御普請所《ごふしんしょ》・御作事方《ごさくじかた》・小普請方《こぶしんかた》)、三卿や譜代有力大名の上屋敷が分布している。以上の部分を広い意味で「江戸城」と見ることができる。

武家地

城下町には、安土に先駆的に見られたように、大名領主の家臣たちが家族ぐるみの居住を強制された。江戸幕府を開いた徳川家にとって、全国の諸大名は、将軍家と主従関係にある家臣そのものであり、将軍の城下町江戸には、諸大名と家族の居宅が設けられた。大名屋敷がこれである。大名屋敷は藩邸とも呼び、当主の居所である上屋敷のほか、中屋敷、下屋敷など複数の広大な屋敷地を将軍家から与えられた。これらの大名屋敷のうち主要な譜代大名の上屋敷は惣構内部、江戸城の周囲ごく近辺に集中して配置され、「大名小路《だいみょうこうじ》」(内桜田)と呼ばれる地区も形成された。また隅田川沿いの浜町《はまちょう》、築地《つきじ》、などにも配置された。

御三家をはじめ、外様の大大名などの屋敷地は、惣構周辺の外郭各所に与えられた。これら屋敷地の規模や広狭は、いずれも大名の石高《こくだか》などにほぼ相応する。これら大名屋敷の内部は、大名やその家族の居所があり、江戸での政務の場である御殿の部分(御殿空間)と、江戸に滞在する家中や奉公人層が詰める長屋・小屋や諸役所が分布する部分(詰人《つめにん》空間)とに二分された(図1-9)。これらは、大名の本拠地である国元の城郭と武家地・足軽町を凝縮した構造であり、江戸武家地における小さな城下町とでもいえる特質をもった。こうして藩邸とその周辺の都市社会とで形成される独自の社会を、藩邸社会と呼んでいる。

五二〇〇家に及ぶ旗本も、それぞれの家格や知行高に応じて、惣構の内外各所にまとめて屋

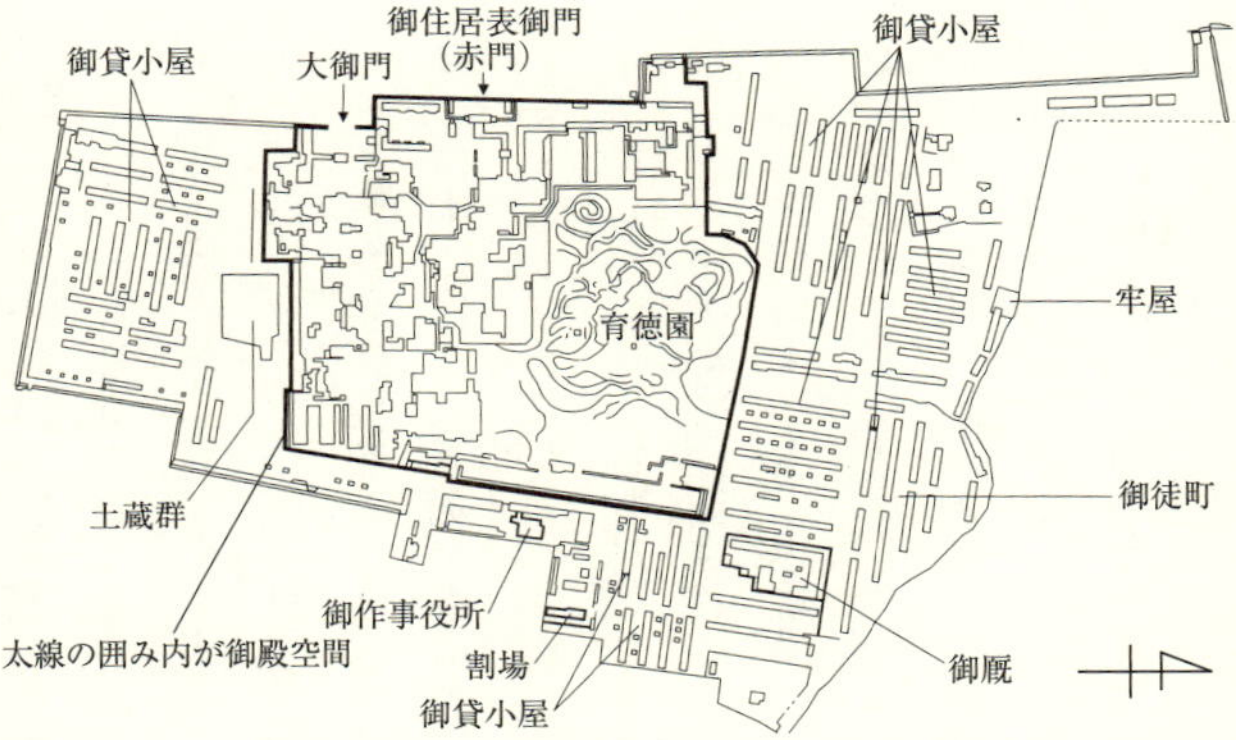

図 1-9　19 世紀中ごろの加賀藩上屋敷．藩邸中央部の囲み内(御殿空間)の周囲(詰人空間)には，家中や奉公人などが居住する御貸小屋や長屋が立ち並ぶ．

敷地を与えられた。これらは侍町として、永田町《ながたちょう》、表猿楽町《おもてさるがくちょう》、表神保小路《おもてじんぼうこうじ》、表二番町《おもてにばんちょう》、裏二番町《うらにばんちょう》、稲荷小路《いなりこうじ》、御台所町《おだいどころまち》、法眼坂《ほうげんざか》など町名、小路名、坂名で呼ばれた。

　また一万七四〇〇家前後に達する幕府御家人層は、御先手組《おさきてぐみ》、御書院番組《ごしょいんばんぐみ》、御持筒組《おもちつつぐみ》、御槍組《おやりぐみ》、御賄方組《おまかないかたぐみ》など、組を単位に屋敷地を与えられ(組《くみ》屋敷《やしき》)、これらは町奉行所与力《よりき》・同心《どうしん》屋敷(町御組《まちおくみ》屋敷《やしき》)を除くと、郭外の各所に分布した。また、下級の御家人層は、武家地にではなく町方にまとめて町屋敷地を拝領し、これを大縄拝領町屋敷と呼ぶ。

　以上見たような武家地は、江戸城部分を含めて、全体として江戸の面積の三分の二を占めた。

寺社地

江戸には、将軍家の菩提寺や祈禱寺をはじめとして、諸大名の菩提寺、町人地住民の旦那寺《だんなでら》など、多くの宗派に及ぶ寺院が集められた。なかでも将軍家の廟所《びょうしょ》である上野《うえの》寛永寺《かんえいじ》(天台宗)と芝増上寺《しばぞうじょうじ》(浄土宗)、また浅草寺(天台宗)、護国寺(新義真言宗)、小石川伝通院《こいしかわでんずういん》(浄土宗)などの大寺院は、多数の子院からなる寺中《じちゅう》により運営され、広大な境内と幕府から与えられた朱印地《しゅいんち》を寺領として持ち、領内の住民に対して寺院領主として相対した。こうして江戸市中には、大寺院を都市領主とする独自の都市社会が、寺社地と町人地にわたっていわば嵌め込まれる形でいくつか存在した。こうした都市社会を寺院社会と呼ぶ。

大寺院以外にも、江戸には中小の寺院が多数存在した。それらの大半は、宗派の別を超えて地区ごとにまとめて配置され、寺町を形成した。寺町が多く分布するのは、それら寺町を構成する中小寺院の中にも、小規模ではあるが門前町を持つ場合も多いからである。

神社について見ると、有力なものは寺院に較べて少数であるが、日枝《ひえ》社、神田明神、芝神明社、牛込八幡社、湯島神社、根津社、などが主なものである。日枝社を除いてこれらの神社はいずれも郭外に分布した。有力神社には別当寺《べっとうじ》が置かれ、社家や神職、社僧を中心とする独自の社会が営まれ、門前町も形成された。こうした神社を中心とする社会を、神社社会と呼んでいる。

これら寺社地の面積は、町方全体とほぼ同じ規模で、江戸全体の約六分の一を占めた。ここには、僧侶や神職をはじめ、宗教者の諸身分が居住するべき社会空間として、寺社奉行の管轄下にあった。しかし、境内や、寺社領に形成される門前町などに見られるように、実質的には町方の社会と不可分である部分が相当程度含まれ、実際に、門前町などの住民については、一八世紀半ばまでに町奉行支配に編入されていったのである。

町方(町人地)

江戸の町方は、総面積で全体の六分の一程度にとどまるが、人口は全体のほぼ半数五〇万人に達した。町方は江戸市中各所に見られるが、その分布から特徴的な傾向を窺うことができる。まず惣構の内側(郭内)を見ると、江戸城の東側部分一体に、ほぼ正方形ブロックを単位とする街区が面として広がっていることに気づく。これを「方形街区域」と呼ぶと、ほぼ「古町三百町」の範囲にあたる。つまり方形街区域は、日本橋南北、中橋、京橋、神田、八丁堀、霊岸島、築地の一部などに及ぶのである。郭内で町方が見られるのは、ほぼここに限定され、一部、半蔵門から西へ四谷にいたる甲州道中《こうしゅうどうちゅう》へつながる道路沿いに、麴町などが線状に伸びるのと、江戸城北、内堀の掘留部分にあたり旗本屋敷地のただ中に島のように浮かぶ元飯田町《もといいだちょう》ぐらいである。

次に惣構の外側、郭外について見てみよう。ここで方形街区域が見られるのは、浅草寺南側、

表1-3　江戸町方の場所柄区分

場所柄・上		場所柄・中		場所柄・下	
名主番組	地域	名主番組	地域	名主番組	地域
1	日本橋辺	3	浅草辺	10	高輪・麻布辺
2	横山町辺	9	芝金杉辺	13	神田明神下・本郷辺
4	通町辺	12	外神田・下谷辺	14	小石川辺
5	南伝馬町辺	15	市谷・赤坂・四谷・牛込	16	両国辺
6	銀座辺			18	本所辺
7	八丁堀・霊岸島辺	17	深川辺	19	芝二本榎・目黒辺
8	芝辺	番外	吉原	20	牛込・高田辺
11	神田辺			21	浅草阿部川町辺
				番外	品川

浅草御門《あさくさごもん》や筋違橋《すじかいばし》の北側部分、四谷御門の西側、増上寺の東側などであり、いずれも小規模なものが散在する程度である。これ以外の町方は、街道や水路などに沿った線状の町々とその裏町が大半であり、一部に面として多少の広がりはあっても不定型なもの(深川猟師町から永代寺門《えいたいじ》前の町々)に限られる。また浅草の周縁部にある新吉原は、ほぼ正方形の閉じた街区域を持ち、その中に遊女屋仲間が統括する五町からなる独自の惣町がある。ここは名主番組では「番外」とされつつも、江戸市中に属すという特異な性格をもった。

表1-3は、一八世紀末頃、町方の地区ごとの評価を上・中・下で示す史料から作成したものである。地区はいずれも先に述べた名主番組

を単位としている。評価の基準となる「場所柄《ばしょがら》」とは端的には町屋敷地の価格のランクによる。これによると、惣構内の町々はいずれも場所柄・上に入る。郭外の町々を見ると、場所柄・中は惣構に接する地区に多く、場所柄・下、すなわち場末の町々との間には落差があることが窺えよう。

江戸のかわた町村

江戸には、大規模なかわた町村として、浅草山谷堀《さんやぼり》の北側に新町《しんちょう》が置かれた。ここは関八州や伊豆などの広域を支配するえた頭・弾左衛門《だんざえもん》屋敷とその役所、郷宿《ごうやど》（新町宿）、牢屋敷などが存在した。一万三四〇〇坪ほどの一画に、近世後期に二三〇軒余のえたと十数軒の猿飼が居住した。ここは、南北の門で囲繞された空間で、内部は皮革や雪踏《せった》の問屋などを中心とする独自の都市社会が展開し、弾左衛門による賤民組織支配の中枢として、重要な位置を占めたのである。この他、品川に隣接する大井や、葛西・練馬にも、別個に小規模なかわた町村が存在した。

以上は、本章の冒頭で述べた城下町のイデアにほぼ即したものである。江戸は、城下町として巨大な規模に達したとはいえ、その根幹にあるのは中世武士団の所領構造と同じイデアであり、それは、身分ごとに分節し、空間や社会を統合・支配するというものである。

続く第二章以下では、本章でその概略を見た巨大城下町・江戸を舞台として、その中のいくつかのポイントを取り上げ、そこで生きた人びとのようすや、近世における都市社会の特徴を見てゆくことにしたい。

第二章　南伝馬町——江戸町方中心部の社会

この章では、まず江戸町人地の中枢部分を占める日本橋の南側、中橋《なかばし》の界隈を取り上げる。主な素材とするのは、江戸の古町名主《こちょうなぬし》のなかでも筆頭格の地位を占めた、高野新右衛門《たかのしんえもん》が残した史料群(「高野家文書」)である。これらは、江戸の名主が残した古文書のなかで最大規模の分量に達しており、一七世紀中頃から幕末期までの江戸市中の動向を追ううえでたいへん貴重な史料群である。このうち一七世紀末から一八世紀初めの時期の史料を中心に、第一章で見た点を前提に、江戸町方中心部の町《ちょう》の社会や空間のようすを、なるべくふつうの民衆のまなざしで見てゆくことにしたい。

1　高野新右衛門と南伝馬町

南伝馬町とその周辺

まずここで取り上げる舞台、南伝馬町《みなみでんまちょう》が存在する地区について、その概要を見てみよう(図2-1)。ここは、現在の東京都中央区京橋一〜三丁目に相当する。東京駅八重洲《やえす》口から東へ三〇〇メートルほど歩くと、中央通(日本橋通り)に交叉す

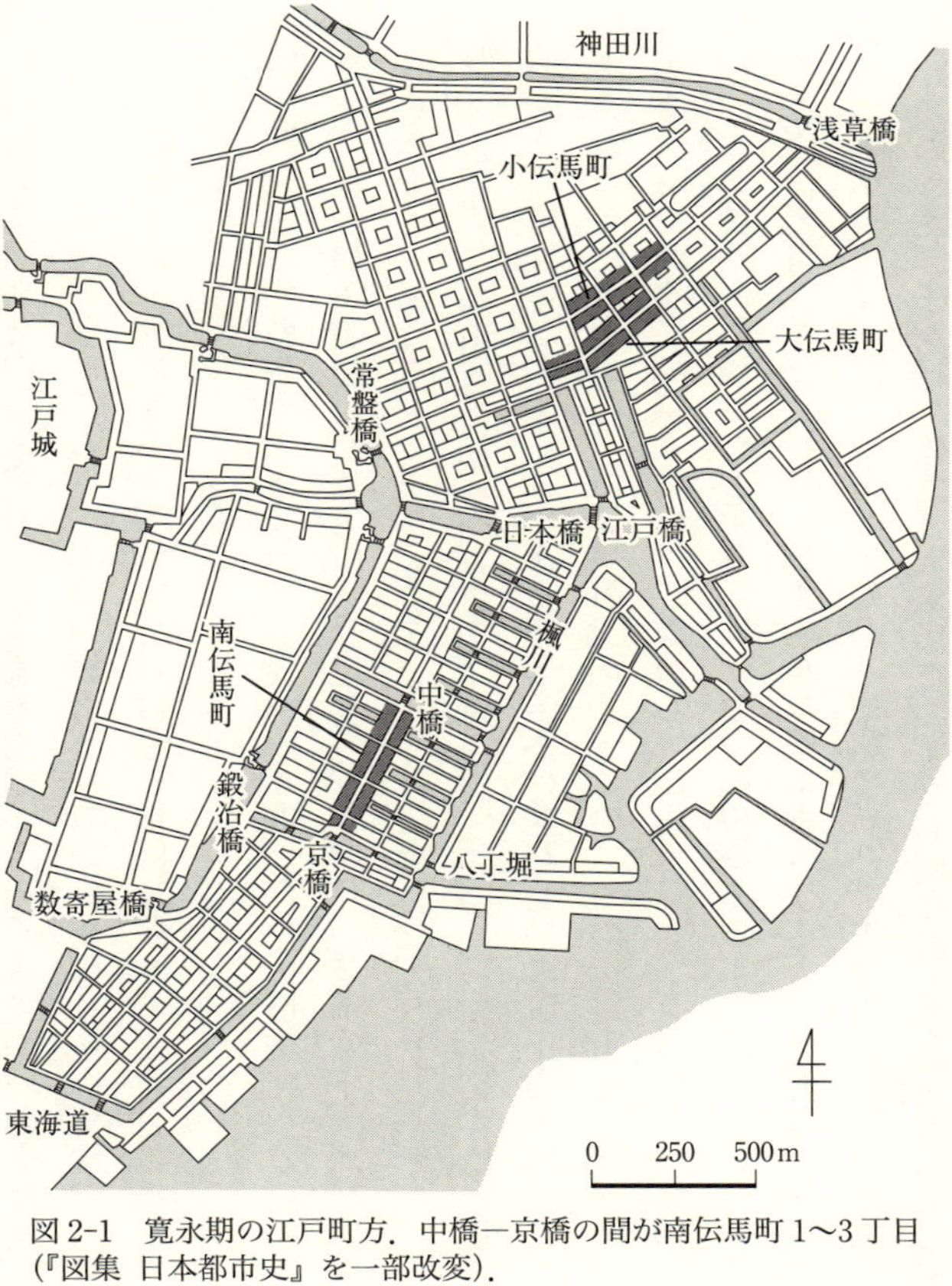

図 2-1　寛永期の江戸町方．中橋—京橋の間が南伝馬町 1〜3 丁目（『図集　日本都市史』を一部改変）．

る。この日本橋通りを中心とする、日本橋の南側から京橋までの一角全体を「日本橋南ブロック」と、とりあえず呼んでおく。本章の舞台となる南伝馬町やその界隈は、日本橋南ブロックの中でその南半分、すなわち「中橋」と呼ばれる地区に属す。また日本橋南ブロックの北半分を、「日本橋南」と呼ぶことにする。

江戸の建設から明暦大火《めいれきたいか》頃までの七〇～八〇年間、江戸の歴史でいうと第一章で述べた三～四期まで、江戸城下町を形づくる町方《まちかた》(町人地)の範囲は、惣構《そうがまえ》の中、江戸城東側の、神田川以南、芝口以北の一帯に面として広がる方形街区域にほぼ限定されていた。ここには「古町三百町《こちょうさんびゃくちょう》」が分布し、徳川幕府が全国を支配する拠点としての巨大都市江戸の機能を支えていた。

これら古町町々のなかで、江戸から諸街道への陸路交通の御用を担い、もっとも町の格式が高いとされたのが大伝馬町《おおでんまちょう》と南伝馬町である。この二つの伝馬町は、江戸町方中心部において、日本橋を挟んで南北に配置された。すなわち大伝馬町一～二丁目は、常磐御門《ときわごもん》を起点として東に延び、浅草《あさくさ》御門から浅草へと至り、奥州道中《おうしゅうどうちゅう》に接続する本町《ほんちょう》通り沿いにある。

一方、南伝馬町一～三丁目は、日本橋から南にまっすぐ下り東海道へと続く通町筋《とおりちょうすじ》にある。この二つの伝馬町は、江戸の中心部にある宿駅《しゅくえき》であり、主要街道と江戸を結ぶ陸上交通のターミナルであった。また日本橋北、大伝馬町のすぐ北側にある小伝馬町《こでんまちょう》一～三丁目は、「江戸廻りの御用」とあって、道中伝馬役《どうちゅうてんまやく》以外の江戸近辺への伝馬役を一手に担う伝馬町であった。これらを併せて「三伝馬町」と呼ぶ。

日本橋南ブロックは近隣の地区と同様に、四囲がいずれも堀川で囲まれる一画であった(図2-2)。北は日本橋川で、一石橋《いっこくばし》、日本橋、江戸橋を経て、日本橋北から神田のブロックに至る。南は京橋川で、ここには京橋をはじめ五つの橋が架かり、京橋南ブロックに続く。また西は、曲輪内《くるわない》を隔てる堀があり、呉服橋御門《ごふくばし》、鍛冶橋御門《かじばし》を経て大名屋敷街である内桜田地区に接する。さらに東は、楓川《もみじがわ》をはさみ、海賊橋《かいぞくばし》など五つの橋を経て八丁堀《はっちょうぼり》へ至る。

この一画の町名を見ると、桶町《おけちょう》・檜物町《ひものちょう》・大工町《だいくちょう》・畳町《たたみちょう》・塗師町《ぬしちょう》・鍛冶町《かじちょう》・大鋸町《おがちょう》・紺屋町《こんやちょう》・具足町《ぐそくちょう》・鞘町《さやちょう》・箔屋町《はくやちょう》など、武具や建築・細工など、江戸城に職人の役を奉仕する役割を持たされた職人町を彷彿とさせるものが多い。また、材木町・槙町・炭町・青物町・呉服町など、江戸城や江戸市中に日常生活用品や衣料などを供給する機能をもった町名が目立つ。こうした地区の特性は、南隣りに接する京橋南ブロックとよく似ている。

南伝馬町と中橋

南伝馬町を構成する一〜三丁目の三つの町は、奥行きはいずれも京間《きょうま》(一間＝六尺五寸＝約一・九七メートル)二〇間であるが、通りに面した間口の総計は三町でそれぞれ異なる。その背景には、この日本橋南ブロックが一七世紀を通じていくつかの変容

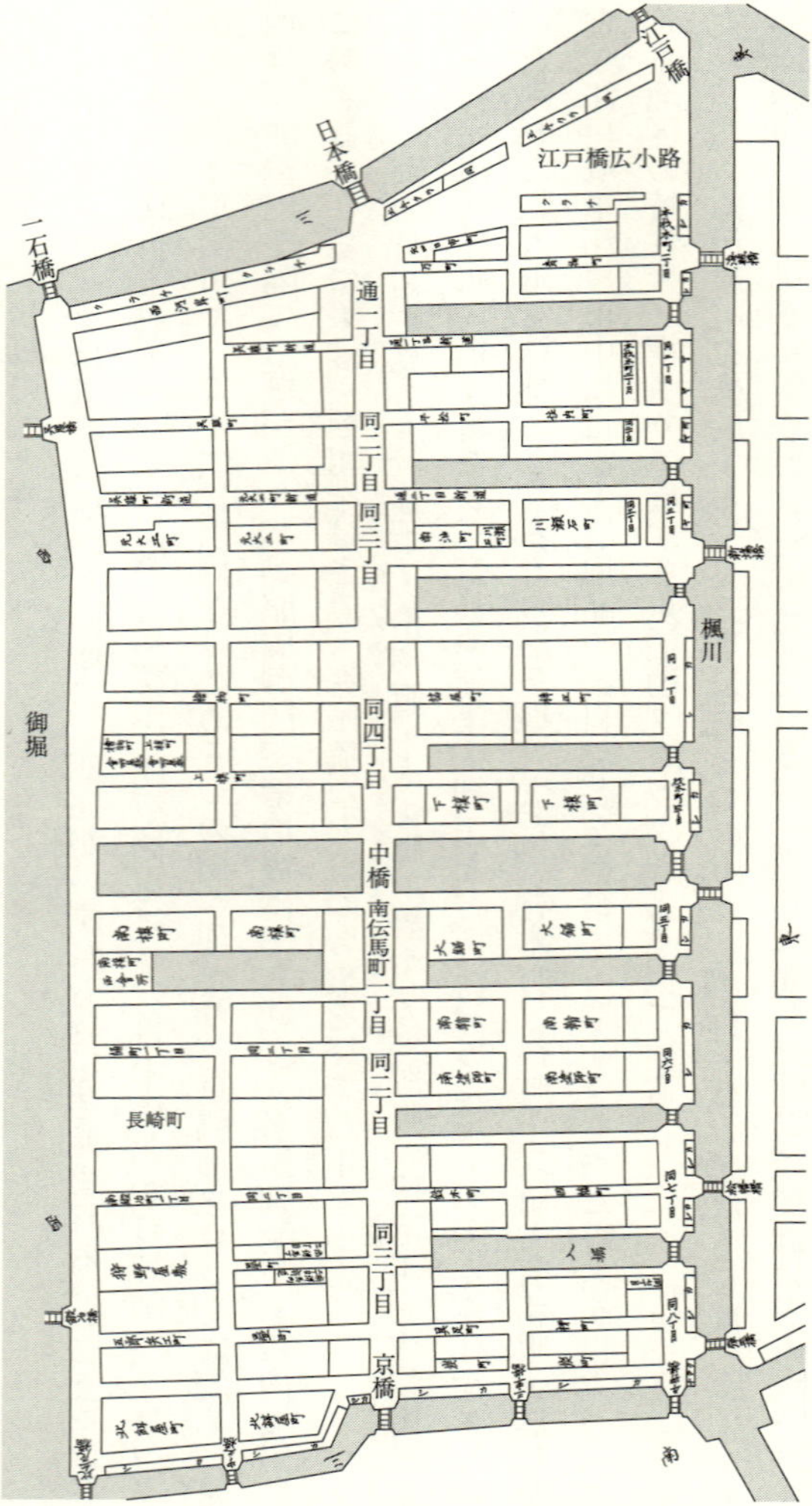

図 2-2　寛永期(1624〜44 年)の日本橋南ブロック(推定)

を強いられたことがある。以下、そうした変化のようすを絵図史料などでたどってみよう。

まず「寛永江戸図《かんえいえどず》」(寛永九年〈一六三二〉版「武州豊島郡江戸庄図」)を見ると、日本橋南ブロックは、中橋で南北二つに分かれていたことがわかる。「江戸図屏風」を見ても、中橋は日本橋南と京橋のほぼ中間の位置に描かれており、堀川がこの地区を二分していることが窺える。そして、二つのブロックそれぞれには、楓川《もみじがわ》の方向から通町筋の東側まで入り堀が何本も深く入り込む様子が描かれる。「東京五千分一実測図」(明治期前半の実測図)を見ると、こうした入り堀が外堀にまで貫通していたような痕跡も見られる。場合によるとこの地区一帯は、入り堀によってさらに細かく分断されていた可能性がある。つまりこの地区のほとんどの町は、堀川に接するという構造になっていたのではないか(図2-2参照)。

その後、いくつかの段階を経て、これらの入り堀は次々と埋め立てられてゆく。延宝《えんぽう》年間(一六七三〜八一年)の絵図を見ると、中橋の堀川は、その西側部分がすでに埋め立てられ、中《なか》橋広小路《ばしひろこうじ》となっている(図2-3)。この広小路は、一八世紀半ばから徐々に町屋として開発され、一七八七年(天明七)までにすべて町屋となり(北槙町《きたまきちょう》・冨槙町《とみまきちょう》)消滅することになる。また他の入り堀も一六九〇年(元禄三)に埋め立てられ、それぞれ新たな町がいくつも造られてゆく(図2-4)。ちなみに、中橋入り堀の東側は、その後一七七四年(安永《あんえい》三)にその西端が埋め立てら

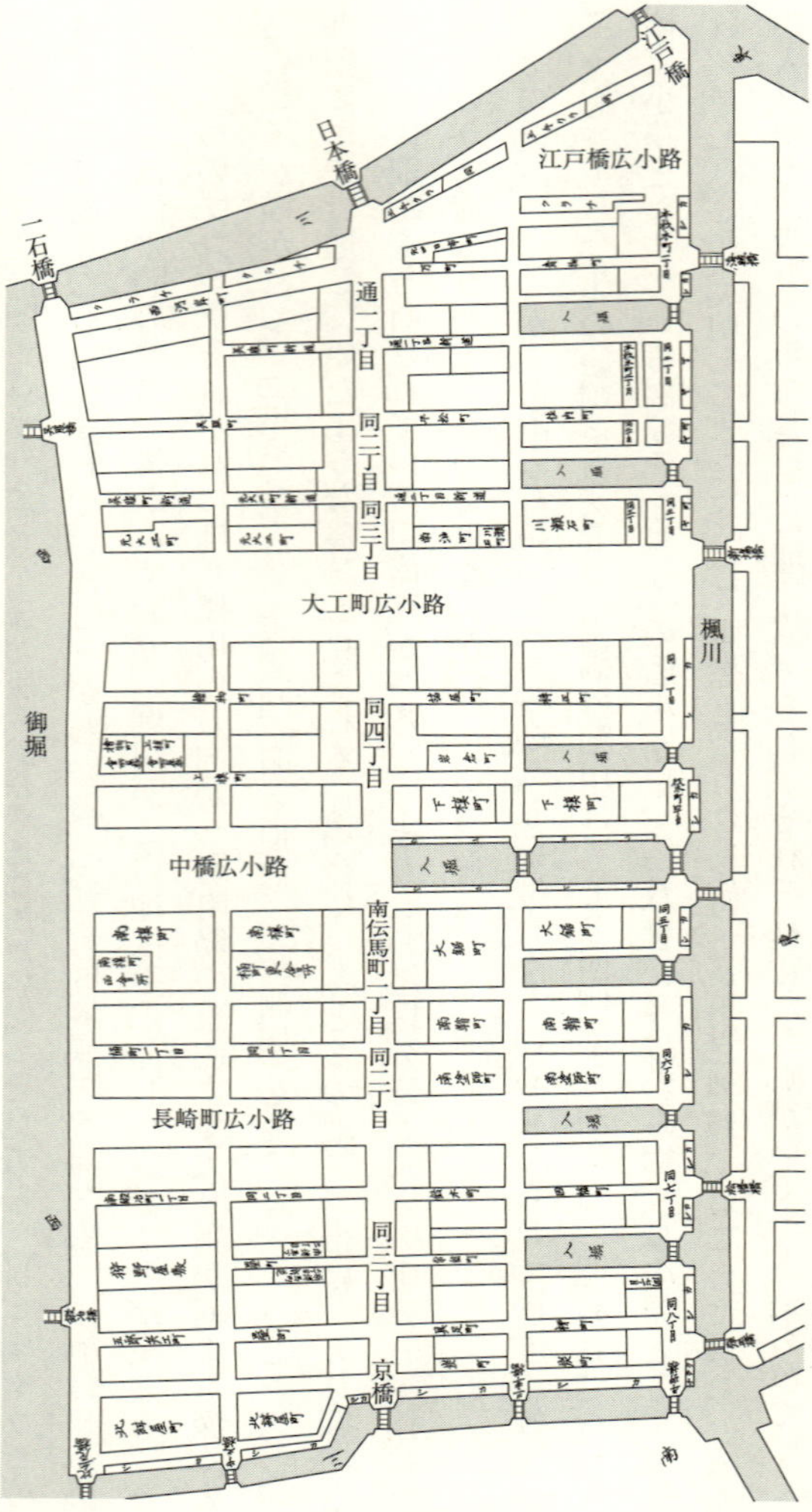

図 2-3　延宝期(1673〜81 年)の日本橋南ブロック

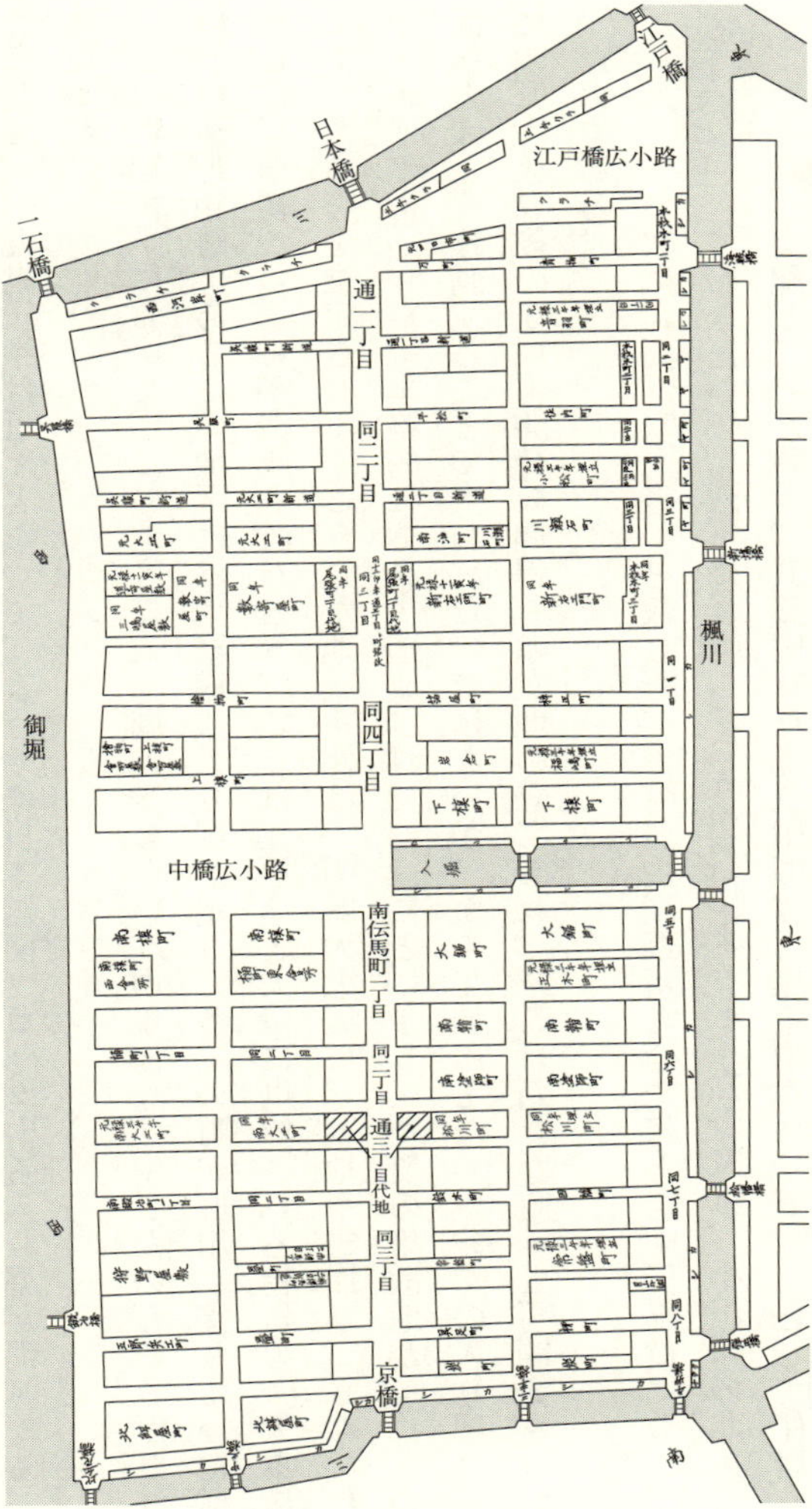

図 2-4　元禄期(1688〜1704 年)の日本橋南ブロック

れるが、その後も長く残り、天保末期に請負地として完全に埋め立てられ町屋となっている。こうして、一九世紀半ば近くとなって、ようやく日本橋南ブロックから入り堀が消滅することになった。

一七世紀後半において、この地区の入り堀の激減という現象はなぜ生じたのだろうか。江戸城への至近距離にあるこの地区には、縦横に入り堀が走り、多くの町が堀川に接していた様相からは、当初この一帯が造成されたとき、ここは江戸へと大量に供給される物資の一大集散地であったことを推定させる。こうした地域特性は、明暦大火後に、築地《つきじ》や霊岸島《れいがんじま》、さらには深川・本所《ほんじょ》があいついで本格的に開発・造成されてゆくことにより、物資の集散地がこれらの地区へと大きく移動することで失われたのではないか。かくて無用となった多くの入り堀は、特に明暦大火以後の江戸再開発の過程で順次埋め立てられ、そこは新たな町へと再開発されていったのである。

高野家と道中伝馬役

次に「高野家文書」を残した、古町名主高野新右衛門家と道中伝馬役について見ておきたい。「高野氏家譜」という史料によると、高野家は、小田原の北条氏が支配していた時期、武蔵国豊島郡狭田領江戸庄宝田村に「郷士」として住居した直雅《なおまさ》(一五二七〜一六一二年)を、中興の祖とするとある。郷士という呼び方からは、村の有力な百姓であったニュアンスが伝わってくる。そこで、直雅に関する家譜の記述を引いてみよう（史料は現代語訳した。以下同じ）。

直雅は、北条新九郎氏直《うじなお》（北条氏五代当主）から一字を賜《たま》わり、新右衛門直雅を名乗る。一五九〇年（天正一八）に家康が関東に入国すると、「旧家の故」により「諸国道中伝馬役」と宝田村の「支配名主役」を命ぜられる。このとき宝田村は伝馬町と改名された。高野新右衛門は、同役の佐久間善八・馬込平八・吉沢主計・小宮善右衛門とともに、一人年一二石三斗六升ずつの扶持米《ふちまい》を幕府から与えられた。

一六〇六年（慶長一一）、江戸城造営に際して、宝田村は御曲輪内となって移転を命じられ、替え地として中橋・京橋の間で「長三町余、巾壱町の地」を与えられた。ここに町屋を取り立てて、宝田村から移ってきた者たちに地所を割り渡し、町名を南伝馬町とした。そして「御国役《おくにやく》」として、割り渡した屋敷地間口の広狭に応じて、人馬を出させた。この南伝馬町では、同役の吉沢主計・小宮善右衛門と三人で、「道中筋伝馬の役」と名主役を兼ねた。直雅は、南伝馬町二丁目西側北角、二八〇坪の宅地に居住した。そして町割りの後、将軍の「御鷹野御成《おたかのおなり》」（江戸近郊の鷹場での鷹狩りに出ること）の時、中橋の際で家康への御目見えが許され、それ以来毎年正月三日に、江戸城に年頭御礼に参上し、将軍の御目見えに与った。

ここには高野家の系譜のみでなく、併せて南伝馬町の成立事情が記されている。一五九〇年、家康の関東入府から一六〇六年まで、宝田村が江戸城とどのような位置関係にあったのか、また高野氏はいつから宝田村に居住していたのかなど、この記載からはわからない。

大伝馬町名主の馬込家に残される由緒書き(『大伝馬町名主の馬込勘解由《かげゆ》』)などを参照すると、同じ道中伝馬役の多くは、宝田村にいたことが窺える。ちなみに馬込家自身は遠江《とおとうみ》の郷士出身で、家康に従い宝田村に来たとされている。

こうして、高野新右衛門を含む五名は、すでに宝田村=伝馬町の段階から幕府に対して伝馬御用を担い、一六〇六年に移転を強いられて以後、改めて大伝馬町と南伝馬町の名主兼道中伝馬役にそれぞれ任じられた、ということである。そして宝田村で土地を没収された旧村民たちに、新たに町割りした町屋敷を代替地として配分し、その屋敷地(町屋敷)の表間口間数を基準に、諸国への御用交通を一手に担う伝馬役を負担させた、とする。

大伝馬町と南伝馬町に課せられた伝馬役の内容は、ほぼ次のようであった。

一つは、幕府老中《ろうじゅう》の奉書《ほうしょ》(将軍からの命令を、老中が連名で大名へ書状の形式で伝達するもの)を諸国へと送る場合、送り先の方面ごとに、品川・千住・板橋・内藤新宿の四宿《ししゅく》いずれかに送達すること。この老中奉書はもっとも重要な公文書であり、そのすみやかな逓送《ていそう》は伝馬役負担の根幹をなすものであった。

伝馬役の中身

次いで、幕府が発動するさまざまな「御用《ごよう》」交通に際し、当事者に御朱印の宿次証文《しゅくつぎしょうもん》(無賃の御用通行であることを、通過する宿駅に伝える公文書)が交付される場合、江戸から四宿までの人足と馬を無償で調達し提供すること。これに応ずることは、町人や百姓身分のもの全体に課されたもっとも普遍的な役負担、すなわち「国役」の一つであった。

そして、三つめに、「諸国番衆・御勘定方・諸国御代官・御普請役」など、幕府が全国統治のために公務として出張する場合、四宿までの人馬を公定賃銭(御定賃銭)で安価に提供することがある。

つまり全体としては、江戸から隣接する四宿への「付け出し」(送出)を勤めることが道中伝馬役としての負担の内容であり、逆に四宿から江戸へ送られる公文書や荷物の逓送には関わらなかった。そして、これら伝馬役を差配する業務は、月の前半を大伝馬町、後半を南伝馬町、というように、両町で半月ごと交互に分担し、その実務を滞りなく遂行することが両町の道中伝馬役としての役割であったのである。また小伝馬町は、もっぱら「江戸廻りの御用」を勤めた。

これら三伝馬町の人足や馬の役は、町の家持《いえもち》、すなわち町人が国役として間口割り(所持屋敷表間口の長さを基準)で負担することが原則であった。これは宿駅と同様で、馬持《うまもち》など交通関係の営業や旅籠屋《はたごや》などの経営者でもある家持たちが、伝馬役の負担を勤めるというのが本来の原理である。しかし実際には、両伝馬町の町屋敷地は、おそくとも一七世紀半ばまでに大半の居付地主《いつきじぬし》(家持)が不在となり、一部に家持がいても、交通とは無縁の職分を担っていたと見られる。こうして宿駅としての実際の機能は、道中伝馬役の差配の下で、他町に居住する馬持や、人足請負業者らによって専業的に担われたのである。

役負担の詳細

こうした負担の具体的な内容を見てみよう。近世後期の事例であるが、表2-1は、一八〇九~一一年(文化六~八)と一八四〇~四二年(天保一一~一三)のそれぞれ三年間における、三伝馬町が負担した伝馬役金の年平均額を示す。表でAが伝馬役負担の総額である。またB~Dは三伝馬町が得た各種の助成であり、AからB~Dの合計を差し引いた残りEが、三伝馬町の負担となり、これを各家持が間口割りで負担することになる。

表 2-1　伝馬役金の負担

	1809〜11 年平均	1840〜42 年平均
A 御伝馬御用人馬その他経費総額	両.分 1,720.	両.分 2,745.2
B 助成金	400.	400.
C 下町助役	300.3 余	300.3 余
D 在馬鞍判銭	84.	82.
E 三伝馬町家持役 =A−(B+C+D)	935.	1,963.

B「助成金」とあるのは、一六七四年(延宝二)以来、幕府から多額の貸付金を度々受けているものである。例えば一六九九年(元禄一二)には四〇〇〇両もの貸付を得ており、以後も常態化してゆく。

C「下町助役《したまちすけやく》」とあるのは、一六三八年(寛永一五)に、天草・島原一揆に際し幕府軍の莫大な量に及ぶ伝馬御用をよく勤めたとして、その褒美に大伝馬町と南伝馬町それぞれに、四谷と赤坂の「下町」を「大縄《おおなわ》」すなわち町域をまとめて与えられたことを意味する。

大伝馬町には、四谷で伝馬町一〜二丁目、塩町《しおちょう》一〜三丁目併せて総間口間数七四〇間、また南伝馬町には、赤坂で表伝馬町一〜二丁目、裏伝馬町一〜三丁目、田町《たまち》一〜三丁目併せて総間口間数七六〇間が道中伝馬役に下付された。道中伝馬役はこれを両伝馬町の家持たちの「下屋敷」として分与するが、その後、下町の家持が所持する町屋敷の間口五間について、一ヶ月に伝馬二匹ずつ

(一六五二年〔承応《じょうおう》元〕から一匹ずつ)を「助馬《すけうま》」として両伝馬町で勤めた。そしてこの助馬役は代金納化され、その額は表にあるように全体で三〇〇両余にも達しているのである。また当初、四谷・赤坂の下町は、両伝馬町の名主が直接支配したが、明暦年間からそれぞれに下名主《したなぬし》が置かれ、両伝馬町名主の間接的な支配の形となる。

つぎにD「在馬鞍判銭《ざいうまあんばんせん》」とあるのは、一六五三年(承応二)に、江戸周辺の三~四里以内にある近郊の村々から、江戸に出稼ぎに出る駄賃馬に対して、三伝馬町から鞍判《あんばん》(鞍に捺される焼印の許可証)を与え、一年に助馬一匹ずつ勤めさせるというものである。これは、三伝馬町の出願に基づくもので、一六六〇年(万治《まんじ》三)から三匹ずつとなり、その後代金納に変わっている。これは街道宿駅の人足が不足する際、近隣の村々百姓から動員する助郷役《すけごうやく》と類似のシステムといえる。

これらの助成は、伝馬町が勤める役儀、すなわち伝馬役が、後で述べるように江戸市中の他町が勤める公役《くやく》(町人足役《ちょうにんそくやく》)に較べて過大な負担だったためである。また一七〇五年(宝永《ほうえい》二)には、江戸市中中心部に四ヶ所の町屋敷が両伝馬町に与えられ、以後明和《めいわ》期に至る時期には、そこから得られる地代が伝馬役負担の助成として用いられた。

表 2-2　高野新右衛門支配下の町々の町入用と国役・公役

	小間数	① 1785〜89 年平均		② 1842 年 4 月〜43 年 3 月	
		町入用	国役・公役	町入用	国役・公役
	間尺	両.分	両.分	両.分	両.分
南伝馬町一丁目	120	398.2 (3.32)	123. (1.02)	710.3 (5.92)	406. (3.38)
二丁目	104	344.1 (3.31)	106.2 (1.02)	576.32 (5.54)	367.3 (3.53)
三丁目新道	15.2	10.1 (0.66)	3. (1.2)	?	?
南鞘町	86.5	114.1 (1.32)	7.3 (0.08)	132.1 (1.53)	5.3 (0.061)
南塗師町	86.5	113.1 (1.31)	6.3 (0.07)	131.1 (1.52)	6.3 (0.073)
松川町一・二丁目	86.5	110.3 (1.28)	6.3 (0.07)	114.3 (1.32)	6.3 (0.073)

(　)内の数字は，1 間当たりの計算数値.

南伝馬町の役負担

表2－2は、南伝馬町一〜二丁目と、南鞘町《みなみさやちょう》など高野新右衛門支配下町々における、町入用《ちょういりよう》を示す。町入用は、国役や公役など役負担代金、名主や書役《かきやく》の給与、番人の給与、自身番屋や町内寄合の経費、防火関係費用（纏《まとい》、鳶《とび》の給与、竜吐水《りゅうどすい》、火之見櫓番の経費など）、芥《あくた》処理費用、祭礼経費、などが主な支出項目である。これらは支出の都度記録され、年毎に集計されて、これを町内の町屋敷所有者たちが間口割りで負担する。つまり町入用の基本は、町の自治的な運営に関わる経費であるが、これらとは

別に、幕府への国役・公役などの負担が計上されている。

表2‐2には、①一七八五年(天明五)から一七八九年(寛政元)まで五年間の平均一ヶ年分と、②一八四二年(天保一三)四月から一年分の町入用が示されている。そしてそれぞれについて、各町が負担する国役と公役の額を掲げた。

これによると、例えば南伝馬町一～二丁目を見ると、①では町入用総額が間口一間当たり三・三両余であり、そのうち国役分が一・〇二両余と三割を占めている。一方、南鞘町・南塗師町・松川町の①を見ると、町入用総額が一間当たり一・三両前後で、南伝馬町のほぼ四割である。また役負担の額は〇・一両弱と、南伝馬町の一割にも満たない。つまり、両者の差異は役負担の多少によるところが大きいことがわかる。

また、①から半世紀余り後の②の時期を見ると、南鞘町などでは役負担が横ばいで、その他の出費が十数パーセント増大しているのに対して、南伝馬町では、国役としての伝馬役金が①の三倍以上に膨らみ町入用総額の六割前後に及び、過重な負担を家持たちに強いているようすがわかる。

このように、南伝馬町など各伝馬町の役負担は、近隣の町よりかなり過重なものであった。こうした重い負担の見返りとして、伝馬町にはなんらかの特権が与えられたのだろうか。例えば、大伝馬町の場合、同町には木綿問屋仲間が集住しており、伝馬役負担の代償として、木綿販売の特権のようなものを得ていたことが想定されている。しかし南伝馬町の場合には、こうした営業上の特権を今のところ見いだすことができない。有力な問屋や仲買などにとって、江戸町方の中心部で店舗を営むということから生ずる信用、あるいは経営や流通上の利便性という点で、メリットが大きいということであろうか。過重な伝馬役負担の一方で、格式の高い町に町屋敷を所有すること、あるいは、近隣に較べて地代はかなり高いが、こうした町の表店《おもてだな》に店舗を構えられること、こうした点は、問屋や商人の営業にとって相当重要な意味をもったのだと、とりあえず考えておこう。

2　高野新右衛門が支配する町々

宝永七年の沽券改め

図2-5は、一七一〇年(宝永七)当時の南伝馬町とその周辺界隈のようすを復元した図である。この時、名主高野新右衛門は、南伝馬町二丁目のほかに、後述するように、南鞘町、南塗師町、松川町一〜二丁目、通三丁目代地の各町を支配領域とした。

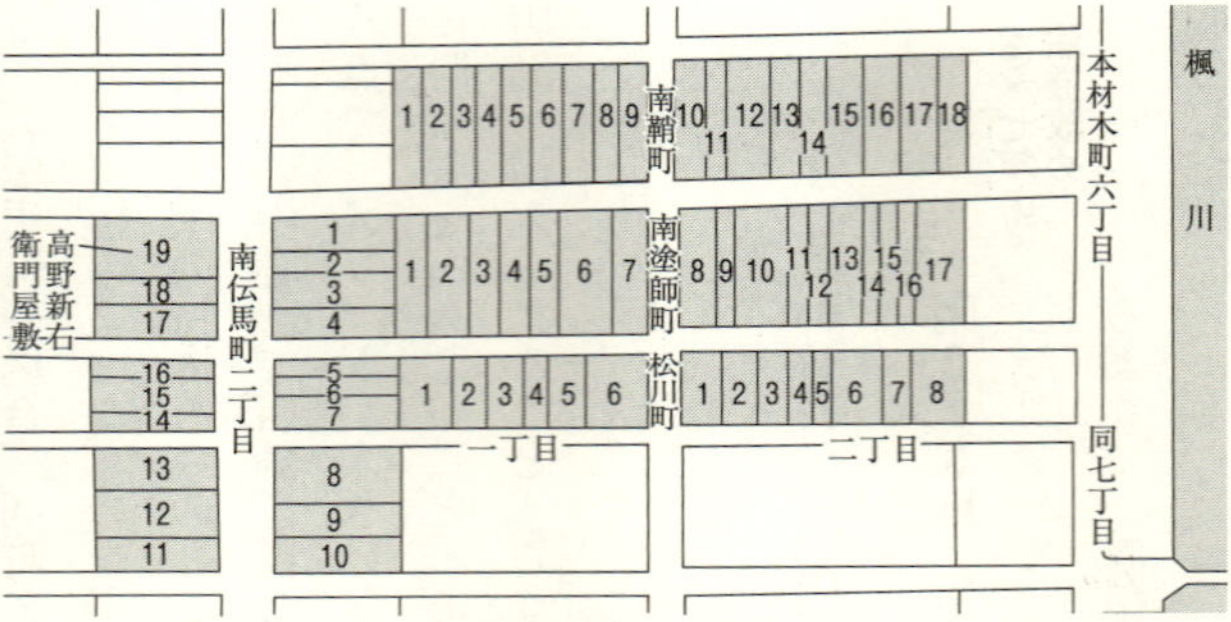

図 2-5　高野新右衛門支配下の町々（玉井哲雄氏による）

ところでこの復元図のもととなる絵図史料に、同地域の「沽券絵図《こけんえず》」がある。これは、一七一〇年（宝永七）二月に、江戸市中に対して沽券絵図の作成が命じられたことにもとづいて作成されたものである。沽券というのは、町人地の最小単位である町屋敷の売買に際して作成される土地売却証文のことである。これから、売買を許された町屋敷を沽《こ》券地《けんち》といい、また町屋敷の売買直段を沽券高《こけんだか》と呼んだ。これは実際に売買された時の値段が本来の意味であるが、売買されたことの無い土地（草創地《くさわけち》など）や、長期にわたり売買が行われない土地の場合にも、「当時町並値段」といって、その時点での相場価格——現代の路線価格に類似する——が示され、これも沽券高と呼んだ。

沽券絵図では、町を枠組みとして、町全体の空間構成が図示される。そして町内の屋敷割りが示されるが、一つ一つの屋敷地を「町屋敷」と呼ぶ。こうして、町屋敷一筆《いっぴつ》ごとに、その土地の寸法（間口、奥行き）と面積（地坪）、沽券高、小間高《こまだか》（表間口一間当たりの沽券高）、地主・家守の名前、などが詳細に記される。また、町全体の間口間数、坪数と沽券高などが集計され、絵図内に表示されるのである。こうして作成された沽券絵図は、作成当時の町の状況を、町屋敷を単位として詳細に示すものであり、町奉行所から見れば、江戸市中の土地所有状況や地域による地価の現状を一手に把握することが可能となるものである。こうした点で、屋敷地を対象とする検地の一種であるといえよう。

こうした沽券絵図の作成は、江戸では一七一〇年が史料の初見であるが、今のところこの時の沽券絵図で現存するのは、ここで扱っている南伝馬町・南鞘町・南塗師町・松川町の絵図のみである。一方、一七四三年（寛保《かんぽう》三）から一七四四年（延享元）にかけて作成された沽券絵図は、これまで四〇点近くが知られており、また一八四二年（天保一三）頃のものも数点残存している。一七一〇年に町奉行所の指示を受け、市中すべての町々で同じように沽券絵図が作成されたかどうか疑問も残る。しかしいずれにしても、これらの沽券絵図から得られる情報の量は厖大である。そして宝永期（一七〇四〜一一年）において、南伝馬町界隈で沽券絵図が実際に作成されたことが、後でみるように、通三丁目代地が南伝馬町二丁目と合併するうえで、重要な契機になったことも注目されよう。

以下この図を中心に、高野新右衛門支配下の南伝馬町二丁目、通三丁目代地、南鞘町、南塗師町、松川町一〜二丁目の性格と構造を見ておこう。

南伝馬町二丁目と通三丁目代地

南伝馬町二丁目は、通町筋を挟む両側町であり、北に同一丁目、南に三丁目にそれぞれ隣接する。その成立は、前述のように旧地宝田村から移転してきた一六〇六年（慶長一一）のことである。一七一〇年当時、町の総間口は京間八〇間（近世中後期には一〇四間）、奥行きは二〇間の典型的な両側町である。支配名主である高野新右衛門の屋敷は、西側北角（図⑲）にあった。

前掲図2-5で、一七一〇年当時の南伝馬町二丁目をみると、①〜④、⑧〜⑬、⑰〜⑲の一三の町屋敷から構成されている。中間にある⑤〜⑦、⑭〜⑯の六つの町屋敷は、一六九〇年（元禄三）にここにあった長崎町広小路を再開発して造られた、通三丁目代地という、当時は別の町である。

この通三丁目代地の成立の事情には、日本橋南ブロックの、一七世紀における次のような変容の過程が刻まれている（図2-2〜図2-4を参照）。

- 寛永期（一六二四〜四四年）の「江戸図」に、通一〜四丁目がほぼ同じような規模で描かれている。

●一六七九年(延宝七)図によると、通三丁目南側の半分以上は「大工町広小路」となっている。おそらく明暦大火後の防火対策として、ここに火除地が設定されたのであろう。この時、大半が収公された通三丁目について、すぐ他所で代替地(代地)が与えられたかは未確認である。

●一六九〇年(元禄三)、南塗師町と鈴木町・因幡町との間の入り堀が埋め立てられ、併せてその西側におかれた「長崎町広小路」が町地として再開発される。そして、通町筋の部分に、新たに通三丁目代地が設定される。

●一六九八年(元禄一一)には、「大工町広小路」も廃止されて町地となり、かつての通三丁目の跡地に、尾張町一丁目代地が設定された。この代地は、同年に数寄屋橋《すきやばし》御門外から東一帯が広大な火除地として造成されるに伴い、周辺の町々とともに、南端の一部を残してほとんど御用地として取り上げられたことによる。こうして、尾張町一丁目代地は、翌一六九九(元禄一二)、北側わずか四〇間分だけ残っていた旧通三丁目の残り部分と合体して、あらたな通三丁目として再生する。

●一六九〇年、かつて南伝馬町二丁目の中央部を火除地用地として接収された旧地に、通三丁目代地が再設定される。この代地町は町屋敷六軒だけであるが、自立した一つの町となった。この六人の家持町人が担う役負担は、元地である通三丁目を通じて勤め、南北から挟むかたちの南伝馬町二丁目町人が勤める伝馬役は負担しなかった。そこで南伝馬町二丁目の町中《ちょうじゅう》は、通三丁目代地も同じように伝馬役を負担すべきだと主張して争論となり、一七一〇年(宝永七)八月末に、町奉行所に出訴することになる。この時、江戸市中では、町毎の沽券絵図と町入用の調査が行われている最中で、町奉行所で「沽券改《こけんあらため》」を担当する与《よ》力《りき》らが、ちょうど南伝馬町界隈の絵図作成を指導しているところであった。町奉行所は、この沽券改与力に調査を依頼するよう南伝馬町二丁目の者に命じ、その後二年間に及ぶ取調べや、南伝馬町の三名の名主らによる仲裁を経て、ようやく一七一二年(正徳二)九月に「和睦」に至った。この時に町奉行所に提出された済口証文《すみくちしょうもん》(争いが示談で解決したとき、当事者双方で争点と合意内容を記して連判し、奉行所に提出する証文)により、代地の家持六名はこの後、伝馬役やその他の諸役を同じように勤めることで合意し、その結果、南伝馬町二丁目に加わることに確定したことがわかる。

南鞘町と南塗師町

南鞘町と南塗師町の両町は、南伝馬町一~二丁目と本材木町六丁目の間にあって、東西にのびる(前掲図2-5)。その成立は未詳であるが、南伝馬町とほぼ同時とすれば、一六〇六年(慶長一一)前後となる。町屋敷はそれぞれ一七~一八ヶ所で、総間口間数はともに京間八六間半、奥行きは、南鞘町西側(一九間半)以外はいずれも二〇間である。この二町は、東西の通りを挟む両側町ではなく、片側町として設定されている。

この両町は、職人の国役町として成立した。この内、南鞘町は「御城様御長刀《なぎなた》御鞘塗り」とあるように、長刀の鞘を塗る塗師職人を江戸城に派遣することを役負担とした。一六五八年(万治元)当時、福田清左衛門という者が名主であったことがわかる。つまり町の名主が存在したのである。南鞘町は一七〇四年(宝永元)当時、「御塗師方《おぬしかた》」の棟梁奈良土佐《ならとさ》の指示の下で、「御本丸御台所御塗物御用塗師」を一年間にほぼ三〇〇人ずつ供出することが、家持たちの義務とされていた。奈良は幕府の御用塗師職人の頂点にいた。これから、南鞘町は第一章で述べたような扶持職人《ふちしょくにん》である奈良土佐が、配下の職人を家持として町に集住させ、かれらを動員して江戸城の御用を勤めるという形が本来の有り様であったことが窺える。

しかし、早い時期から塗師職人が家持であるような状態は失われ、職分とは無縁の家持からなる町に変容したと推定される。こうして、南鞘町では、まったくの素人である家持が、例えば一七八六年(天明六)の場合、塗師職人一一五人分の賃銀三四五匁《もんめ》を毎年奈良土佐に渡し、奈良がこれでほかの塗師職人を雇用して、江戸城の御用を勤めさせる、という形に変化するのである。この賃銀分は、その後金七両三分余(銀四六五匁余)に固定され「国役金《くにやくきん》」と呼ばれる。

これは、後で見るような一般的な公役町《くやくちょう》と実質的に変わらない町の役負担の有り様である。しかし形骸化したとはいえ、この塗師役は固有の役負担として残り、かつての職人町である国役町の象徴として位置づけられてゆくのである。

南塗師町も、当初はおそらく南鞘町とほぼ同様に、塗師職人が集住する国役町であったと見られる。ここにも一六五八年、田口吉右衛門《たぐちきちえもん》という町の名主がいた。同町は、天和《てんな》年間(一六八一～八四年)まで、御細工頭矢部四郎兵衛《やべしろべえ》の差配の下で、「御細工小屋人足役」を勤めてきたとされる。細工小屋の人足が塗師の職分とどう関連するのかわからないが、これが国役として位置づけられていたことは確実である。しかし、一七世紀末以降、この役も勤めなくなり、砂利人足、町料理人、御舟揚下《あげさ》げ人足などからなる町人足役を勤めるという、次に見る公役町と変わらない町へと変貌を遂げている。

松川町一～二丁目

松川町は、一六九一年(元禄四)に成立した公役町で、この地域ではもっとも新しい町である。ここは、先ほど述べたように、南塗師町と鈴木町・因幡町との間にあった入り堀が一六九〇年(元禄三)に埋め立てられた部分である。そこに、松川町は総間口田舎間《いなかま》(一間＝六尺＝約一・八メートル)九三間五尺二分、奥行き一三間の東西にのびる片側町として造成され、西から一丁目、二丁目の二つのブロックを形成した。

この松川町は、川瀬石町《かわせこくちょう》と南油町《みなみあぶらちょう》それぞれの代地の一部として設定された。川瀬石町と南油町は日本橋南の中央東側にあり、南北の入り堀で挟まれた両側町であった。ところが、下大工町前にあった広小路(「大工町広小路」)が北側に大きく拡張されるに伴い、両町南側の片側町、計一七三〇坪分が没収され、住民は立ち退かされたのである。これは延宝期(一六七三〜八一年)のことと見られるが細かい経緯は未詳である。それから一〇年余りを経て、没収された両町南側部分の旧地主たちに、松川町をはじめ周辺の六ヶ町で代替地が与えられた。

松川町は、一七二二年(享保七)までは、次のような人足役を負担していた。

御畳人足、御鉄砲人足、御納戸人足、御具足人足、御台屋人足、御蠟燭人足、御紙屋人足、御伝奏《てんそう》人足、町料理人役、御台所御用人足、御欠所《けっしょ》御蔵人足、地割人足、浅草御蔵漆喰《しっくい》運人足

これらは、いずれも江戸城内の単純労働に携わる人足を役として勤めるもので、これから公役町の家持町人が勤める町人足役の具体的な内容を知ることができる。右では一三種にも及んでいるが、これはおそらく、旧地の二つの町が勤めてきた人足役を、代地町に移転した後にもそのまま引き継いだためと見られる。こうした多様な役の動員は、その都度、松川町の家持町人が町を介して勤めたことになるが、一七二二年の町触で、江戸市中全体で、これらすべての

町人足役が代銀納とされることになる。その時の基準は、間口(京間)五間で一人役、年一五回の勤め、人足賃銀一人銀二匁、というものであった。この時、松川町の総間口は京間で八六間半(一七・三人役分)とされたので、計算上は、年間の人足総数二五九・五人(一七・三×一五)、賃銀総額五一九匁となり、これを町内の家持が、それぞれの間口に応じて出銀することになる(史料の数値と少し合わない)。

支配名主高野新右衛門

一六八九年(元禄二)、南鞘町と南塗師町の町人たちは、江戸の町年寄三人に対して、「町内の名主が不在なので、この度、南伝馬町二丁目の名主(高野)宗恩《そうおん》の支配に付属させて下さい」と出願し、一二月に許されている。これを「支配付け」という。この両町にはかつて町の名主がいたが、寛文《かんぶん》から貞享《じょうきょう》年間(一六六一~八八年)にいずれも不在となったことが明らかである。また、この地域に新たに造られた松川町は、当初から町の名主が置かれた形跡がなく、おそらく一六九一年(元禄四)の成立と同時に、高野家の支配下に属したものと推定できる。

これを高野新右衛門から見れば、それまで名主役としては南伝馬町二丁目に限られ、そこの町の名主であったが、元禄初期に、隣接する名主不在の町を相次いで支配下におさめ、自らを支配名主へと変容させたということができる。こうした動向は、第一章でも触れたように、江戸市中町方全域で見られたものであり、一七世紀末になると、数ヶ町からそれ以上の隣接する町を支配する名主が一般的になってゆくことになる。

3 『日記言上之控』の世界

町々からの「言上」

元禄期の終わりから正徳期の初めまで、南伝馬町二丁目名主であった五代高野新右衛門直治《なおはる》(泰温)の時期に作成された『日記言上之控《にっきごんじょうのひかえ》』という表題の史料が残っている。江戸の市中行政を担う町奉行所にとって、もっとも重視された文書の一つに「言上御帳《ごんじょうおんちょう》」というものがあった。これは各町奉行所に常備され、市中の町々から日々提出される訴えのなかで、相続などの重要事項のほか、欠落《かけおち》や取逃げ、無宿の拘束、喧嘩口論、盗難、捨て子や行き倒れ・変死、など異変に関する出願・報告を、担当の与力・同心らがその要旨を帳面に記したものである。これは、町々からのさまざまな報告や申し出を、町奉行所が正式に受理したことを記載し、証明する重要な書類であった。そして出頭した当事者に、「言上御帳」の記載内容の写しが渡されることもあった。こうして、「言上御帳」に掲載されたことを、申し出の当事者が所属する支配名主に報告し、名主のもとで記録された。これが『日記

問屋と市場	人数	町ごとの内訳(人)
水菓子屋	7	南伝二 4，通三代 3
肴売	3	南伝二 2，南塗 1
青物屋	2	南鞘 1，松一 1
蜜柑問屋	1	南伝二 1
瓜問屋	1	南伝二 1
八百屋	1	南塗 1
「日用」層		
鳶	14	南塗 7，南鞘 5，松一 2
日用	7	通三代 2，南鞘 2，松一 2，南塗 1
駕籠舁	5	通三代 4，南伝二 1
人宿	4	松一 3，南鞘 1
籠屋	2	南伝二 2
車力・車引	2	南伝二 1，松一 1
その他		
髪結	10	南鞘 4，南伝二 3，通三代 1，南塗 1，松一 1
湯屋	6	南鞘 3，南伝二 1，南塗 1，松二 1
医師	2	松一 2

他に，馬宿，馬持，祈禱者，座頭，町代，辻番人，御役者が各 1

注：南伝二＝南伝馬町二丁目，通三代＝通三丁目代地，南鞘＝南鞘町，南塗＝南塗師町，松一＝松川町一丁目，松二＝松川町二丁目

言上之控』である。こうした控えは、江戸市中各所の名主のもとで作成されたであろうから、その分量は厖大な数に及んだと推定される。しかし、こうした控えの原本が残存することは極めて限られており、そうした稀な例の一つが、ここで取り上げる「高野家文書」に残された『日記言上之控』なのである。

この史料には、一七〇〇年(元禄一三)から一七

表 2-3 『日記言上之控』に登場する住人の職分(1700-12 年)

諸職人	人数	町ごとの内訳(人)
大工	102	南塗 54, 南鞘 35, 松一 7, 松二 3, 南伝二 2, 通三代 1
屋根屋	17	南塗 8, 松二 6, 南鞘 2, 松一 1
木挽	17	南鞘 13, 松二 4
指物屋	5	南伝二 2, 通三代 2, 南塗 1
左官	4	南塗 3, 南鞘 1
桶屋	3	南伝二 2, 南塗 1
研屋	2	南伝二 2
紺屋	2	通三代 1, 松二 1
仏師	2	南伝二 2

他に, 畳屋, 鍛冶, 銅細工, 釘屋, 切付屋, 扇屋, 具足屋, 絵師, 障子屋, 蠟燭屋, 筆屋が各 1

諸商人		
油売	8	南鞘 6, 南塗 2
小間物売	4	南伝二 3, 南鞘 1
飴売	4	南伝二 1, 通三代 1, 南鞘 1, 松二 1
豆腐屋	4	南伝二 1, 通三代 1, 南塗 1, 松二 1
仕廻物屋	4	南鞘 3, 松一 1
菓子屋	3	南伝二 2, 通三代 1
煙草売	3	南伝二 2, 南鞘 1
酒屋	3	南塗 2, 松一 1
きれ売	2	南伝二 1, 南塗 1
質屋	2	南鞘 1, 南塗 1
両替屋	2	南伝二 1, 松一 1
雪駄売	2	南鞘 2
古木屋	2	南鞘 1, 南塗 1
商人	2	南塗 1, 松二 1

他に, 樒の花売, 茶売, 餅屋, 鬢付屋, 酢醤油, 付木屋, 葛籠屋, 瀬戸物売, 材木屋, 古金屋, 膏薬屋, 味噌売, 棒手振が各 1

一二年(正徳二)にかけて一三年余りにわたり、名主である高野氏の支配下の町々、すなわち南伝馬町二丁目、通三丁目代地、南鞘町、南塗師町、松川町一～二丁目で起こったさまざまな事案がどのように処理されたかが記録されており、この時期全体で九二八件にも及んでいる。表2-3はこれらの記事から、「言上《ごんじょう》」を行った本人の職業に関する記載がある三〇〇例について、職業の分布を示すものである。これらの大半は、召仕《めしつかい》、弟子、雇、出居衆《でいしゅう》などを抱える小経営が中心である。おそらくその多くは町内の表店に居住する問屋・商人・職人親方であり、裏店《うらだな》に居住する零細な住民たちは、ここには一部しか出てこないと推定される。

これらの職分は、大きく諸職人、諸商人(問屋を含む)、日用頭・「日用」層、およびその他に区分できる。まず諸職人であるが、全体の中でも圧倒的に多いのが大工である。特に、南塗師町(五四人)、南鞘町(三五人)の両町に集中している。これは南伝馬町二丁目などと較べて顕著な特徴である。また屋根屋と木挽(各一七人)も目立ち、木挽は南鞘町に大半が分布する。一方、研屋《とぎや》・紺屋《こうや》・切付屋《きっつけや》(馬具の一種を扱う店か)・扇屋・具足屋・仏師・障子屋・筆屋などは南伝馬町二丁目・通三丁目代地にのみ分布している。これらは通町筋に面する表店として、顧客を店に迎えて商う職人の小経営であることが想定できよう。

次に諸商人であるが、これらについては油売《あぶらうり》・仕廻物屋《しまいものや》(古道具屋)を除くと一部の町に集中するような特徴は見いだせない。また日用頭・「日用」層については、鳶《とび》や人宿《ひとやど》などは南鞘町・南塗師町・松川町一〜二丁目にのみ分布するのに対して、駕籠舁《かごかき》は南伝馬町二丁目・通三丁目代地に見られる点が興味深い。また、諸商人の中の青物・水菓子《みずがし》(果物類)・肴関係については、蜜柑《みかん》問屋・瓜《うり》問屋・水菓子屋がいずれも南伝馬町二丁目・通三丁目代地にだけ見られる点も注意しておきたい。

以上から、これら地域における表店層を中心とする職業の分布から、通町筋沿いの南伝馬町二丁目・通三丁目代地と、南鞘町・南塗師町・松川町一〜二丁目との間で、かなり異なる傾向が見いだせる。前者が、道中伝馬役を勤める宿駅機能や、江戸でもっとも繁華な通りである通町筋に面することに関連する職業が目につくのに対し、後者の、特に南鞘町と南塗師町の両町は大工・木挽・屋根屋・左官などを中心とする諸職人が多数居住しており、前に述べた職人町としての「伝統」が色濃く残るようすが特徴的である。

さて以下で、『日記言上之控』の記事からいくつかの事例を紹介し、一七世紀末から一八世紀初め頃の、南伝馬町二丁目とその周辺部の社会やそこで生きた人びとの具体的な姿を少しのぞいてみたい。

表 2-4　高野家の「店衆」

1668 年(寛文 8)	9 月	井筒屋六兵衛
1675 年(延宝 3)	5 月	庄五郎伯父恵善坊
〃	5 月	桶屋久左衛門
1678 年(延宝 6)	8 月	桶屋六兵衛
1682 年(天和 2)	4 月	桶屋茂兵衛
1683 年(天和 3)	7 月	桶屋杢左衛門・清兵衛・長兵衛・権左衛門・茂兵衛(善光寺へ)
〃	閏 8 月	紙屋権左衛門・扇屋平兵衛・籠屋五兵衛
〃	12 月	漆屋源兵衛出居善九郎
1684 年(天和 4)	2 月	紺屋又兵衛
〃　(貞享元)	3 月	(桶屋)清兵衛・六兵衛・茂兵衛・杢左衛門・藤兵衛・久兵衛・五郎兵衛
1686 年(貞享 3)	9 月	漆屋源兵衛(店立)
1687 年(貞享 4)	4 月	紙屋権左衛門
〃	7 月	泉屋庄□郎(善光寺へ)

桶屋と細工　南伝馬町二丁目西側、図2-5で⑱の町屋敷に注目してみよう。ここは宝永沽券図では間口京間四間で居付地主《いつきじぬし》新七郎、家守《やもり》は三郎兵衛とある。新七(郎)直熙《なおひろ》は、同町の支配名主五代高野新右衛門直治の嫡子で、後に六代を継承することになるが、この時は名主見習を勤めていた。先に見たように⑲の町屋敷が新右衛門の役宅兼居所であり、その南隣りも高野家が併せて所有していたことになる。

「諸事証文目録帳」という史料には、この町屋敷の居住者(店衆《たなしゅう》)が地主である高野家あてに差し出した手形や証文のリストが掲載されている。いずれも寛文年間から貞享年間にかけてのものであるが、これから表2-4のように、店衆の構成を窺うことができる。桶屋、紙屋、扇屋、籠屋、漆屋、紺屋など職人的な職種が目立つが、なかでも桶屋が圧倒的に多い。また一六八二年(天和二)一二月に、「店《たな》の桶屋たちが、溝先で、桶の細工はもとより、箍《たが》に用いる竹を削ってはならない、と誓約した「横店《よこだな》桶屋」の連判した手形」がそのリストに見られる。横店とは何かよくわからないが、この店、つまり町屋敷の内部に多くの桶職人が居住し、そこで桶細工を行っていたことが窺える。

表2-5　三郎兵衛店衆の「言上」

桶屋杢左エ門	召仕の欠落《かけおち》
籠屋五兵衛	召仕の欠落
切付屋仁兵衛	召仕，帰らず
家守三郎兵衛	召仕の取逃げ
河内屋五兵衛	帰らず
扇屋仁兵衛	召仕の取逃げ
籠屋五兵衛	召仕，帰らず
助左衛門	中橋広小路にて，小間物盗まれ
桶屋助右衛門	上野法事御用の細工の音うるさく苦情
桶屋清右衛門	召仕の欠落

『日記言上之控』から、家守三郎兵衛の店に関する記事によると、表2-5のような事例を拾うことができる。やはり桶屋が目立つ。桶細工との関わりで、例えば一七〇九年(宝永六)正月一四日の項に次のような記事がある。

家持《ママ》三郎兵衛が申し上げます。私が支配する店の桶屋助右衛門という者が、この度上野のご法事御用で、大久《おおく》保《ぼ》加《か》賀守《がのかみ》様のお屋敷から、水溜桶、番手桶、釣瓶《つるべ》などを誂《あつら》えるようにとご注文がありました。今日から拵《こしら》え始めましたが細工の音が大きく、北町奉行坪内能《つぼうちの》登守《とのかみ》様の御番所へ届け出ましたところ、「御公儀様が忌中であるので、十分気をつけて細工の音が響かぬようにせよ。終わったら届け出るように」と仰せ付けられました。

この年正月一〇日に将軍綱吉が亡くなっている。上野寛永寺において行われる葬儀の施行を担当することとなった小田原藩主大久保加賀守忠増《ただます》は、式に必要となる水溜桶、番手桶などを新調しようと、桶屋助右衛門に注文したのである。この時、「町中物静」が命ぜられ「鳴物、作事」など音を立てることが禁じられていた。右で桶細工が禁じられていないのは、その用途が綱吉の葬儀に関わる品々だったからであろう。南伝馬町二丁目の中では例外的に、また支配名主高野氏が住む役宅の隣りに所持する町屋敷において、多くの桶職人が居住しそこを作業場としていた事実が興味深い。

次にこの地域に多数存在する大工に関する記事を見てみよう。これは、一七〇三年(元禄一六)一二月一一日の欠落《かけおち》事件に関するものである。

大工親方と奴の逃亡

南鞘町次郎右衛門店《たな》の大工甚兵衛がご報告申し上げます。九月一三日に、町奉行丹羽《にわ》遠江守《とおとうみのかみ》様の御番所から北鞘町に下げ渡された奴《やっこ》・三之介という一〇歳の小坊主(少年)について、北鞘町から金一両を添えて、大工である私の弟子とする約束をしました。そこで北鞘町の月行事・権左衛門から本人をもらいうけましたが、今月九日に私の家を出たまま帰ってきません。方々を尋ねたのですがわからないので、権左衛門にも知らせ、いっしょに町奉行保田越前守《やすだえちぜんのかみ》様の御番所へ訴え出ましたところ、この件の事情について言上御帳におつけ下さいました。そこで町奉行丹羽様の御帳にも記しましたが、町奉行林土佐守《はやしとさのかみ》様の御番所では御帳付けなさいませんでした。

右では、南鞘町の家守次郎右衛門が管理する町屋敷（図２－５の⑰）に居住する大工甚兵衛が、支配名主の高野新右衛門に報告したものである。この当時、町奉行所（御番所）は三ヶ所存在した。奴というのは、重罪人の妻や子どもなどが市中の町々に奴婢《ぬひ》として与えられ、雑役などに使われる者をいう。少年三之介は、親の犯した罪に連座するかたちで北鞘町に下げ渡され、町内に隷属することになったのであろう。ところがその後、金一両を添えて、身柄を南鞘町大工甚兵衛の弟子として引き渡されたのである。こうして三之介は、町の奴という状態を脱し、いったんは大工職人の弟子になれたことになる。しかし三ヶ月にも満たない内に、奉公先の大工親方の家を逃げ出したのである。一〇歳の少年はこの後どんな人生を歩んだのだろうか。表

2-3に出てくる大工の大半が、こうした弟子を抱える親方層であることが示されている。

屋根屋の召仕と放火事件

一七〇五年(宝永二)三月一日の項に、次のような放火事件が記録されている。

この朝四つ時(一〇時頃)、松川町二丁目善右衛門店(図2-5の①の町屋敷)の屋根屋吉兵衛は、中町奉行丹羽遠江守長守の役所に出頭し、つい今し方自分の家が火事にあった事件を届け出た。「朝五つ時(八時頃)、二階角の柱が外側から出火し長さ一尺ほど焼け、また屋根が一尺四方ほど焼けたが、「相店《あいだな》の者」(同じ町屋敷の居住者)や町内の者が駆けつけ、すぐ消しとめた。外の被害は、隣家の借家屋根が少し焦げた程度であった」、というのが報告の内容である。

町奉行所では、その日の内に同心二名を現場に検使として派遣し、そこで三二名にも及ぶ者から聞き取りの調査(詮議)をしたうえで、その内容を口書《くちがき》(供述書)にまとめ、また火事の状況を絵図に記した。一件の捜査は、この後「火の元御奉行」佐野与八郎に委ねられ、これに「火の元改め御目付《めつけ》」も加わる形で進められてゆく。

翌日から、佐野与八郎による捜査が開始される。まず口書を取られた者の中で、当の吉兵衛の家族と奉公人、及び家守善右衛門が最初に取調べをうける。本人のほか、女房、悴《せがれ》、召仕七人、下女二名、の計一二名が吉兵衛の家の構成員である。その中で召仕・勘介と新介の二人が

「その日の朝、細工仕事に行こうとして、煙草を吸ったまま煙管《きせる》をくわえて二階に上がり、煙管の吸い殻を外にはたきましたが、それが気がかりです」と供述する。しかしこれは、同じ町内の五兵衛(勘介らの友達か)という者が、「火付けだと厄介なことになる。過失のようにすれば軽く済むから」と勘介らに言い含めていたことが露見し、五兵衛は手錠をはめられる。

自白　そうしたなかで、主人吉兵衛は取調べに際して「召仕の又介という者は、常日頃からふてぶてしく、衣類を質入れしたりでいろいろと不埒なことがあり、怪しいと思います」と告げる。これによって牢屋に拘束された又介は、拷問の末、次のように白状する。

私は八王子領大柳村の百姓権兵衛の悴です。一〇年前に年季奉公に来ました。しかし、主人の吉兵衛は私に細工の仕方を何も教えてくれず、外出の供ばかりさせます。そこで桶町の四郎兵衛という者を通じ「又介に細工をさせてやって下さい」と頼んでもらいましたが、主人はこれを認めてくれませんでした。またほかの奉公人には、職人弟子として毎月一〇〇文ずつの小遣いを与えるのに、私にはわずかな「草履銭」しかくれません。去年から奉公にきた新介にはすぐ細工を習わせ、私に対してはひどい扱いをします。家の中で何かが紛失すると「おまえが取ったのだろう」と疑われ、理不尽な扱いをうけてきました。

先月二九日の夜、主人が御武家様方と一緒に新吉原へ遊びに出かけた留守に、持っていた古い麻の帷子《かたびら》で縄を綯《な》い、大釜を置いた竈《かまど》の残り火からこの縄に火を付けて袂《たもと》に隠し、「股引《ももひき》をはきにゆく」といって二階に上がり、そこで自分の荷物を入れている櫃《ひつ》にあった古綿に火のついた縄をくるんで、これを二階の軒の間にはさみ、家を焼き払おうとしました。物を盗むために付け火をしたのではありません。

この自白により、拘束された五兵衛などは許され、松川町二丁目の町内や、これを支配下に置き管理する名主高野新右衛門らにとって、事件は一挙に解決することになった。そして火付け犯である又介は、この年閏《うるう》四月二六日に火罪《かざい》(火あぶりの処刑)と判決されたのである。

捜査のプロセス

この事件をめぐる記事からは、いくつか興味深い事実が明らかになる。まず注目されるのは、事件捜査のプロセスである。最初の捜査は町奉行所の手で実施され、関係者と見られる多数の者から口書が取られている。しかしその後は、もっぱら「火の元御奉行」佐野与八郎正信に捜査が委ねられている。

佐野は一一〇〇石の知行地を持つ上級の旗本であり、一七〇三年(元禄一六)正月から一七〇八年(宝永五)六月まで先手《さきて》組鉄砲頭の地位にあった。この時、かれは「加役《かやく》」(本来の仕事以外の職務を勤めること)として、定員一名の火付盗賊改を担当し、江戸市中の火付けや盗難事件を所轄するなかでこの事件に遭遇した。ところがこの捜査には「火の元改め御目付」の杉田五左衛門・山﨑四郎左衛門・荒川権九郎らも参加してくる。かれらはいずれも知行数百石の中下級クラスの旗本であり、幕府機構の中で、主として旗本の取締りを軸に支配の中枢を担う「目付」の一員であった。

幕府の目付は、定員一六名で、旗本を統括し、非常時に際しては検使を派遣し、捜査を行うなど、重要な役を担った。江戸市中については、武家地の辻番所を管下に置き、また配下の徒目付などを差配して武家地の管理や事件の捜査など、統括の中心的な役割を果たした。しかしその対象は武家地のみでなく、付属する同心たちに町方を警邏《けいら》させ、治安警察機能を発揮していることがこの一件から明らかである。

一六九八年(元禄一一)から一七〇〇年にかけての一時期、「火事場目付」という役職が置かれたことがあり、幕府目付に「火の元改め」を専門とする者が置かれたのか気になる。少なくとも目付の仕事に、江戸市中全般の防火と治安に関する業務が含まれていたことが右の一件からわかる。そしてこうした業務は、先手組加役としての火付盗賊改とほぼ重なる点が注目される。

親方と奉公人

つぎに、この事件の舞台となった屋根職人の親方吉兵衛の家と経営の概要がわかることが重要である。松川町二丁目の借家に居宅を持つ親方吉兵衛の家は、当人を入れて家族三名、奉公人が七名と下女三名から構成される。奉公人はすべて男で、大半は屋根職親方吉兵衛の弟子と見られる。又介も職人になりたくて奉公に来たのだが、主人吉兵衛は外出のお供ばかりさせ、小遣いではなく「草履銭」しか与えない、と又介が恨んだように、主人の家来として奴僕のように扱われたことが窺える。細工をしたい、技能を身につけたい、という又介の希望は、一〇年間奉公しても報われることがなかった。こうして親方吉兵衛が又介を職人の弟子として評価しなかったところに、悲劇の原因があることになろう。

奉公人派遣業「人宿」

先の表2―3には、人宿《ひとやど》という職業が南鞘町一丁目、松川町一丁目などに四軒見られる。一七一〇年(宝永七)八月六日、後述する番組人宿の設定に伴い、高野氏支配下の各町から人宿が一名ずつ計五名が中町奉行所に呼び出されている。これには、後で見る通三丁目の七兵衛が含まれていないので、五町には少なくとも六名以上の人宿が存在したことが確認できる。

この人宿とは、大名や旗本、あるいは幕府の諸施設に、若党・中間《ちゅうげん》などの武家奉公人を派遣し、その身元を保証して判賃(保証の印鑑を捺す費用)や飯料《はんりょう》から手数料を取る業者のことである。

江戸には全国二六〇家前後の諸大名が屋敷を構え、それぞれには藩主の家族や、江戸に詰める家臣団、さらには足軽・中間・小者などの武家奉公人などが多数居住した。近世後期の例であるが、一八四一年(天保一二)当時、約四〇〇軒の人宿が供給した寄子《よりこ》(人宿のところに一時期世話になり、奉公先が決まるのを待機する状態にいるもの)は三万五一四三人も存在したことがわかっている。

第一章で述べたように、こうした大名屋敷を中心とする社会を藩邸社会と呼んでいる。この藩邸社会を維持運営するために、多数の武家奉公人や日用たちが必要とされた。武家奉公人は、大名の領地の百姓や城下町で雇用された者を江戸に連れてくるのが本来のあり方であったが、遠方の大名の場合、むしろ江戸で代わりとなる奉公人を雇用する方が手数がかからない事情があった。

江戸の人宿がいつから見られるか未詳であるが、一七一〇年(宝永七)八月に「番組人宿」と呼ばれる人宿の仲間が一三組三九〇人で結成されている。この組合は一七一三年(正徳三)にいったん解散させられるが、一七三〇年(享保一五)に再び結成され、幕末に至っている。

以下に見る「日記」の記事は、番組人宿が結成された直後の一七一一年(宝永八)二月六日のものである。

通三丁目代地・権兵衛店《たな》人宿七兵衛が申し上げます。正月晦日に松平豊後守《まつだいらぶんごのかみ》様のところで御道具持を勤める杉右衛門から、「沢右衛門という二五歳になる者を寄子にしてくれ」と願ってきました。そこで杉右衛門を下請人にして、今月一日から私の所に置き、四日に、井上大和守《いのうえやまとのかみ》様の御屋敷にお目見えに行けと命じました。そこで私からは、木綿の紺の袷《あわせ》一つ、木綿の袷一つ、木綿の嶋帯《しまおび》一筋を与えたところ、そのまま欠落《かけおち》しました。

右で人宿七兵衛が居住する権兵衛店は、図2-5の⑤の町屋敷である。ここには、七兵衛のほかに八郎兵衛という人宿も確認できる。松平豊後守(未詳)の御道具持(藩主の武具などを運搬する中間)杉右衛門と沢右衛門との関係は右からはわからないが、こうした武家奉公人同士のネットワークが存在し、相互に身元を保証し合っていたのではないか。ここで沢右衛門は、奉公先の井上大和守(正岑。常陸笠間)屋敷に面接にいったまま、七兵衛から与えられた着物や帯とともに欠落してしまった。この場合、七兵衛はおそらく身元保証人である杉右衛門に、着物などの損害分を請求することになろう。

相次ぐ奉公人の欠落

『日記言上之控』によると、七兵衛は五番組人宿に属し、同じ年に立て続けに記事に出てくる。これらはいずれも、奉公先から欠落・取逃げした事例である。

●一七一一年(宝永八)三月二四日　寄子・松本有右衛門(四五歳)は、奉公先の土井《どい》周防守《すおうのかみ》(利益。肥前唐津)屋敷から、ふすべ革の羽織・浅黄股引き・御納戸金二分・連判金二匁三分と銭八貫九四文、取替《とりかえ》金一両三分を取逃げする。

●同年三月二八日　寄子・高橋平内(三〇歳)は稲葉《いなば》丹後守《たんごのかみ》(正通。下総佐倉)屋敷で足軽として奉公中であったが、拝借金一両二分、取替金二両二分を負ったまま欠落する。

●同年四月四日、寄子・秋岡丹治(二四歳)は、三月五日から富田《とみた》甲斐守《かいのかみ》(知郷。七〇〇〇石)に足軽として奉公し取替金を二両三分受け取っていたが、外に金三分と青染めの合羽一つを取逃げする。

●同日、寄子・市蔵(三七歳)は三月五日から松平三四郎(未詳)に中間奉公中であったが、給金一両三分を取って欠落する。

●四月一六日、寄子・伊八(二七歳)は松野《まつの》壱岐守《いきのかみ》(助義。一五五〇石)屋敷に給金二両一分で、三月五日から草履取として奉公中であったが、取替金一両三分を借りたまま欠落する。

•四月一七日、寄子・紋平(五〇歳)は松平和泉守《まつだいらいずみのかみ》(乗邑《のりさと》。伊勢亀山)に取替金二両を借りて、三月五日から中間奉公中であったが、赤合羽、台所銭三〇〇文を持って取逃げする。
•四月二〇日、寄子・忠介(二八歳)は取替金一両二分を借りて、三月五日から中間奉公中であったが、欠落する。

右に見える取替金とは、奉公契約で決められた給金から一定額を前金として受け取るものである。また三月五日は、一六六八年(寛文八)二月に町触で示された奉公人の出替わりの日である。この日は江戸市中の年中行事のようになり、一季《いっき》居《おり》と呼ばれる、一年契約の若党・小者・中間など武家奉公人が、いっせいに奉公契約を更新し、また新たな奉公先を得た。右の例で、最初の二つは未詳であるが、少なくとも残りの五例は、いずれも三月五日の出替わり日に奉公を始め、一〜二ヶ月の間に欠落・取逃げしたことになる。

人宿七兵衛に関するこうした欠落・取逃げの事例は右の時期にのみ現れるが、その理由はよくわからない。しかし、こうした武家奉公人らの欠落は極めて一般的な事象であった。人宿は、大名や旗本の屋敷に武家奉公人を周旋することが経営の内容であったが、見られるように、事実上の労働者である寄子たちは、奉公先から頻繁に欠落や取逃げを繰り返す逸脱的な社会層でもあった。こうして人宿という営業は、「労働者の世界」と密着する位置にいたことになり、そうした世界を直接支配し統合する役割を担ったと考えられるのである。

問屋と市場

次に、この地域における問屋や市場に関する様子を見ておきたい。まず「日記」から二つの記事を掲げる。

●一七〇二年(元禄一五)六月九日
南伝馬町二丁目藤兵衛店《たな》の瓜問屋七郎左衛門は、南町奉行松前伊豆守《まつまえいずのかみ》に対して、江戸橋広小路の中で東西一三間、南北二〇間の場所を六月から八月までの三ヶ月間拝借し、ここに瓜・茄子《なす》の売場を開設することの許可を求めた。町奉行所からは二名の役人が来て調査の後、許可されている。

●一七〇七年(宝永四)八月三日
同店の水菓子(果物)屋十兵衛は、前日夜に見世《みせ》に盗賊が入り、左の品々を盗まれたと届け出ている。
本多隠岐守(康慶。近江膳所)へ商いの通《かよい》一冊
本多下総守(康命。隠岐守の嫡男)へ商いの通一冊

松平和泉守(乗邑。伊勢亀山)へ商いの通一冊
同屋敷へ水菓子売上げの時、屋敷の裏書きのある手形三枚
硯箱一つ　中に、印判四つ、鋏《はさみ》三丁、小刀三本
商物青梨子五〇籠
通籠一つ

図2-5によると、右の藤兵衛店は⑬の町屋敷に相当する。当時の地主は駿河町《するがちょう》に店舗を構え、幕府の御為替《かわせ》御用を勤める本両替・泉屋三右衛門である。当時この町屋敷に、瓜問屋や水菓子屋が営業していたことが明らかになる。瓜問屋七郎左衛門は、この時日本橋南の北東角にある江戸橋広小路で、広さ二六〇坪にも及ぶ売場の開設を許可するよう出願している。一七一一年(正徳元)五月一八日の記事によると、この七郎左衛門と同店の八左衛門をはじめ、近隣の南槙町・通三丁目・呉服町一丁目の瓜問屋たち計五名は、中橋広小路で瓜の売場を六〜七月の間開設することを願い出ている。これによると、瓜問屋の売場は、以前から中橋広小路を拝借してきたが、同広小路が「蔵地」とされるに及び、四日市(江戸橋)広小路へ移り、また一七〇九年(宝永六)に中橋広小路の蔵地が廃止され、再び同地で東西一六間、南北一九間の売場開設

を出願し許可されている。これら瓜問屋らは、九月ごろには蜜柑の売場開設の許可を申請しているので、多様な品目に及ぶ水菓子を扱う問屋であったと推定できる。また江戸橋や中橋の広小路ではこれら水菓子の市場が設定されていたことが右から明らかとなる。

　また水菓子屋十兵衛は問屋か仲買かはっきりしないが、右に見た史料にある盗まれた品目のリストから、大名屋敷に出入りして水菓子類を納め、またこの時には季節の果物である大量の梨子を商っていたことが窺える。

広小路と市場

　ところでこれより以前、延宝年間における南伝馬町二丁目とその周辺を描く図（「御府内沿革図書」）によると、南伝馬町二丁目は広小路で南北に大きく分断されている様子がわかる（図2-3）。これは、明暦大火の後に、堀端にあった長崎町が幕府に接収されて霊岸島《れいがんじま》に移転を強いられ、また南伝馬町二丁目の中央部分も召し上げられて、それらの跡地が火除地となったことによる。ここは「長崎町広小路」、あるいは「二丁目広小路」などと呼ばれた。

　前述のように、一六九〇年（元禄三）にこの長崎町広小路は廃止されて再び町屋となり、そこには通三丁目代地などが設定されることになる。つまり長崎町広小路は、一六五七年以後一六九〇年までの三〇年余りの間だけ広小路だったのである。こうして、右の記事にある瓜問屋らがいた藤兵衛店は、本来この長崎町広小路に直接面していたことになる。

江戸橋や中橋の広小路だけでなく、長崎町広小路も市場の空間であった。一六六三年（寛文三）一一月の史料（「撰要永久録・公用留」第一冊七号文書）によると、この時、長崎町広小路幅二〇間の内、中央部の幅四間部分に幕府が杭を打ち、その中での「物売り」を許可し、残りの部分での営業を堅く禁止している。しかし同時に、四間幅の杭の外で溝際一間幅の部分を「朝のうち」だけ「物おろし場」として用いることが許されている。そしてこの時、問屋五人・仲買八人から誓約証文を提出させている。

この問屋・仲買が水菓子や青物を扱う者かどうかは確定できない。しかし、一六七九年（延宝七）六月に、瓜問屋次兵衛と二丁目広小路瓜問屋仲間で「不首尾の仕置き」があったため、二丁目から商売を停止されたという一件の記録がある。どのような争いによる不首尾かわからないが、これから長崎町広小路を売場とする瓜問屋の結合が見られ、すくなくとも夏期二～三ヶ月の間、瓜を取引する市場が開かれていたことは確認できよう。しかし二丁目広小路が廃止され、また中橋広小路も一八世紀半ば以降に町屋として再開発されてゆくなかで、南伝馬町二丁目界隈の水菓子問屋らは、おそらく江戸橋広小路か、京橋北側の大根河岸《だいこがし》の市場近くへと移転することになるのではなかろうか。

最後に、この界隈の大店《おおだな》と見られる商人と、無宿との交叉を示す記事を見ておきたい。

交叉する大店と無宿

一七〇三年(元禄一六)一一月二四日の夕方、通三丁目代地の家持善右衛門の家(位置未詳)の「店下《みせした》」(道路沿いの幅一間の場所)に、一人の非人《ひにん》の男が体調を崩して倒れ込んでいるのを、掃除をしていた召仕の四郎と長太郎が見つけた。「どうかしたの」とようすを聞いたところ、「疝気《せんき》(下腹部の痛み)がひどくて、休んでおります。名前は六兵衛、生国は若狭《わかさ》です。五月に故郷を離れ、七月半ばにご当地江戸にやってきました」と答えた。

六兵衛が莚《むしろ》に何かを包んでいるのに気づき、不審に思った四郎が問いただしたところ、「この包みは私のものですが、受け取って下さい」という。四郎が「おまえの物だから自分で持っていろ」と言うと、六兵衛は「ござの中に死んだ子猫が一匹入っています。大切にして下さい」と答えた。気味が悪くなった四郎はこの件を主人に伝える。

翌朝六つ時(午前六時頃)、主人の善右衛門は遠江守番所(丹羽《にわ》長守《ながもり》。中町奉行)へ六兵衛を連れて訴え出る。奉行所では取調べのうえ、六兵衛の善右衛門の召仕に対する言いかたが「ねだりがましい」ものとして、六兵衛を「ねだり者」とした。そして、六兵衛を品川の非人頭松右衛門に引き渡し、善右衛門には「猫の死骸を入念に埋葬するように」と命じたのである。

右の一件は、赤穂浪士の討ち入りから一年近く、冬の夕方の出来事である。江戸中心部の商家の前で、寒さと病に倒れこんだ非人六兵衛は、店の奉公人によって介抱されたあと、主人同伴で町奉行所へと連行された。そこで町奉行所は、「子猫の死骸を用い、大店へねだりがましい行いをした」として、六兵衛を品川の非人組織に引き渡したのである。

一方、届け出た善右衛門に対しては、子猫の死骸を鄭重に扱うようにと命じた。その背後には、この一六年前、貞享四年(一六八七)正月に、綱吉政権が公布した生類憐《しょうるいあわ》れみの令《れい》がある。しかし六兵衛の言動が、なぜここで「ねだりがましい」行為と見なされ、記録に残されたのかが疑問である。江戸の中心部で商家の店先に施しを求めることは、非人としての日常的な職分そのものだからである。生類憐れみの令の下で、子猫の死骸を抱えていたという点が異様とされたのであろうか。

六兵衛は、この年の初夏に故郷若狭を出た後、二ヶ月余りで江戸に至り、夏からこの一一月末まで、大都会の片隅のどこでどう過ごしてきたのだろうか。乞食としての過酷な日々の暮らしのなかで、孤独な彼をひととき慰めてくれた可愛い子猫への優しい哀惜の気持ちから、死んだ後も莚にくるんで大切に持ち歩いていたのではなかったか。

一方、善右衛門については、『日記言上之控』から次のような記述を拾うことができる。

- 一七〇〇年(元禄一三)正月一九日　家主万屋《よろずや》善右衛門のところで恵比寿講で酒盛りをしていた際中に、火の元改め目付役人が通りかかり、「静かにせよ」と見世の障子を叩いたところ、中から罵詈《ばり》を浴びせられる事件が起こる。善右衛門が目付の役宅に出頭し謝罪して許される。
- 一七〇二年(元禄一五)二月一三日　善右衛門家の前で一四～一五歳の男乞食が行き倒れて死亡し、回向院《えこういん》に埋葬する。
- 同一〇月二九日　家持善右衛門の召仕伝兵衛が、他町で蔵を借りて衣類をたくさん入れて置いたところ、盗まれる。
- 一七〇六年(宝永三)五月一五日　家主善右衛門が召仕として長兵衛(一九歳)という者を一〇年季で抱えたところ、この日の朝、欠落してしまう。
- 同一一月一五日　家持善右衛門は屋号を万屋という蠟燭屋《ろうそくや》であり、商いの灯心《とうしん》を買い置いていた。ところが召仕の孫兵衛が、手燭《てしょく》を点《とも》して二階に行きかけたところ、火のついた蠟燭を落として灯心に火が燃え移りぼやとなる。消し止めるが大騒ぎとなり、善右衛門は、

蠟燭屋善右衛門

火付盗賊改めに取り調べられ、火の用心が悪いとして押し込め(閉門の上、外出禁止)となる。ようやく二八日に解放される。

このあと、善右衛門の名は記事から消えて再び現れなくなる。以上からみて、善右衛門は通三丁目の家持で蠟燭屋を経営し、何人もの奉公人を抱える大店であった可能性が高いのではなかろうか。

六兵衛のような無一物の悲惨な人生の終わりを迎えた無宿・非人と、江戸中心部で町屋敷を持ち、蠟燭屋を営む豊かな大店の善右衛門。この両者は、六兵衛が大店の見世先で行き倒れ、施しを求めようとした一時だけ交叉したかのようである。二人がそれぞれ属す場所は、江戸市中においてまったく別個の世界のようである。しかし、例えば、右の記事にあるように善右衛門の見世から欠落した青年長兵衛にとって、こうした無宿や非人の世界は、すぐそこにあったというべきであろう。

町の社会と地域の権力

以上本章では、主に一七世紀後半から一八世紀初めにおける江戸町方中心部の事例を取り上げながら、町《ちょう》の社会がどのような構造をもっていたのか、またどのような人びとが暮らしていたのか、についてなるべく具体的に見ようとしてきた。

幕府や大名・旗本などの支配権力に属す人びとは、こうした町方の社会に多くを依存して初めて存続できた。こうした町方の機能を「賄《まかない》機能」と呼んでいる。

ここで見られた、名主高野新右衛門や有力な大店、あるいは一群の特権的な不在地主の存在、また他方における、表店の商人や職人親方、それらの下で使役される召仕や弟子、またこれらの史料には余り出てこない零細な裏店に居住する民衆。そしてそこに行き交う、町にとっては他者にすぎない無宿や非人たち。これらは、相互に重なり合い、あるいは交叉し、またまったく別個の世界に分離する。そして、こうした多様な要素からなる町方の社会を、支配し束ねようとするのは、地域の権力である支配名主高野氏であり、また徐々に力を示し始める大店や表店の商人仲間なのであった。

第三章　浅草寺——寺院と寺領の社会と空間

この章では、江戸の中央部から眼を大きく北へと転じ、江戸の曲輪《くるわ》外《がい》にあって、中世以来の独自な都市域であったとされる浅草を取り上げ、その中心にあった浅草寺《せんそうじ》とその周辺社会について見てゆこう。主たる素材は『浅草寺《せんそうじ》日記《にっき》』である。これは後でふれる浅草寺の別当代《べっとうだい》や、寺中《じちゅう》の役者《やくしゃ》(寺中の代表)が記したものが大半であるが、一部に寛永寺《かんえいじ》御《お》納戸《なんど》役人や観音堂の堂《どう》番《ばん》などが記した日記も含まれている。時期は、浅草寺が上野寛永寺の直轄支配下におかれた一七四〇年(元文五)からしばらく後、一七四四年(寛保四)以後のもので、幕末期の分が一部欠けるほか、慶応《けいおう》年間(一八六五～六八年)に至る三〇〇冊余が現存する。これらは翻刻され『浅草寺日記』(吉川弘文館)として刊行中である(二〇一四年現在、三四巻まで刊行済み)。

以下では、この厖大な日記をもとに、江戸時代後期の浅草寺とその周辺のようすを見、そこで生きた多様な人びとをいくつか取り上げながら、浅草寺を中心とする社会の一端を検討してみたい。

1　近世前期の浅草寺

開山と由緒

『浅草寺縁起』（『浅草寺志』文化一〇年〔一八一三〕、松平定常《まつだいらさだつね》〔不軽居士。因州新田藩主〕編に収録）によると、浅草寺は六二八年（推古《すいこ》三六）の開山という古い由緒を誇る天台宗の大寺院であり（現在は聖観音宗）、中世においてその周辺域は、次章で取り上げる品川と並ぶ寺院都市の様相を呈し、また湊《みなと》や街道を抱える交通都市であったと推定される。

近世に至ると、一五九〇年（天正一八）に徳川家康が江戸に入城した後、浅草寺は徳川家の祈願所となる。また、江戸に幕府が開かれて間もなく、一六一三年（慶長一八）に家康から朱印地《しゅいんち》五〇〇石を与えられ、江戸の北縁に隣接する独立した「寺院都市」として寺社奉行《じしゃぶぎょう》支配のもとに置かれる。当時の別当《べっとう》（一山を統括する僧官）は知楽院忠尊《ちらくいんちゅうそん》（忠存）である。

また一六一八年（元和《げんな》四）に浅草寺境内に東照宮が建立され、知楽院が別当を勤めた。その後、一六三六年（寛永一三）に東照宮は江戸城内紅葉山《もみじやま》に遷座される。またこの間、一六二五年（寛永二）には天海《てんかい》により、上野に東叡山《とうえいざん》寛永寺が造立され、また一六四七年（正保《しょうほう》四）に日光輪王寺《にっこうりんのうじの》宮門跡《みやもんぜき》として着任した尊敬法親王《そんぎょうほっしんのう》（後水尾《ごみずのお》天皇皇子）が、一六五四年（承応三）に寛永寺に移り天台《てんだい》座主《ざす》となって、ここが天台宗の総本山とされたことに注意しておきたい。

別当・忠運と寺僧の争い

次に、一六八一年(天和元)五月、四代将軍家綱《いえつな》一周忌の直後、浅草寺別当の知楽院忠運《ちゅううん》が寺社奉行と上野寛永寺の役者に宛てて差し出した書付《かきつけ》に記された内容から、中世後期から近世初期にかけての浅草寺の様相を窺ってみよう。忠運はこの書付で次のように述べている。

後土御門《ごつちみかど》天皇(在位一四六四(寛正《かんしょう》五)〜一五〇〇年(明応《めいおう》九))の時代まで、浅草寺には「百余ヶ寺」からなる坊中《ぼうちゅう》があり、僧侶はみな妻帯でした。当時の住持《じゅうじ》・忠海上人《ちゅうかいしょうにん》は坊中の「乱行不浄」を悲しみこれを改革して、坊中を清僧のみによる三三坊に縮減しました。その中の一二坊を衆徒《しゅうと》とし、二一坊を寺僧《じそう》として衆徒を補佐させたのです。こうした坊中による自立的な運営はその後一九〇年間続きました。

天正年間(一五七三〜九二年)に至り、衆徒と寺僧の間の「混乱」を避けようと、その時の住持・忠尊上人は権現様(家康)に出願し、「浅草寺十二坊」宛の朱印状を発給していただきました。

ところが昨年(一六八〇年)五月、厳有院(家綱)様が亡くなり、中陰(四十九日)の法事に際して、浅草寺の寺僧たち一同は「寺僧という肩書きは迷惑だ。寺中という肩書きにして欲しい」と出願してきました。また今般の一周忌に際し、二一坊の寺僧たちは、再び「寺僧のままでは御経を読むことはできない」と強硬に主張し、連判の起請文《きしょうもん》まで作成して「徒党」を組んでおります。またこの内六人は欠落《かけおち》してしまいました。かれらは公儀も恐れない比類なき大罪人です。

近世初めから、知楽院や衆徒の側と寺僧との間で、格式をめぐる激しい争いがあり、家綱の法事に際してその対立がのっぴきならぬ段階に達したことが窺える。右の書付によると、中世後期における浅草寺は、多数の坊中を基盤とする自立的な一山《いっさん》寺院であったと想定され、その後、衆徒と寺僧からなる坊中という、後にみる寺中の前身が形成されていたことを確認できる。

忠運の罷免と寛永寺の支配

こうしたなかで一六八五年(貞享二)八月に、知楽院忠運が突然罷免《ひめん》され、下総《しもうさ》八幡《やわた》(現、千葉県市川市)法漸寺《ほうぜんじ》に隠居を命ぜられるという事件が起こった。浅草川(隅田川)筋の犬を捕らえて川に捨てたこと、また知楽院自身の不行跡などが罷免の理由とされたようである。これらが事実かどうかはわからないが、右で見た書付の内容から、浅草寺一山を構成する衆徒と寺僧との対立を別当知楽院が自力で克服できないのを見て、寛永寺が幕府権力を後ろ盾に、自立性の高い古刹の運営に一気に介入してきた、というのが真相ではないだろうか。

かくて同年一二月、浅草寺は上野寛永寺の支配下に組み込まれ、寛永寺寺中の明王院宣存《みょうおういんぎそん》が別当職として派遣される。これ以後四代五五年間にわたり、寛永寺の高僧が浅草寺別当に着任し、伝法院《でんぽういん》を称することになる。

この後、一七四〇年(元文《げんぶん》五)一〇月から、浅草寺別当職は輪王寺宮門跡自身の兼任となる。つまり上野寛永寺による直轄支配の下におかれ、寛永寺からは伝法院に別当代(別当職を兼ねる日光輪王寺宮門跡の代理)が派遣されることとなった。また、別当代のほかに用人《ようにん》・納戸《なんど》役《やく》・吟《ぎん》味役《みやく》など俗人の役人が派遣され、浅草寺一山の支配を担当することとなる。こうした体制は、この後幕末まで続いてゆくことになる。

2　浅草寺一山と寺中

寺院社会の三つの要素

一八世紀半ば以降、浅草寺を中心とする寺院社会とその空間を構成するのは、院内・境内・領内という三つの要素である(図3-1を参照)。

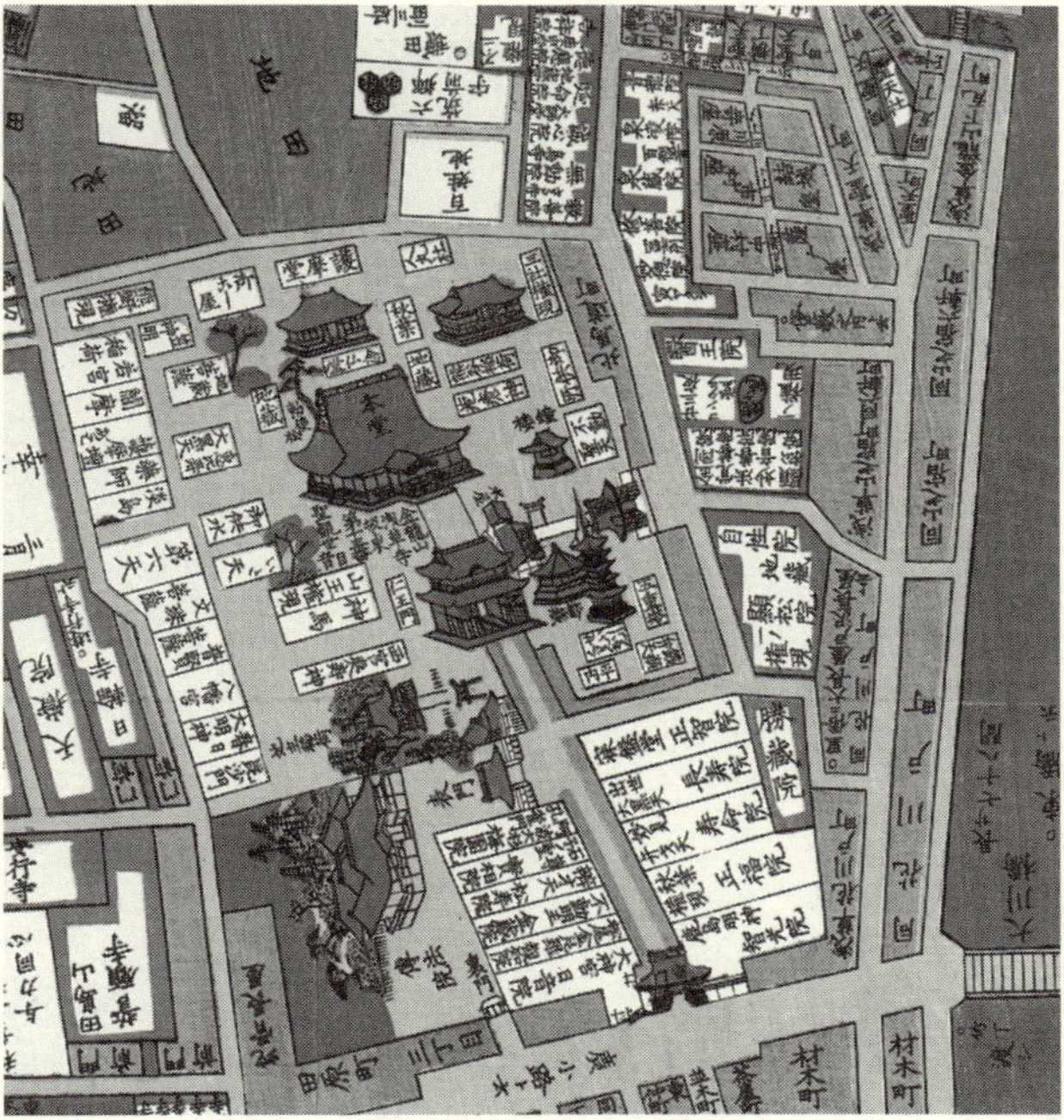

図 3-1　江戸切絵図(1853 年〔嘉永 6〕)に描かれた浅草寺とその周辺．本堂(観音堂)のまわりが境内．左下に伝法院．中央下が雷門．多くの子院が分布する．右端の大川(隅田川)に沿って，山之宿町・花川戸町・材木町が続く．

一つは院内で、これは知楽院を継承した伝法院のことを意味する。伝法院は本坊《ほんぼう》とも呼ばれ、浅草寺寺院社会の中心的な位置にあり、敷地の広さは二万坪余りに及ぶ。ここは本来、境内の一部にあって、自立的な一山の中核を担う別当の居所であったが、右で見たように一七世紀の終わり近くから上野寛永寺による支配の拠点が置かれ、一八世紀半ばからはここに別当代や寛永寺の役人らが常駐した。

二つ目は本坊を除く境内である。ここは、さらに観音境内(約九〇〇〇坪)、代官屋敷地(一〇〇〇坪余)、寺中・三譜代(四万六〇〇〇坪余)、の三つに大きく区分される。観音境内とは、本堂、すなわち観音堂を中心とする区域であり、ここには多数の諸堂や末社が分布し、後で見るような境内商人や見世物小屋などが充満する一帯である。

また、その縁辺部の東側と南側には境内町屋《けいだいまちや》と呼ばれる南北馬道町《うまみちちょう》などが含まれる。また浅草寺領の支配を担う代官本間家・菊地家の屋敷地も含まれる。

寺中とは、浅草寺一山を構成する三四からなる子院(塔頭《たっちゅう》)群の共同組織である。一つ一つの子院に対して与えられた境内は、本堂の南側、東側、北側に集中し、また三譜代(土師真中知《はじのまつち》・檜前浜成《ひのくまのはまなり》・同竹成《たけなり》の子孫と称する専堂《せんとう》・斎頭《さいとう》・常音《じょうおん》の三坊。観音堂の管理を担う)の屋敷地を併せ、四万六〇〇〇坪を超える広大な面積を占める。

三つ目は領内である。これは、将軍から与えられた朱印地五〇〇石を構成する千束村《せんぞくむら》と一八の町々が分布する範囲であり、浅草寺代官の支配下におかれる。これらは、いずれも隅田川右岸にあって浅草寺を取り囲むように広がる。

以下、こうした院内・境内・領内という浅草寺寺院社会の構造を基本において、その社会の具体的な有り様をそれぞれ見てゆこう。

「寺中」の様相

まず前提として、浅草寺の「寺中《じちゅう》」について見ておきたい。寺中とは、浅草寺境内で子院を営む住職による自治的な結合組織のことである。浅草寺のような大寺院は、多くの子院により構成される共同組織により自治的に運営される場合が多く、こうした寺院を「一山寺院《いっさんじいん》」と呼んだ。本章第1節で述べたように、中世以来の一山寺院であった浅草寺は、一六八五年(貞享二)以降、上野寛永寺の下に強制的に従属させられたが、上野から派遣された別当や、別当代による支配の下で、浅草寺一山組織の実体を構成したのである。

寺中は、三四の独立した寺院から構成された。これは「寺中三十四ヶ院」と呼ばれる。寺中は、本坊や観音堂を中心に、ほぼ三つのブロックに集まって分布した。現在の仲見世《なかみせ》通りの両側にあたる「南谷《なんこく》」一三院、随身門《ずいしんもん》(現在の二天門)の東側にある「東谷《とうこく》」七院、境内の北側にあたる「北谷《ほっこく》」一四院の三ヶ所である。これらはそれぞれ谷仲間《たになかま》とも呼ばれる子院の地縁的な共同組織で、一種の寺町《てらまち》を形づくった(図3-2)。

「寺中三十四ヶ院」の子院住職には、衆徒(一二院)と寺僧(二二院)という二つの階層があった。これらは第1節で見たように中世後期以来の子院の階層である。このうち衆徒からは、寺中の

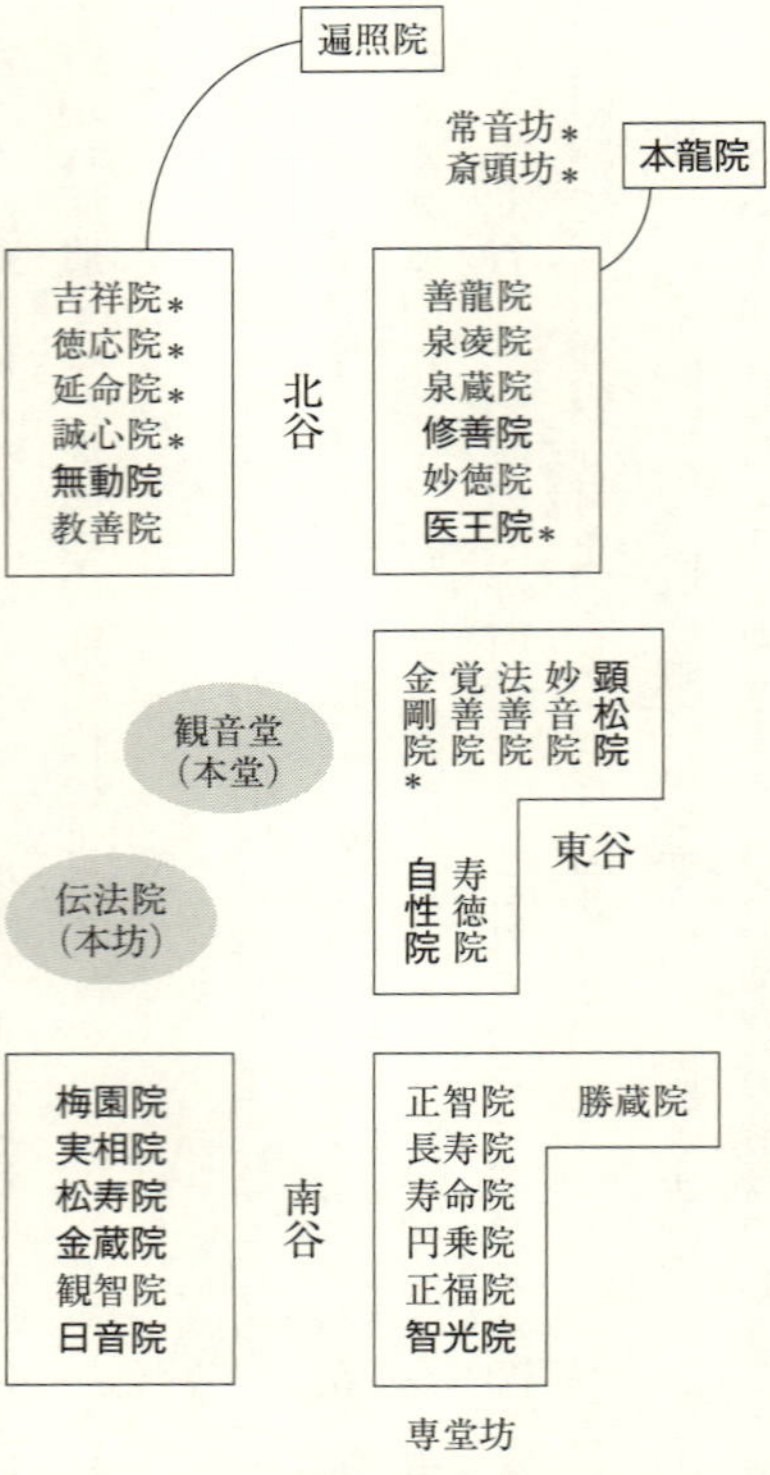

図 3-2　寺中 34 院の谷仲間と三譜代.
太字は衆徒 12 院，その他は寺僧 22 院.
配置はおおよその位置関係を示す.
*印は門前町屋のあるもの.

代表である役者が二人ずつ選ばれ、交替で浅草寺一山を実質的に運営した。現代の大学にたとえると、衆徒は教授、寺僧が准教授、また役者は学部長に相当し、これは教授のみの教授会で選ばれるなどというのとよく似ている。別当代は差し詰め学長——それも高級官僚から天下りの——にでも相当しようか。

『浅草寺日記』には、寺中子院に関する記事が大量に含まれている。これらを見ると、子院の経営はかなり大変だったことがわかる。その原因は、浅草寺の領地(寺領)からの年貢収入や、本堂境内から得られる賽銭《さいせん》、また店舗敷地使用料(地代)などの大半が、実は上野寛永寺に持って行かれてしまうことにある。

例えば、南谷に九九三坪の境内を持った勝蔵院《しょうぞういん》(南谷・寺僧)という子院は、一七八三年(天明三)一年間の収入として、浅草寺領の年貢米から子院への支給分四升三合、旦那からの収入が一両、子院境内での賽銭は一両、また境内地代が二九両であった。全部で三一両ほどで、これだけで一〇〇〇坪近い境内や堂社を維持し、住職や弟子などの日々の生活を支えるのはかなり大変だったと想像される。

子院の収入は、寺院としての格や、境内の中の位置——例えば仲見世通りに面する子院は多額の賽銭収入などがある——によってさまざまであった。そして困窮した寺院の多くは民間から多額の借財をするなど、厳しい経営を迫られたのである。

さて、勝蔵院の収入のほとんどを占めた「境内地代」とは何であろうか。こうした寺中子院に多くの地代収入をもたらす、子院境内における「地借町屋《じがりまちや》」のようすを見てみよう。

子院境内の地借町屋

江戸時代、浅草寺のすべての子院は、それぞれの境内で、本堂や居宅、堂社などを除く空間

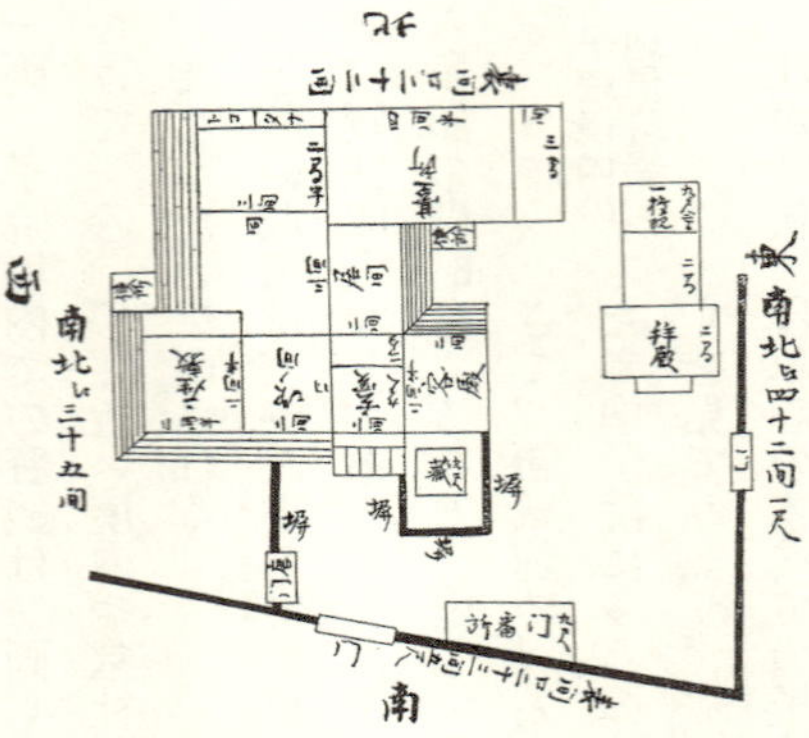

図3-3　顕松院境内．中央に本堂と屋敷，右側に一ノ権現が見える．

の大半を「地借《じがり》」に貸し付けていた。顕松院《けんしょういん》（東谷・衆徒）を例に、地借町屋の実態を検討したい。顕松院は東谷の北側、東はじにある有力な子院で、浅草山之宿町《やまのしゅくまち》に接していた。図3-3は、一八世紀中頃の境内中心部を描く絵図である。この時、顕松院の境内九九五坪余りのうち、本堂と屋敷部分が一〇二坪、一ノ権現などの堂社が計一四坪ある。この一ノ権現は、川中から発見された観音像を最初に祀ったとされる土師真中知《はじのまつち》を祭神とし、また山之宿町の鎮守でもあった。一八二八年（文政一一）正月九日の夜四つ半（夜九時ごろ）過ぎ、法善院《ほうぜんいん》境内から出火し、火は近隣の子院や花川戸町《はなかわどちょう》、山之宿町一帯に及んで、翌朝になってようやく消し止められた。図3-4は、この火事の被災状況を示す。

この図で顕松院の境内を見ると、「地カリ」とあるのが注目される。また、道路の向かい側にある寿徳院《じゅとくいん》の境内にも「地カリ」と記されている。『御府内備考《ごふないびこう》』によると、一八二五年（文

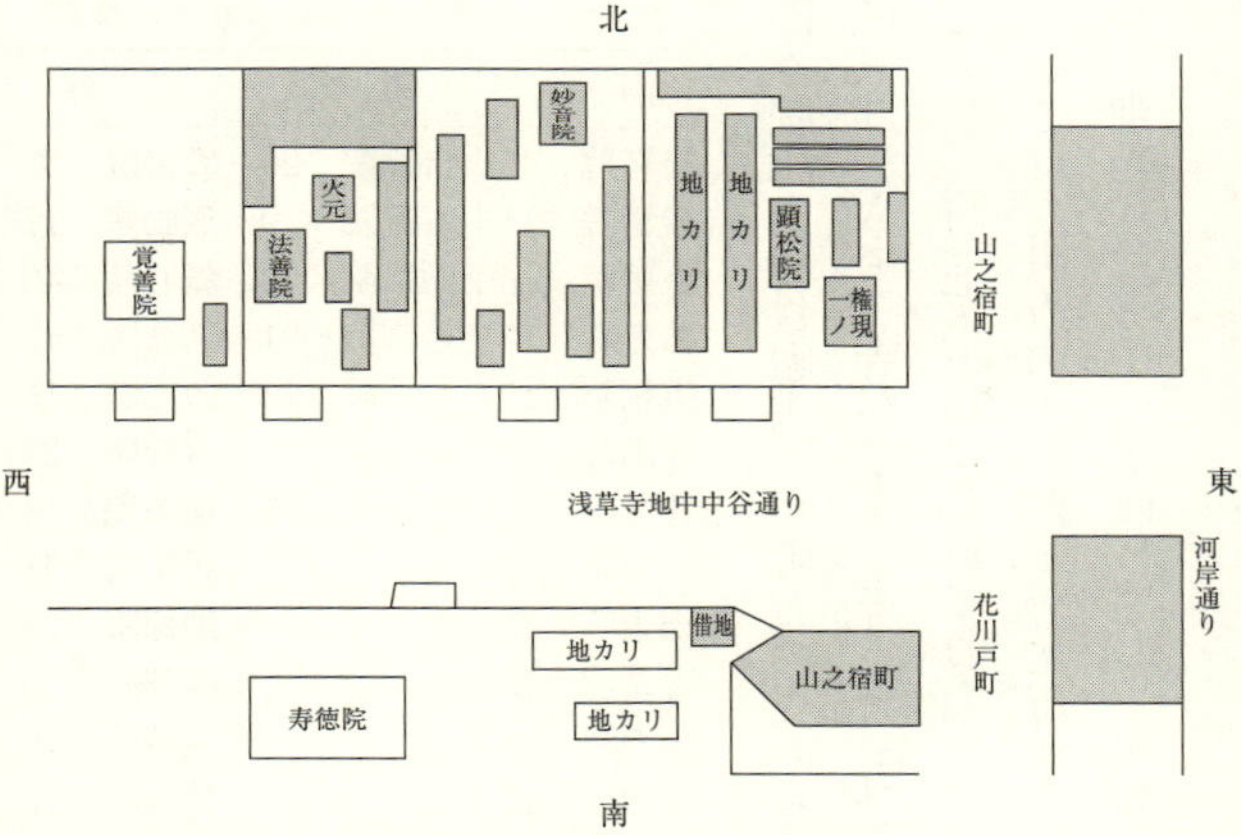

図3-4　1828年1月9日の火事による東谷の被災状況．左から2軒目，法善院境内が火元．網掛け部分が焼失．顕松院は全焼している．

政八)当時、顕松院には「貸地坪数五四四坪余、建家棟数十三棟」があると記されている。つまり、境内面積の五五パーセントほどが「貸地《かしち》」とされ、そこに「建家」一三棟が並んでいたのである(表3-1を参照)。

子院境内の一部を借りた地借たちは、そこに自分の資金で長屋を建てて家主となり、これらを店借《たながり》(借家人)に貸し付け、賃貸業を営んだ。そして地借=家主は、店借たちから「店賃《たなちん》」(家賃)を取り立て、地主である子院へ「地代」(借地料)を支払った。つまり地借たちは、子院の境内で、いわば「アパート経営」を行って利益を上げ、また子院はこの地代を重要な収入源としたのである。先ほど見た東谷の火事の火元は、「法善院境内地借家主伝兵衛店弥七」だったと

表3-1　浅草寺中の境内町屋の棟数

南谷		東谷		北谷	
日音院	45	自性院	29	教善院	32
観智院	11	寿徳院	9	無動院	17
金蔵院	16	顕松院	13	誠心院	40
松寿院	17	妙音院	21	延命院	17
実相院	10	法善院	12	徳応院	16
梅園院	19	覚善院	13	吉祥院	23
智光院	31	金剛院	5	遍照院	4
正福院	6			医王院	41
円乗院	11			妙徳院	19
寿命院	13			修善院	15
長寿院	14			泉蔵院	19
正智院	17			泉凌院	15
勝蔵院	18			善龍院	15
				本龍院	5

ある。法善院境内の一部を借地した伝兵衛（地借で家主）が長屋を建て、その一画を借りて住んでいた弥七（店借）が火元だった。こうした長屋は寺中の「地借町屋」と呼ばれた。

ルーズな支配

寺中の地借町屋は、寺社奉行が支配する子院の境内にあったが、そこで店借として暮らす住民は、江戸の町人として町奉行の支配下に置かれた。そこには名主《なぬし》が置かれず、地守《じもり》と呼ばれる者と、「三十四ヶ院境内寺付家主」が町方の支配を担当した。例えば一八二八年（文政一一）の場合、地守は庄三郎一人で、寺付家主（家守《やもり》）は二九名存在した。そしてこれらの家主は寺中の三つの谷仲間ごとに、併せて五組に編成された。

ここは、町方の支配が十分に行き渡らない「隙間」と目された。一八一四年（文化一一）一一月、別当代は寺中の子院に対し、次のように述べている。

一、浅草寺の寺中地借・店借が近年急増し、およそ五千人ほどにもなり、門前町々の人数の三分の一ほどに及ぶ。このため法制を弁《わきま》えず、不取締りであると聞いている。
一、寺院の店借の中には、住居は名目だけで、本人は居住していないのに、そこから公事訴訟に出る形をとるという。このため浅草寺寺中からの訴訟人が際だって多く、江戸でも悪い評判となっている。
一、寺中地借・店借は、地守の庄三郎の支配に属すが、実際は家主と地主が地借・店借を差配している。また庄三郎は若年ということもあり、支配が行き届かないという。
一、寺中地借町屋の者は、江戸市中町々の町人が負担する国役や町役もなく、また江戸町会所を維持するための七分積金も上納していない。ところが、地守らの取調べがないままで町会所からの御救いを出願する者が目立って多数に及ぶという。

一八二五年(文政八)当時のデータによると、浅草寺中の地借町屋は三十四ヶ院全体で、五八二棟に及んだ。一棟がそれぞれ何戸からなるかは不明である。これと時期はややずれるが、一八一四年当時、寺中三十四ヶ院の境内に五〇〇〇人もの店借らが密集していたことが右の史料からわかる。これら店借の大半は貧しい民衆であり、こうした寺中地借町屋の社会を管理・支配したのは、たった一人の地守と寺付家主(家守)二十数名というのが実情だったのである。

地借・店借層が公事や訴訟を起こす場合、江戸市中であれば町屋敷を管理する家守の了解を得、さらには支配名主の承認を必要とした。ところが、浅草寺の寺中地借町屋には支配名主が不在であり、たった一人の地守がこれを代行するというルーズな支配体制の下にあった。こうした間隙をついて、訴訟目的でここに名目だけ住所を置くことすらまかり通っていたということである。

3 領内の構造

二家の代官

先に述べたように、近世の浅草寺は、将軍から五〇〇〇石の朱印地を領地(以下、寺領と記す)として与えられていた。これらの村と町のようすについては後述することにして、まずこの寺領の支配を担当した浅草寺代官について見ておきたい。

浅草寺代官は、本間家と菊地家の二家が世襲で勤めた。両家は「格別の旧家」とされ、この内本間家は、「寛永度」(一六二四～四四年)以来の由緒を持つとされた。また代官それぞれに一名ずつの手代《てだい》が置かれ、代官の仕事を補佐した。その仕事は、上野寛永寺役人の下で、浅草寺の「門前町方、領内残らず取扱」うこととされた。『浅草寺日記』を繰ってみると、代官の職務には次のようなものがあることに気づく。


江戸町触を寺領町々の名主から伝達させ、役者へ報告する。

寺領の村・町々に関する問題を、勘定奉行や町奉行所に上申する。

寺領から年貢を収納し、上野役人に引き渡す。

境内で行われる芸能や見世物興行に際し、出願を受け付け、浅草寺の別当代に取り継ぐ。


一八一三年(文化一〇)当時の浅草寺代官屋敷について、次のような記述がある。

「本間庄太夫　屋敷伝法院裏門前西小路、菊地小左衛門　屋敷伝法院裏門前」

つまり別当代が常駐する伝法院の裏門前という地区に、二つの代官屋敷が存在したわけである。代官は、与えられた屋敷地の一部を貸し付け、借家を建てさせて、そこから地代を得ていたようである。寺中の地借町屋と同じ経営の仕方である。また寺領町々の中に複数の屋敷地を持ち、これを貸地貸家経営に供していたことが窺える。

代官の収入

一八五六年(安政《あんせい》三)六月一九日、代官の一人本間庄太夫は、「種々不行き届き」があるとして、別当代によって代官役を罷免され、住居を除く土地を没収されて謹慎を命じられた。その理由は、「輪蔵奉納物御預り込み」などとあるだけで、その細かい内容はよくわからない。輪蔵奉納物《りんぞうほうのうぶつ》(輪蔵への賽銭・奉納金か)を代官の職務として預かり、管理するうちに、他に流用したものか、七五八両もの大金を焦げ付かせたということのようである。

翌年になって、本間家の親類や寺中全体(一山)などが同家の存続を必死に願い出ている。その効あってか、罷免された本間庄太夫本人は隠居し、家督は悴《せがれ》に譲ってこれに代官役就任を許す、また焦げ付いた預かり金は、一五年賦(年五〇両ずつ)で上野宛返納する、という形で処理されることとなった。こうして本間家は、一年余りで復活している。

表3-2は、この時に作成された年賦金返済の見積もりの史料から、収入部分を見たものである。これから、代官本間家の収入は次のように構成されていることがわかる。

1、定期的な収入。①給金(表のa・b)やさまざまな手数料・役得(c〜g)、②所持する屋敷地から得られる地代(h)。

2、臨時収入。寺領町々での屋敷売買に関わる手数料や、境内の見世物小屋などの興行許可に関わる手数料など(i)。

表 3-2　代官本間庄太夫の年間収入見積もり

	両.分
1　定期的な収入(a〜h の合計)	66.2 余
a　御手宛金	15.
b　加役料	3.
c　修理料より下され候役料年中諸入用とも	4.
d　境内役料見世地代口々〆高	2.2 余
e　町々御年貢口銀	3.12 余
f　町々筆墨料	3.
g　中元歳暮その他とも定式物口々	5.2 余
h　地借 4 ヶ所地代 1 年分　当時有形とも	30.1 余
2　臨時収入	
i　一ヶ年町々地面売買譲渡，境内見世物小屋その他とも口々弘め物金臨時物まで見込み候〆高	79.22 余
1+2　総　計	146.2 余

右から、代官が年間に得る収入見積もりのうち、給金部分は全体の八分の一ほどにすぎず、大半は、寺領支配に携わることで得られる役得と、自分が持つ屋敷地を貸し付けて得られる地代であることがわかる。こうして、代官という存在は、寺領の社会が生み出す富に深く依存していたことが明らかである。

浅草寺領と千束村

先にふれたように、近世の浅草寺は、五〇〇石の領地を有す領主であった。この寺領の規模は、武士でいえば、下層クラスの旗本知行高《ちぎょうだか》にほぼ相当する。そして、五〇〇石の半分は「別当分」、すなわち上野寛永寺の取り分とされ、残りが寺中の三四の子院に配分された。『新編武蔵風土記稿』(大日本地誌大系版、第一巻)によると、浅草寺に残された一三八七年(至徳《しとく》四)の鐘銘に「豊島郡千束郷」と記され、千束郷が浅草から下谷《したや》にかけての広い地域を示す名称であったとされる。一六一三年(慶長一八)の家康《いえやす》黒印状、翌一六一四年の秀忠《ひでただ》黒印状には、それぞれ「寺領五百石」を与えるとあり、また一六三六年(寛永一三)の家光《いえみつ》朱印状では「武蔵国豊島郡之内五百石」とあるが、村名は見えない。そして一六六五年(寛文五)の家綱朱印状に至り、初めて「当寺領豊島郡千束村五百石」と村名が明記されている。これから、千束村とは、それまでの広大な千束郷の中で、浅草寺の領地として与えられた部分の全体を呼ぶ名称として、一七世紀の半ば頃までに成立したことが窺える。

こうして千束村とは、浅草寺領全体の呼称であった。しかし近世当初から、その内部に門前町の区域を広く含んでいたのである。これらは後述するように、千束村百姓の集落部分にあたる山之宿町・花川戸町・材木町の三つの町(以下、三町)と、その他の寺領町々の部分である。これらの町々は独立し、千束村から分離して、それぞれ数石から三〇石余の町高をもった。そして残る三一〇石ほどが(後に三四〇石余)千束村の田畑部分の石高となり、これが村高とされたのである。

千束村の耕地と百姓

ここでかつての千束村の広がりとそのようすを、明治期の実測図で見てみよう(図3－5)。村の範囲は、日本堤を挟んで、その南側の内千束と、北側の外千束に大きく分かれている。『新編武蔵風土記稿』によると、内千束は東西五町、南北七町ほどで、耕地が二六町歩余り、また外千束は一二町四反歩余りとされている。これらは三町の「在方分」とされ、耕地は三町それぞれに区分された。その実態はまだよくわかっていないが、隣接する他の村や町との間で耕地が一筆ごと相互に入り組み、村の境界を線で区切ることもできず、とても複雑な構成だったようである。

『浅草寺日記』には、千束村の年貢に関する史料が多く掲載されている。例えば一七五六年(宝暦《ほうれき》六)の記事から、同年八月に、年貢米の定免《じょうめん》継続を求める願書が浅草寺代官に宛てて提出され、これが認可されていることがわかる。これによると、年貢をこの年から七年間定額で上納すること、これは近隣の幕府領(御料所)と同じ「三つ五分御定免」(村高に対して三五パーセントの定率年貢)とすること、期間中に「風水損」(風水害による減収)や百姓内で困難が生じても、年貢率の引き下げ願いなどは出さないこと、ただし凶作となり四割の減収となったら、「検見《けみ》」(収穫量の調査)の上、「破免《はめん》」(定率を見直し、一部免除すること)を行うこと、などが取り決められている。

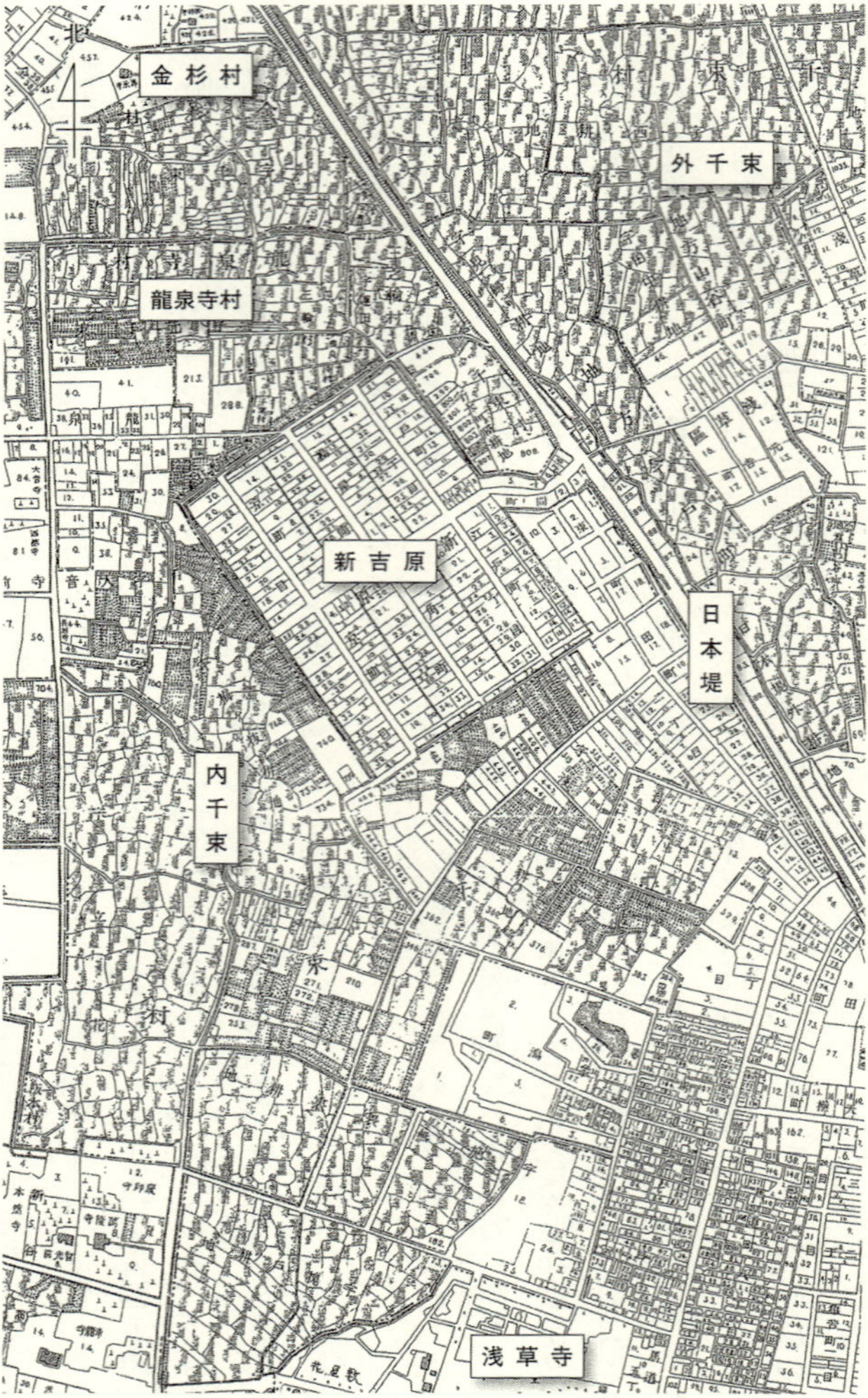

図 3-5　千束村の広がり(「東京五千分一実測図」)

こうして、年貢上納を請け負うことについて誓約している千束村のメンバーは、山之宿町・花川戸町・材木町三町の「百姓」だったことが注目される。この百姓とは、三町の住民のうち、家屋敷の所持者である家持《いえもち》にあたるが、かれらは同時に、三町それぞれの町人でもあり、ほとんどは多様な商業を営み、農業には従事していなかったと推定される。

それでは、千束村の数十町歩に及ぶ耕地は一体だれが耕作していたのだろうか。その手がかりを『浅草寺日記』から得ることはなかなかできないが、今のところ、三町や近くの町々に居住する借家人や、近隣の村々（龍泉寺《りゅうせんじ》村、坂本村、金杉村、今戸村など）からの小作人によって耕作されていたと推定している。

また、境内の一部、伝法院の西側一帯には広大な火除地があったが、ここは、田三町七反六畝二二歩、畑四反三畝一四歩からなる耕地であった。この耕地の経営は、大和屋惣兵衛という者が請け負っていた。寺領についても、こうした耕地の請負制が一定の規模で存在したと推定される。

寺領の町々

前項で、浅草寺の領地である千束村の百姓が居住する屋敷地の部分は、山之宿町・花川戸町・材木町の三町であることを見た。浅草寺の領地内には、この三町を含む一八の寺領町々と、境内部分の町屋（境内町屋）を併せ二〇を超える町々が存在した。

まず、その範囲を見てみよう。材木町など三町は隅田川西岸に沿って南北にのびている。浅草寺と周辺を描く古図を見ると、浅草寺観音堂の正面は南側を向くが、随身門（現在の二天門）を経て東側の一帯、つまり隅田川沿いの材木町など三町が、浅草寺の古くからの門前町、及び湊町として、江戸時代以前から中心的な位置にあったことが推定される。この三町以外の門前町屋は、多くが浅草寺の雷門より南側一帯に面として広がっていた。また、山之宿町の北側から日本堤に沿っても、いくつかの寺領町々が見られる。

『浅草寺志』や『御府内備考』などに載る寺領町々と境内町屋などは、大きく次の四つの類型に分けることができる。

A：千束村百姓の屋敷地。山之宿町・花川戸町・材木町の三町である。浅草寺領千束村は、寺領五〇〇石の六割強三一〇石を占めるが、そのうち六〇石ほどが、千束村屋敷地として三町の部分となっている。

B：浅草寺の門前町屋。諏訪町《すわちょう》以下一五町である。それぞれの成立にはいろいろな事情があったことが窺えるが、西仲町・東仲町・茶屋町・田町《たまち》・山谷《さんや》浅草町などは一七世紀半ばから末にかけて成立し、Aの三町より新しい町々である。

これら一五町には、すべて屋敷地のみからなる計一九〇石の高があり、屋敷地所持者である家持町人は、所持高に応じて浅草寺に年貢を納めることになる。このうち仲町は、一六五九年(万治二)一〇月に町奉行支配となったことが確認でき、一六六五年(寛文五)に西仲町・東仲町に別れている。

また一六六二年(寛文二)一一月に、江戸市中の拡大のなかで、「知楽院門前町の分残らず」、つまりＢの大半が町奉行支配とされた。また、これらより遅れて一七〇四年(宝永元)一二月に、日本堤沿いの田町一・二丁目が新たに町奉行支配に編入され、こうして寺領町々のすべてが町奉行支配下となった。

Ｃ：浅草寺境内町屋。浅草寺境内の東端から南にかけての、境内周縁部に営まれた三つの町である。ここの屋敷地はいずれも小規模であり、浅草寺境内と深く結びつき、ＡやＢとはかなり性格を異にする町々であった。またこのうち南馬道新町は、一七三〇年(享保一五)八月に新たに町屋が許されたものである。

Ｄ：寺中や譜代の門前町屋。先に見た寺中三十四ヶ院と三譜代のなかで、六つの子院と譜代の二坊には、それぞれわずかな規模の門前町屋が認可された(先の図３‐２で＊印を付したもの)。寺中子院では、医王院《いおういん》門前が一七三八年(元文三)に町屋が認可され、一七四五年(延享二)から町奉行支配に入っている。また金剛院門前は一七六四年(明和元)から、吉祥院《きっしょういん》・徳応院《とくおういん》・延命《えんめい》院《いん》・誠心院《せいしんいん》の門前(四ヶ院門前)は一七八三年(天明三)から、それぞれ十年季(一〇年ごとの更新)で町屋の設定が許されている。譜代の二門前について、その成立事情や町奉行支配との関わりは未詳である。これらの門前町屋では、子院や譜代が「地頭」や地主であり、門前町屋町人から年貢や地代を徴収していたと見られる。

これら浅草寺領町々には、江戸市中と同様に名主が置かれた。一七七四年(安永三)当時、九名の名主が確認できる。このうち二名はほぼ一町のみの名主であるが、あとの七名は、それぞれ二町から四町前後を支配する支配名主であった。

一七二二年(享保七)、江戸の支配名主二六三名は地帯ごとに一七の組に編成された(名主番組)。このうち浅草地区は名主番組の三番組に編成された。そこには、一三九の町と、五四の門前町が含まれ、名主は二五名存在した。浅草寺領町々の支配名主九名は、三番組名主の三六パーセントを占めることになる。

こうして寺領町々の住民は、全体が江戸町奉行の支配下に置かれてゆくが、「浅草寺領の町々」という一体性は、次の二点で、その後も強く維持されてゆくことになる。一つは、町人=地主たちが、まず浅草寺代官と名主に統括され、浅草寺への人足役と年貢を負担したことである。江戸市中の中心部町々では、幕府への役負担(町人足役)を担わされ、年貢は免除(地子《じし》免許)されていたのと大きく異なる。二つ目は、「立入《たちいり》」「出入《でいり》」という関係が浅草寺領の町々を広く覆ったことである。これは浅草御殿＝伝法院の屋敷に出入りする特権のことだが、寺領町々の名主をはじめ、大工などの職人棟梁、有力な両替屋などの商人が、こうした特権を通じて浅草寺により直接編成された。

しかし、家持町人や有力な商人などを除くと、大半の人びとにとって、浅草寺領に居住することが果たして特別な意味をもったのかは疑問であり、むしろ江戸市中の北東に位置する都市域という以上ではなかったものと考えられる。

浅草材木町と勝田屋

ここで、千東村の百姓屋敷地である三つの町の一つ、浅草材木町(現、台東区雷門二丁目)に焦点をあてて、町と大店の様子を少しのぞいてみよう。

まず図3-6で、浅草材木町のようすを見ておきたい。材木町は千東村の集落部分を構成する、隅田川沿いの三つの町の一番南にある。北端は雷門通りに接し、浅草広小路に近く、またそこは一七七四年(安永三)に架橋された大川橋(現、吾妻橋)の橋詰にあたる。また西隣りは、茶屋町と並木町、南端は駒形町に続き、いずれも同じ浅草寺領の町々に隣接している。

図3-6によると、材木町は川沿いを南北に伸びる両側町のように見える。奥行きなどは不定形だが、東側はほぼ四～八間前後(七～一四メートル)しかなく、西側の一六間前後に較べて

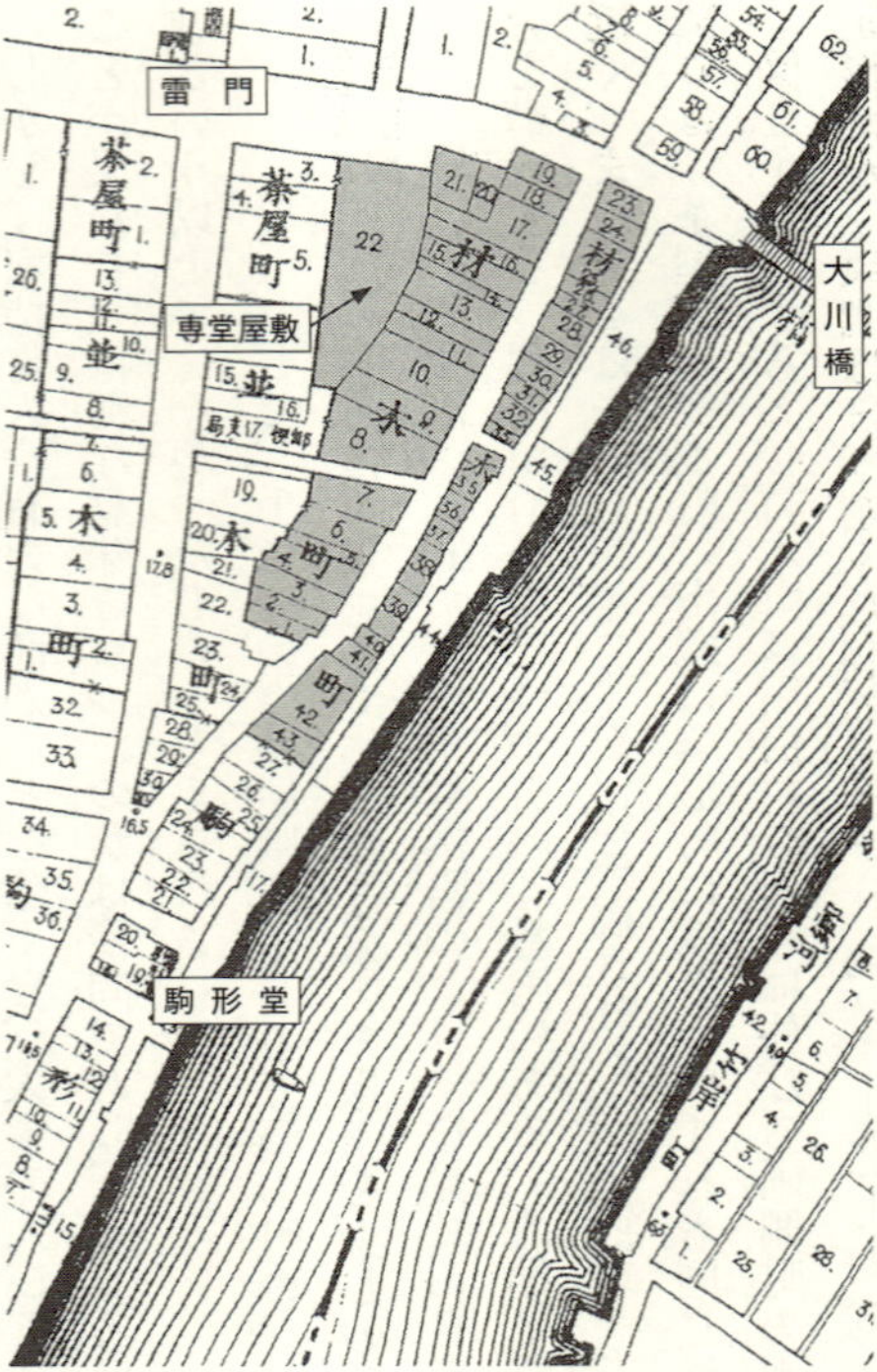

図3-6　1880年頃の浅草材木町(「東京五千分一実測図」)

かなり狭いのが特徴である。この東側部分は「材木立場《たてば》」と呼ばれた。おそらく本来は西側部分のみの片側町であり、東側隅田川沿いの川端を材木置き場として利用していたのが屋敷地となり、そのさらに東側川沿いを埋め立てて、図3-6にある河岸地部分を新たに設置したと見られる。また、図によると、材木町は西側に二二ヶ所の町屋敷、東側には二一ヶ所の「材木立場」によって構成されている。ちなみに、図の22番地は浅草寺三譜代の一人、専堂坊《せんとうぼう》(土師氏)の拝領町屋敷で、「専堂坊長屋」と呼ばれた場所である(『御府内備考』による)。

図3-7は、後でふれる材木商勝田屋に残された史料によるもので、材木町の北半分の材木立場と河岸地のようすを示す。これによると、河岸地は物置、薪置場、炭置小屋などに用いられていることがわかる。また、「材木立場」の多くも竹木置場や物置に使われているが、勝田屋の住宅をはじめ、「町屋」すなわち屋敷地として用益されていた。

右からも窺えるように、浅草材木町は隅田川の舟運の条件を活かして、武蔵国西部の山々で伐採される「西川材《にしかわざい》」や、武蔵野の林野で生産される薪炭などが、荒川を経て筏《いかだ》や舟で大量に運送されてくる材木流通のセンターとしての役割を果たしていた。一八四一年(天保一二)当時、浅草材木町組という材木仲買の組合があり、千住から浅草にかけ、隅田川沿いに三四軒の材木仲買が存在したが、そのうち一一軒もがこの浅草材木町に集まる。そしてこの中に、勝田屋茂左衛門の名を見ることができる。

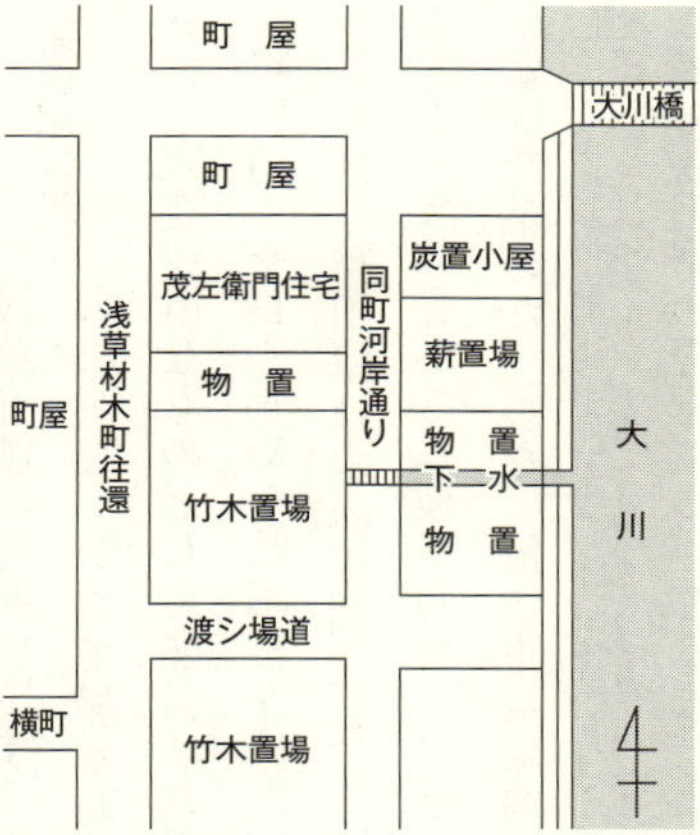

図3-7　浅草材木町の材木立場(中央)と河岸地(右側). 材木立場の北の部分に,「(勝田屋)茂左衛門住宅」が見える.

勝田家文書

浅草寺領の町々に関する史料については、まだほとんど調べが進んでいない。そのなかで、かつて材木商であった勝田屋が残した史料群(勝田家文書)が近年発見され、大変貴重なものとして注目されている。同家は、浅草材木町の「草分け」町人であり、同町の名主を長く勤めた勝田権左衛門家を本家としている。同文書のなかに何点か残る由緒書によれば、勝田屋は永禄《えいろく》年間(一五五八~七〇年)頃にすでに材木類を商っていたとされ、近世に入ると浅草寺から「被官名目《ひかんめいもく》」を与えられて出入の商人となり、上野寛永寺と浅草寺へ材木や薪炭を納めた。また、毎年正月に浅草寺本堂で行われる釿初《ちょうなはじめ》に二人の大工棟梁とともに出座し、「普請方」と呼ばれる浅草寺への出入商人・職人の中心にいたことがわかる。材木商としての勝田屋の経営についてはまだよくわからない点が多いが、近隣の家作普請にも広く関わり、大工や屋根屋等に建築材を販売・提供しながら、これら職人層を従属させたようである。

幕末期の勝田屋は、当主茂左衛門夫妻と二男二女、また五人の召仕と三人の下女を抱えていた。材木町の中に、居宅や店舗を含めて六ヶ所もの町屋敷を所持し(町全体の一四パーセントにあたる)、この他に本所中之郷町《ほんじょなかのごうちょう》に二ヶ所、本所原庭町《はらにわちょう》にも一ヶ所の町屋敷を持っていた。居宅や店舗以外の町屋敷は地借や店借に貸して、地代・店賃を得ていたのである。このように、有力な商人である勝田屋のような存在は、まさに大店と呼ぶことができる。ここでも大店は、町内や隣接する地域社会にとって、その経営を通じてだけではなく、店舗や家に出入りする小商人や職人・日雇い、また所持する町屋敷の借家などの住民、周辺地域に居住する民衆などと、いくつもの局面で直接向き合っていたのである。

4　境内の社会と民衆

観音境内

次に、浅草寺の中心部を占める観音境内の社会を見てゆこう。先に述べたように、浅草寺の境内とは、a本坊(伝法院)と代官屋敷、b観音境内(観音堂や堂社、及びその周辺)、c寺中三十四ヶ院と三譜代、d火除地《ひよけち》、などから構成されるが、これらのうち、狭い意味でbの観音堂を中心とする一画を境内と呼ぶ場合が多く、以下この部分を「観音境内」と呼ぶことにする。

そこで、観音境内のようすを描く「寛政十午歳(一七九八)八月改正　観音境内諸堂末社幷諸見世小屋掛絵図」(図3-8、ただし部分)を見てみよう。これは『浅草寺日記』第四巻に付録として収録されている。原図は浅草寺所蔵のもので、縦一三八センチメートル・横一七三センチメートルという大きな彩色図で、「改正」とあることから、これ以前に同様の絵図がすでに作

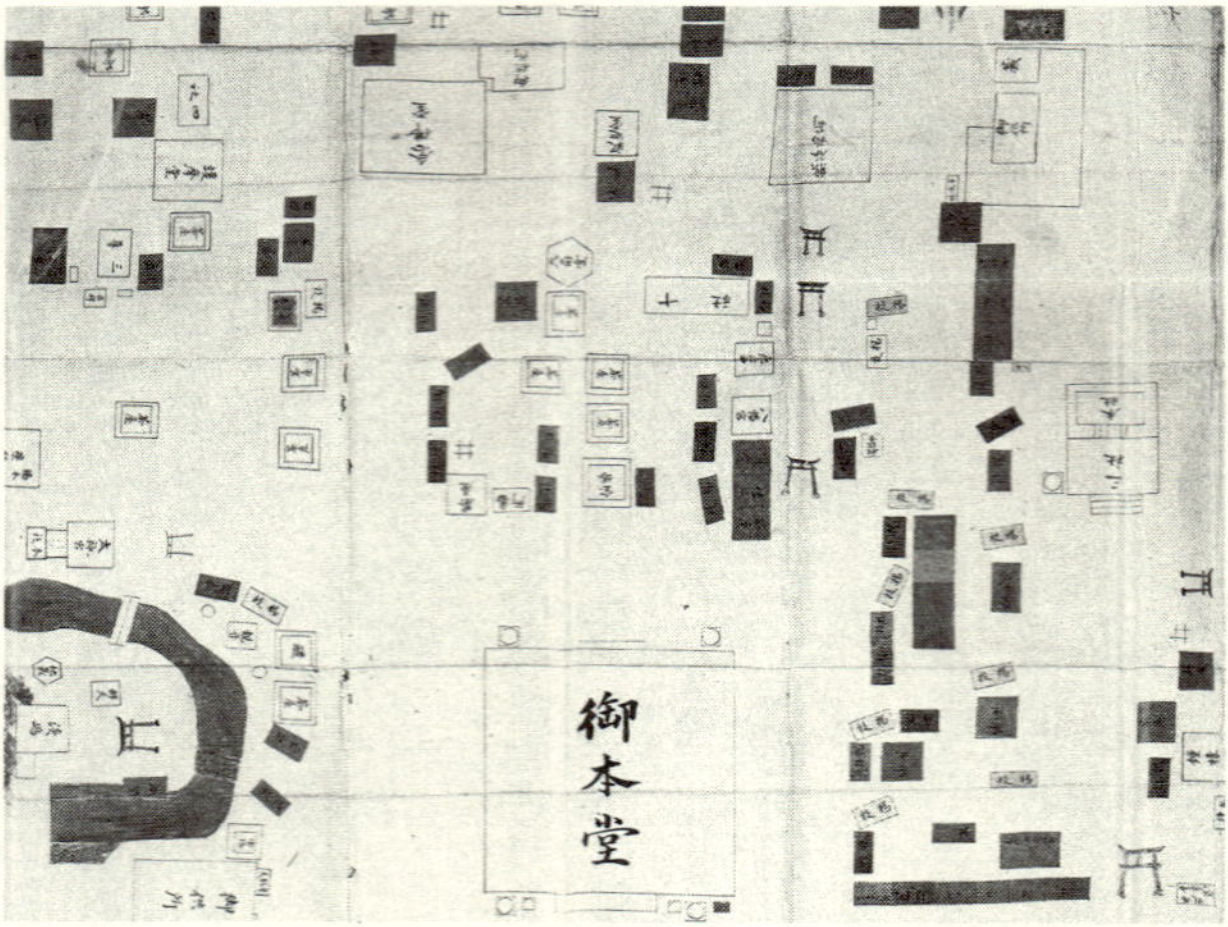

図 3-8 「観音境内諸堂末社幷諸見世小屋掛絵図」(部分, 1798 年). 御本堂(観音堂)の右側が三社. 諸堂社の間に「諸見世・小屋」が密集する.

成されていたことが窺える。

絵図は「御本堂」(観音堂)を中心に、北は奥山、東は随身門、西は火除地、南は仁王門を経て伝法院表門前までの範囲を描き、観音境内の全体を対象としている。ここではまず、念仏堂・護摩《ごま》堂《どう》・熊谷稲荷・三社(浅草神社)・若宮稲荷・閻《えん》魔《ま》堂《どう》・淡島・不動聖天・山王社・神馬所・西宮稲荷・老女弁天・二尊・五重塔・経蔵などの「諸堂・末社」が目につく。また、これら諸堂や末社の間を埋め尽くすように分布する「諸見世・小屋掛」(以下、「境内見世・小屋」と呼ぶ)が注目される。

この図に書き込まれた境内見世・小屋

は合計二七四にも及ぶ。これらは、一つ一つ色分けされ、地代(場所代)の納入先ごと御台所入、運上場、掃除免、諸役料、櫃代場《はこだいば》に区分される。合計数で一番多いのが茶屋で九六、次いで楊枝見世《ようじみせ》が八八あり、この両者で全体の三分の二余りに達し、これらに張子見世《はりこみせ》、宮細工《みやざいく》、楊弓《ようきゅう》などが続く。

また、浄瑠璃《じょうるり》・太平記場という芸能の小屋が一つずつ見える。この図には、これらとは別に「新規浄瑠璃」三ヶ所、「新規子供狂言」二ヶ所、「新規小見世物」「新規軽業《かるわざ》」「新規碁盤人形」各一ヶ所宛が書き込まれており、この時期に芸能や見世物関係の小屋が一挙に拡大したことが窺える。これは一八世紀の末に境内における芸能興行をめぐる争い(乞胸一件《ごうむねいっけん》)と関係するが、この点は後で取り上げたい。

境内見世　『浅草寺日記』一八四七年(弘化《こうか》四年)三月の記事によると、この時、山谷町《さんやちょう》文七店《たな》の安兵衛が、浅草寺境内で「九番組の内、十四番水茶屋の跡、五重塔前二間四方の地所」を、一ヶ月の地代銭三〇〇文(冬三ヶ月は半額)で借り受け、そこで水茶屋を営みたいと出願したことがわかる。この願書は、境内名主・組頭(南北馬道町の役人)が取り次ぎ、代官所に提出され、代官の添え書きを付して、別当代へ、さらに上野寛永寺に提出されて、ようやく許可を得ている。つまり、浅草寺領ではない山谷町の住民が境内に四坪の地所を借りて、水茶屋を経営したいと出願し認められたのである。

右からはまず、これらの境内見世・小屋が、観音境内の各地区ごとにグループを作っていたことが明らかである。これは番付組合《ばんづけくみあい》と呼ばれ、一七組に編成されていた。これらの組合は、境内見世や小屋の権利を持つ人びとの共同組織であり、また境内の取締りや掃除をめぐる負担の単位ともなった。この事例で、実際には安兵衛から営業権を借りた者が水茶屋の経営を行った可能性もある。

浅草寺やこれを支配した上野寛永寺にとって、観音堂をはじめとする「諸堂・末社」は参詣者からの賽銭などを収入として得る重要な施設であった。そして観音境内のこれ以外の空間の多くは、境内見世・小屋を営むものに貸し付けられ、これから地代を得ることができる有力な収入源だった。図3－8における御台所入、運上場などという色分けは、それぞれの見世や小屋を借りた者が支払う地代が、浅草寺(実際は上野寛永寺)の収入になるのか(御台所入、運上場、掃除免)、あるいは境内名主らへの給金(役料)や南馬道町町人への助成(櫃代場)などに振り向けられるのかを、一ヶ所ごとに示しているわけである。

楊弓見世

次に、こうした境内見世の具体的なようすを検討してみたい。千葉県市川市立歴史博物館が所蔵する松沢家文書の中に、一八〇二(享和《きょうわ》二)七月「浅草寺奥山茶屋株譲請一件」という史料が一点含まれている。この帳面は、下総国葛飾郡鬼越《おにごえ》村（現、千葉県市川市鬼越）五兵衛が作成したもので、内容は五点の文書の写しである。そのうちの一つを見てみよう。

永代に売り渡す証文の事

一、浅草寺奥山千本桜通りに私が所持する楊弓見世壱ヶ所と、建家、さらに諸道具を残らず、このたび代金四拾両で、あなた様へ永代に売り渡すことに間違いありません。そこで代金をただいま確かに受け取りました。この見世の所持について、どこからも文句をいう者は一切ありません。万一、あれこれむずかしいことを言いかけてくる者がいた場合は、売り主の当人はもちろん、商人として加判した者が、どこまでも出頭し、この売買が正当であることをきちんと証明し、あなた様へは少しもご苦労をお掛け致しません。後の証拠のために、永代売り渡す証文は以上のとおり間違いありません。

享和二戌年七月

浅草三間町大仏横町長八店

譲り主　　権助

浅草南馬道勘六店
請人　政右衛門

下総国葛飾郡
行徳領鬼越村

五兵衛殿

この史料は、浅草寺奥山千本桜通りの楊弓見世一軒を、それまでの持ち主である浅草三間《さんげん》町《ちょう》大仏横町長八店《たな》権助が、見世の建物とこれに「諸道具」すべてを添えて、四〇両で売ったときに作成された証文の写しである。そしてこれを買い取ったのは、現在の市川市域にあたる鬼越村の五兵衛(松沢家)だった。

楊弓見世と菜飯茶屋の経営

この証文には「諸道具」のリストが添えられている(表3-3)。リストの末尾には、「これまで、私から「借受人」に貸し渡してきたこれらの道具を、あなたに引き渡す。それに際して、借受人からあなたに道具の預かり証文を提出させる」と記されている。つまり、売り主の権助は、この楊弓見世の経営権を所有してきた者であるが、実際はこれまで、この経営権を借りた者(借受人)が経営していたことがわかる。そして、経営権が四〇両で五兵衛に売却された後も、それまでの借受人がひきつづき経営を行ったことが窺える。

図3-9は、「楊弓場」と題された一八世紀後半の無款の浮世絵で(大和文華館・浅野秀剛氏のご教示による)、楊弓見世内部の様子がよくわかる。細長い建物の見世内部では、矢取り娘、あるいは楊弓場娘などと呼ばれる若い女性が客に矢を貸し与えて接待する。また、表に記される道具のいくつかが見える。図では、客の若者が向こうに見える的を射ようともせず、意味ありげに女性と見つめあうようすが描かれている。こうした楊弓見世(楊弓場・土弓場)は、両国や江戸橋広小路など江戸市中の盛場を中心に数多く存在した。ここには、矢を射るためではなく、見世の女性との遊興を目的にやってくる客が大半で、天保改革の最中、一八四二年(天保一三)五月には、楊弓見世に「婦人を矢拾い」として置くことを堅く禁じている。

表3-3 下総国鬼越村五兵衛の証文にある楊弓見世の道具

薄縁	5枚
日除	1枚
木綿幕	1張
太鼓	1つ
新規楊弓矢	95本
火箸	1膳
古矢	85本
楊弓	7挺
矢車	7つ
大行燈	1つ
丸行燈	1つ
掛行燈	1つ
火鉢	1つ
炭取	1つ
多葉粉盆	2つ

先に見た松沢家文書には、浅草駒形町新兵衛の悴徳二郎が、奥山千本桜の菜飯《なめし》茶屋を、浅草材木町半兵衛店ひさから二〇両で買い取り、先の鬼越村五兵衛が徳二郎の後

図3-9　楊弓場の様子(アムステルダム国立博物館蔵)

見人となったという史料もある。おそらく実際は五兵衛が買い主であり、徳二郎の名義を使って菜飯茶屋の経営権を手に入れたのではないか。観音境内の北西の角、若宮稲荷の裏側には菜飯茶屋が数軒分布していたが、その一つの経営権をもほぼ同時に買得したことになる。

こうして浅草寺から遠く離れた現在の千葉県市川市に位置する鬼越村の有力者が、観音境内の楊弓見世・菜飯茶屋の経営権を手中にし、おそらくは菜飯茶屋の方も借受人に経営を委ね、これら双方から賃貸料を得ることになったと推定できる。これを浅草寺の側から見ると、観音境内で営業する境内見世・小屋の経営は、浅草寺へ支払う地代を負担する経営権の所有者と、実際に経営する者とに大きく別れ、特に前者の経営権所有者は、浅草寺の寺領町々や近隣の地域を大きく越えて、江戸以外にも分布するに至ったようすを窺うことができるのである。

先に図3－8で見た「観音境内諸堂末社并諸見世小屋掛絵図」には、浄瑠璃や見世物などの小屋がいくつか描かれている。こうした場で行われる興行に携わった芸能者について見ておこう。

芸能者と乞胸

一七九二(寛政四)九月二八日、当時の浅草寺別当代興善院《こうぜんいん》は、上野寛永寺の指示を受け、寺社奉行松平右京亮輝和《まつだいらうきょうのすけてるかず》に宛てて、次のような内容の願書を提出している。

浅草寺境内では長年、売薬店を許可してきました。ところがこの度、町奉行所から、こうした売薬店については、乞胸頭仁太夫《ごうむねがしらじんだゆう》の支配を受けるようにと命令があったそうです。浅草寺では、寺領の者にだけ浅草寺境内での渡世を許し、「他の支配」に関わる者が入り込むことを許可してきませんでした。そこで、混乱を避けるために境内での売薬渡世を禁じたところ、大変困っていると訴え出てきました。以前のように、浅草寺境内は乞胸支配の対象外とすることをお許し下さるよう、よろしくお願いします。

前日の二七日、「浅草寺境内売薬掛店」の代表である平八ら三名は、浅草寺代官に対して境内での興行再開を出願し、代官両名がこれをすぐ興善院に取り次いだのを受け、興善院が寺社奉行に願書を提出したものである。

まず売薬店とあるのが注目される。寺社境内や広場で芸能興行を行うのは、多くが香具師《やし》たちであった。売薬は香具師の代表的な商売であり、客を集めるために人寄せする芸能を「愛《あい》敬《きょう》芸術」と呼んで、実際には寺社境内や広場などで、芝居や見世物などを興行した。浅草寺境内の浄瑠璃や講釈、あるいは見世物などの芸能は、寺領の香具師によって主催されたものと思われる。

また乞胸《ごうむね》というのは、江戸の多様な芸能者たちの総称である。綾取《あやと》り、猿若《さるわか》、辻放下《つじほうか》(路上での奇術)、浄瑠璃、物まね、物読み、江戸万歳、操《あやつ》り、説教、仕方能《しかたのう》(能のまね)、講釈など、江戸市中の寺社境内や広場などで見世物や芸能を行い、見物料を得る者を乞胸と呼び、かれらを下谷山崎町二丁目(現、台東区北上野二丁目付近)に住む乞胸頭仁太夫が支配した。

とはいっても、歌舞伎の狂言座や、湯島などの宮芝居役者、また三河万歳・越後獅子、猿牽《さるひき》などは支配の対象外であった。一八四二年(天保一三)ごろ、乞胸頭仁太夫の下に八人の「手代」がおり、その大半はやはり下谷山崎町二丁目に居住していた。乞胸頭は芸能者たちに鑑札を発行して乞胸身分とし、手代らが手分けして市中を廻り、一人四八文ずつの鑑札料を徴収したのである。これを現代風にいえば、乞胸頭と手代が芸能プロとその社員、また一般の乞胸がタレントに相当するといえよう。

「市中取締類集」という史料には一八四二年当時の乞胸の分布が示されているが、七五〇名に及ぶ乞胸構成員の六割以上が、下谷山崎町二丁目に集まっている。この他、深川海辺《うみべ》大工《だいく》町《まち》や四谷天竜寺門前など、江戸市中の各所に散在している。また乞胸頭や手代らは、「ぐれ宿」と呼ばれる木賃宿《きちんやど》を営んだ。そこには乞胸の家業に従事する寄留者のほかに、「長旅の六十六部、千カ寺巡礼、金比羅《こんぴら》参り、伊勢参り、袖乞《そでごい》」など最底辺の都市民衆が多く身を寄せ合い滞留したのである。

乞胸一件の帰結

一八世紀末まで、浅草寺境内で出演する芸能者たちは、こうした乞胸頭の支配の外におかれていた。しかし、江戸市中のすべての芸能者たちを傘下におさめようとする乞胸頭と、この乞胸頭により芸能者全般を統制させせようとする町奉行所の意向が、先に見たような問題の背景にあった。

この「乞胸一件」は、一七九八(寛政一〇)六月まで延々と続き、①浅草寺領内の芸能者は乞胸支配とする、②浅草寺領以外から乞胸が入り込むことを認める、③寺領の芸能者には乞胸鑑札は交付せず、人数分の鑑札料を浅草寺がまとめて乞胸頭に支払う、ということで示談が成立する。浅草寺側はほとんど敗北したことになるが、領内における芸能者たちは乞胸頭による直接の支配は免れ、その自立性はかろうじて保たれたという結果であった。とくに右の③は、実際には浅草寺領の香具師たちが、芸能興行におけるリーダーシップを守ったことを意味するのではないかと考える。

こうして、この一件の最中に中断させられていた浄瑠璃や講釈などの芸能興行は、示談成立直後からいっせいに再開され、浅草寺境内は、以前にも増して江戸市中でも最大規模の芸能の場へと発展してゆく。そして先に取り上げた一七九八年八月「観音境内諸堂末社幷諸見世小屋掛絵図」には、再開を許された芸能興行の「新規」の小屋について、その位置を新たに書き込むことになったのである。

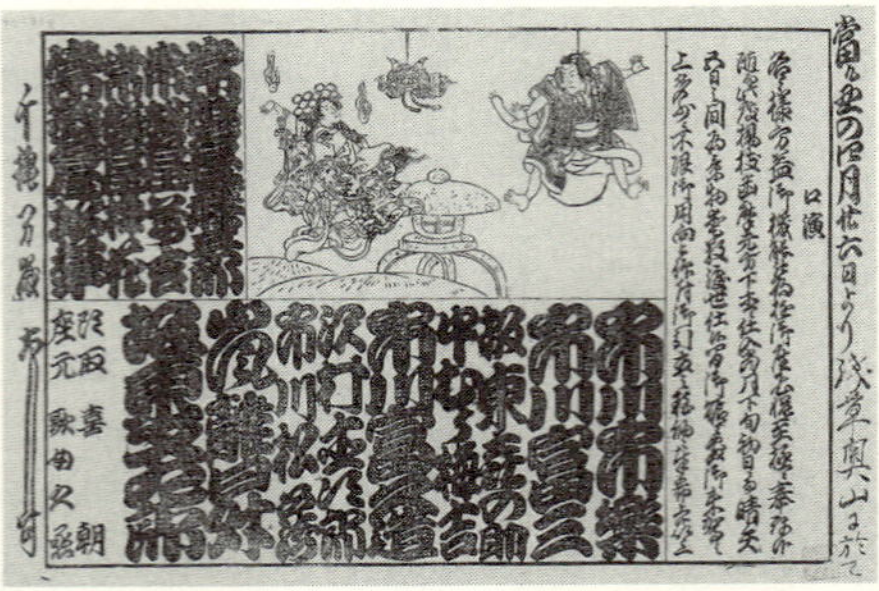

図 3-10　浅草寺境内奥山での芝居興行番付
（早稲田大学演劇博物館蔵）

図3-10は、浅草寺境内奥山での芝居興行の番付である。年代は不明であるが、「丑四月二六日」から晴天の日五日間、奥山で「楊枝・歯磨」を販売することを名目に、「愛敬渡世」を行うと宣伝している。芝居を興行して人集めをし、楊枝や歯磨きなどを売ろうというのである。幕府に公認された三つの狂言座（歌舞伎芝居）とは異なり、表向きは売薬のためと称して、実際

には、乞胸などの役者を抱えて芝居興行を行ったのである。そしてこうした興行の主体の多くは、香具師のリーダーたちであった。この番付には芝居演目が記されていないが、「市川市楽」などの役者や「常磐屋勝三郎」など浄瑠璃の名が見える。また末尾には「頭取　喜朝、座元　歌女之丞」とあり、浅草寺の観音境内を拠点とする役者集団が存在していることを窺わせる。

出開帳と若者組

本章の最後に、一八世紀末に起こった事件から、浅草寺境内での開帳《かいちょう》と寺領町々における若者組のようすを、見ておこう。

一七九六年(寛政八)三月二九日、京都北野天満宮の祀官《しかん》妙蔵院《みょうぞういん》が弟子清松坊《せいしょうぼう》らとともに浅草寺にやってきた。浅草寺境内の一部を借りて、妙蔵院の御神体である天満宮やその他の「霊宝」を六〇日間、開帳したいと願い出た。祀官は宮仕《みやじ》とも呼ばれ、北野天満宮を運営する重役であったが、この御神体は北野天満宮本社のものではなく、妙蔵院が独自に祀るものであった。これに対して浅草寺は、上野寛永寺の指示を受け、四月に入ってこの出願を認めている。

開帳というのは、寺院や神社が本尊や御神体、またさまざまの宝物(霊宝)を一定の期間公開し、参拝者の寄進・奉納や賽銭を得て、本堂や社殿の改築・修復経費に充てようとするものである。開帳する場合には、寺社奉行の許可が必要であった。自身の寺の本尊などを開帳する場合(居開帳《いがいちょう》)と、近隣や遠方の寺社の秘仏を江戸の寺社境内を借りて開帳する場合(出開帳《でがいちょう》)とがあった。

開帳に際しては、多数の群集が押し寄せ、賽銭や奉納だけでなく、参拝に伴い境内や周辺地域で多額の金銭を使い、開帳が行われる寺社、また境内や近隣の商人らにとって、収入を得る絶好の機会となった。特に境内を出開帳の場所(開帳場)として提供する寺社には、主催者である寺社の側から多額の地代が支払われ、この時にも妙蔵院は浅草寺に三〇両の開帳場の地代を支払っている。

一度京都に戻った妙蔵院は、天満宮の御神体や霊宝、また神輿などとともに六月初めに江戸に着き、浅草寺寺中の一員である実相院《じっそういん》を宿として、六月五日から開帳を始めた。開帳場は、浅草寺境内の念仏堂西北で一〇間四方(一〇〇坪)あり、隣接地には有志の人びとから贈られる奉納物を飾る場所が設けられた。こうしてこの開帳は、順調にスタートしたかに見えた(期間は延長が許されて、八月二五日に閉帳)。

開帳が始まって数日後、上野寛永寺から「妙蔵院の開帳に伴い何か騒動があったようだが、よく調べるように」との指示が浅草寺宛てにあった。これを受けて調査した結果、妙蔵院の一行が江戸に入った六月三日に、浅草寺領の駒形町界隈で大騒ぎがあったことが明らかとなる。

六月三日の騒ぎの概要は次のようである。浅草寺領町々の若者たちは、品川に着いた妙蔵院一行の神輿や宝物を「迎え」に出かける。当時、開帳の霊宝を江戸の入口まで出迎え、また帰路送ることが行われ、いずれも祭礼のように人びとが群集した。

一行が隅田川沿いの駒形町辺りに着いたとき、「三ヶ町」、すなわち材木町・花川戸町・山之宿町の若者たち数十人が、とつぜん神輿や宝物を行列から無理やり奪い取り、材木町などをかつぎまわった。三ヶ町の若者たちは、三社祭礼(浅草祭礼)の時に三つの神輿をかつぐ特権をもっていたが、出開帳にやってきた京都北野天満宮妙蔵院の神輿や宝物を行列から乗っ取り、開帳場まで練り歩いたのである。

三ヶ町の若者たちがなぜこのような行動に出たのか、その背景はよくわからない。開帳に先立つ五月半ばに、ふだんは境内での営業権を持たない多数の商人たちが開帳期間中に「新見世」の営業を許可するよう願い出て浅草寺に殺到し、これに対して境内商人たち(「常見世《とこみせ》」)が強く反発するというトラブルがあったが、あるいは、こうした営業権をめぐる争いと何らかの関連があるかもしれない。

七月一九日に浅草寺役所が行った処分で、その対象となった若者たちは、名前はわからないが、材木町三人、花川戸町と山之宿町が一人ずつの計五人が「所払《ところばらい》、境内徘徊差留《さしとめ》」(住居の町内から追放、浅草寺境内への立ち入り禁止)、ほかに開帳場で「狼藉《ろうぜき》」を働いたとして、山之宿町の若者一人が「所払、境内徘徊差留」に加えて「御門前・御境内払」(浅草寺領内や境内からも追放)、そしてこれ以外の三ヶ町若者計三八人が「呵《しか》りのうえ三日の慎み」(叱責され三日間謹慎)を、それぞれ命じられた。また三ヶ町の若者頭が騒ぎに参加した事実は明らかにならなかったが、リーダーとしての責任を問われて「境内徘徊差留」をそれぞれ言い渡された。

こうした若者による騒動とは別に、浅草寺が問題としたのは、事件を取り締まるべき三ヶ町の名主が、事件から七日後の一〇日になって、しかも浅草寺の取調べに応ずるかたちで、ようやく騒動のあらましを報告してきたことである。これを職務の怠慢として、七月二三日に、二人の名主と一人の年寄、三ヶ町月行事(町内家守たちの代表者)三人などの町役人たちが、いずれも二〇日間の「押し込め」処分となっている。

以上の事件から、三ヶ町など浅草寺領内の町々にはそれぞれ数十人からなる若者組が存在したことが明らかである。若者組は若者頭をリーダーとし、町内の氏子組織の中心となり、祭礼やさまざまな行事を担う青年男子の組織であった。若者組は公式には認められておらず、江戸町奉行などにとっては「悪者」を多く抱える、うさんくさい存在でもあった。こうした江戸の若者組について、その実態はまだ十分わかっていないが、江戸の全域にわたって存在し、裏店に住む職人の弟子や日雇い、また商家の奉公人など、都市の民衆世界を生きた若者たちそのものであったと考えている。

浅草の地域特性

以上、本章では巨大城下町・江戸北端に位置し、古刹の一山寺院・浅草寺を中心に構成される独自の都市社会を寺院社会と呼んで、その様相を見てきた。そこは一七世紀半ばまでほぼ自立的な都市社会として、江戸市中の外部にあったが、その後、江戸の町人地に編入され、またその中核にある浅草寺が上野寛永寺に従属するかたちで、江戸との一体化を遂げることになる。そして、浅草寺の寺領や境内町屋、また寺中地借町屋に居住する住民は、量的にみると江戸町方人口の四〜五パーセントにも達することになり、江戸の中で小さくない構成的な比重をもつことになる。

浅草寺の寺院社会は、複雑な支配構造の下にあった。まず寺院としての浅草寺は、上野寛永寺により天台宗の一員として統括され、幕府の寺社奉行支配の下に置かれた。また寺院領主としても、上野の別当代を介して強い拘束を受けた。そして、境内や領内の土地をめぐる支配は、寺院領主である浅草寺と寺領百姓との関係を基盤とし、当然ながら寺社奉行の管轄下にあった。一方で人に対する支配を見ると、院内や境内に居住する人びとは寺社奉行の下におかれたが、寺中地借町屋や境内町屋、また寺領町々の住民については、町奉行所が管轄した。

こうして寺院社会は、寺院領主(ここでは上野寛永寺と浅草寺)を中心としつつも、多様な要素をもつ社会集団が複雑に絡み合い、織りなすような構造を形づくったのである。そして、近世後期の浅草は、浅草寺の寺院社会を軸に、その近隣にある中小の寺院(社会)、新吉原の遊廓社会、かわた町村(浅草新町)、天保改革後移転してきた芝居地(猿若町)など、いくつかの小都市社会が複合するかたちで構成され、その全体が、近世浅草の地域特性を形づくったのである。

第四章　品川——宿村と民衆世界

次に、浅草から大きく南へと場所を移動し、江戸湾沿いにあって、江戸の最南端に接する品《しな》川宿《がわじゅく》とその周辺の社会のようすを見てみよう。ここは、東海道の最初の宿駅である品川宿が存在する地帯であるが、海との関わりも深く、一方周辺部には耕地も広がり、また古くからの寺社が密集するという、江戸中心部や浅草とも異なる性格をもった。以下その多様な社会の有り様を、三つの節に分けて見て行こう。

1　南北品川宿村

品川領

ここはかつて武蔵国荏原《えばら》郡品川領と呼ばれた地帯であり、現在はほぼ東京都品川区の範囲にあたる。中世においては、早くも一二世紀末に品川宿という呼称が見られる。中世を通じ、品川は鎌倉の武家権力を支える基盤として、六浦《むつら》、神奈川《かながわ》などとともに太平洋海運の拠点である湊《みなと》として発達した。湊は目黒川河口部分にあったと推定されている。また中世の品川には、鎌倉仏教を中心に多数の寺院が建立され、関東での拠点となっている。こうして中世後期、北条氏支配下の時期には、町衆《ちょうしゅう》の存在が確認されるようになる。つまりいまだ貧弱な城下町にすぎなかった江戸に比して、すでに多様な都市的要素を備える交通都市と寺院都市の複合体として成熟していったのである。

江戸に幕府が開かれると、ただちに東海道が整備されるなかで、品川宿が江戸からの最初の宿駅《しゅくえき》(初宿《しょしゅく》)として重視されてゆく。その後一七世紀後半に、江戸が巨大化を遂げるなかで、品川宿とその周辺からなる品川領は、一部が江戸に取り込まれてゆくが、宿駅部分を含む大半は、江戸の南端に接する近郊の中規模都市、あるいはこれに隣接する農村地帯という位置におかれた。

近世の品川領の概要を見てみよう。まず江戸湾沿いの東海道を、南北品川宿村《しながわしゅくむら》や大井御林町《おおいおはやし》(現、品川区東大井)などの町場が南北に線状のかたちで連続的に発達していることに気づく(図4－1)。近世中期以降、品川領は、南北品川宿村と二日五日市村《ふつかいつかいち》・大井村など町場を発達させた部分を中心に、上蛇窪村《かみへびくぼ》・下蛇窪村《しもへびくぼ》・桐ケ谷村《きりがや》・居木橋村《いるぎばし》・上大崎村・下大崎村・谷山村《ややま》・戸越村《とごし》などの町や村々から構成される。また数多くの寺社とその門前町《もんぜんまち》、さらに薩摩藩《さつま》・土佐藩《とさ》(大井村)、一橋家《ひとつばし》・松代藩《まつしろ》(上大崎村)、仙台藩《せんだい》(下大崎村)など、大名抱屋敷《かかえやしき》がいくつも分布した。

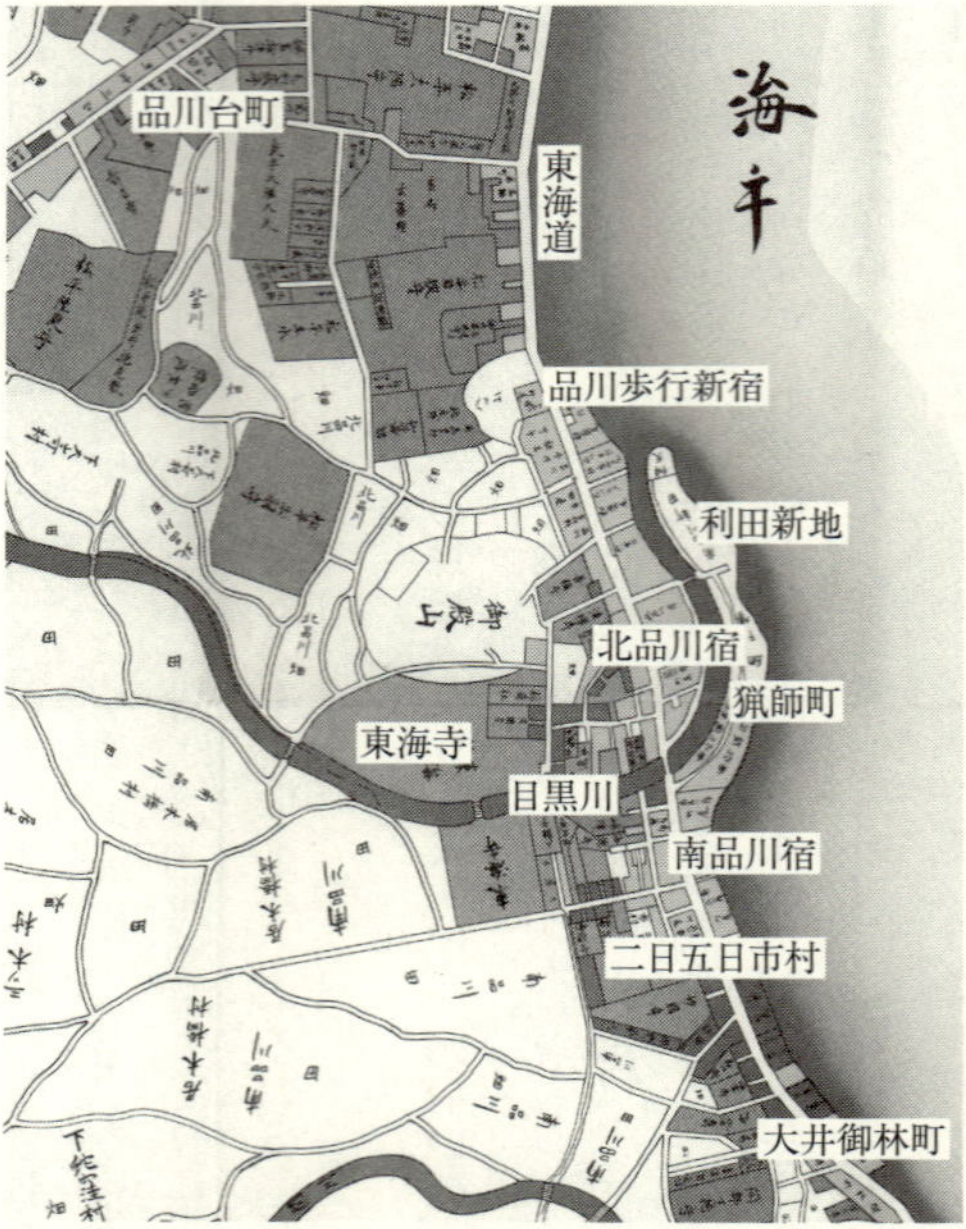

図 4-1　品川宿村のようす(「品川目黒周辺絵図」1842 年〔天保 13〕より)

品川領の町や村々は、全体として近世前期から幕府代官の支配地であったが、南北品川宿村内で町場化した寺社門前町や品川台町《しながわだいまち》などは、一八世紀後半までのあいだに、いずれも江戸町奉行支配の下に編入されていった。こうして品川領には、「都市と農村」の諸要素が混在し、支配関係が重なり合い、町・村の領域や耕地の境が相互に入りくみ、村や町の境界を線として引きにくいなど、複雑な社会＝空間構造が形成されたのである。

品川領で中心となるのが、南北の品川宿村である。ここで宿村《しゅくむら》と呼ぶのは、宿駅のある村が、その中心部に位置する宿場町のみでなく、その周辺に田畑や山野が広がり、それらが全体として「村」とされており、こうした特徴を表現するためである。宿村では、宿駅部分以外に集落が分布する例も多い。また、宿駅が城下町の中心部にある例も多く、その場合は「宿町」ということになる。こうして第二章で見た南伝馬町も、宿町の一つということができる。

次に、こうした南北品川宿村を構成する、北品川宿村、南品川宿村、寺社と十八ヶ所寺社門前という三つの要素についてそれぞれ見ておこう。

北品川宿村

北品川宿村は、南から連なる北品川宿一～三丁目から構成される宿駅＝宿場町を中心とし、周囲に四五・六町歩の耕地（一八〇四年（文化元）に田一六・二町、畑二九・四町）を含む広大な村域を持つ。文政期の村高《むらだか》は四四五・三八七石である。北品川宿は、南から一丁目、二丁目、三丁目と続き、その大半は東海道沿いを南北にのびる両側町《りょうがわちょう》である。また屋敷地の一部が、街道から入った横丁沿いや御殿山《ごてんやま》際などに分布する。

北品川宿村には、北品川宿のほかに、二つの町場が形成された。

一つは品川台町（現、品川区東五反田《ひがしごたんだ》三～四丁目）である（図4－1左上方）。ここは北品川宿村地内の北西端にあたり、一七一三年（正徳三）に町奉行支配となって江戸町人地の一部に編入されている。同町は、一部が下大崎村にもまたがり、三つの寺院（了真寺《りょうしんじ》・本立寺《ほんりゅうじ》・宝塔寺《ほうとうじ》）の門前町と隣接する。これを、品川台町門前町群と呼んでおく。ここは北品川宿村の地内にありながら、一七四五年(延享二)に江戸町方に編入されている。これらは事実上一体となって、東海道沿いとは異なる独自の小都市社会を形成した。

もう一つは歩行新宿《かちしんじゅく》一〜三丁目である。ここは東海道沿いの江戸への入り口界隈にあたり、早くから北品川宿の新町(茶屋町《ちゃやまち》)として発達した。その後一七二二年(享保七)末に、隣接する善福寺《ぜんぷくじ》門前町・法禅寺《ほうぜんじ》門前町と合併し、新たに「新宿」として認可されたのである。これを「加宿《かしゅく》」と呼び、以後品川宿は歩行新宿を加えて「品川三宿」となる。しかし北品川歩行新宿はあくまで北品川宿の枝町《えだまち》であり、屋敷地のみで高三〇・三石余が分与される町場となった。

これら町場部分の外には、広大な耕地や山野が広がっていた。また宿村の内部に、枝郷《えだごう》・三木村《みつぎ》が存在した。この「村」は南品川宿村地内にも分布するようであるが、その実態はまだよく解明できていない。また宿村の中央部分には、幕府御林《おはやし》であり江戸近郊の桜の名所でもある景勝地・御殿山(面積三・八町余)が存在した。

南品川宿村

文政期の南品川宿村は、南品川宿一〜四丁目を中心とする高五四一・七〇二石の村で、北品川宿村より一回り大きい規模である。南品川宿一〜四丁目の宿場町は、北から順に東海道沿いで両側町を形成するが、街道西側の裏町にも一部が展開した。これらは後地町《うしろじまち》、荏川町《えがわまち》などの呼称で呼ばれた。こうした町名は、正式な共同体としての町としてのものではなく、地元での通称・俗称である。これを里俗町《りぞくちょう》と呼ぶ。

南品川宿村にも、宿駅以外に二つの枝町が存在した。一つは、南品川猟師町《りょうしまち》である。この猟師町は、目黒川の河口部にのびる砂州上に展開した漁業集落であり、南品川宿村の高の内、九・八四六七石を南品川宿村の高から分与され、屋敷地は九反三畝余であった(一八四五年〔弘化二〕に五畝弱増加)。

ここは江戸前海《まえうみ》に面し、江戸内湾西部一帯に分布する大井御林猟師町・深川猟師町・本芝町・芝金杉町・羽田猟師町・生麦村《なまむぎ》・新宿浦・神奈川浦とともに、「御菜八ヶ浦《みさい》」と呼ばれた。「御菜」とは、江戸城に献上する食べ物であり、江戸前の魚を献上する負担を負う近隣の八つの猟師町を御菜八ヶ浦と呼んだ。これは、江戸前海の漁場に共同で入り会う猟師町の連合組織でもあった。また南品川猟師町は、大井御林町・三大森村・深川猟師町・本芝町・芝金杉町などと、将軍御成《おなり》の時や大洪水などの際に出動する御用船の役を共同で担った。

猟師町には猟師仲間が存在し、図4－2に見られるように、極めて小規模な屋敷地が充満していた。そして「品川宿内を徘徊する悪党どもは、多くがこの猟師町出生の者であり、全体として「人気《じんき》」の宜《よろ》しくない土地柄である」などとあるように、南北品川宿村の界隈で、周縁的な地域と目されたのである。

もう一つの枝町は、利田新地《かがたしんち》である。一七七四年(安永三)から、猟師町先端の砂州の部分が南品川宿の名主《なぬし》利田《かがた》氏によって開発され、一八三四年(天保五)には屋敷地六反二畝二六歩が検地され、南品川宿村高の内に三・八七石が高として新たに登録され、正式に「利田新地」と称されることになった。こうしてこの新地は、猟師町に連続する町場と化してゆくことになる。後で見る「悪党」源次郎が転がり込む後家なみの家があり、また源次郎が路上で捕縛されることになるのは、この利田新地においてである。

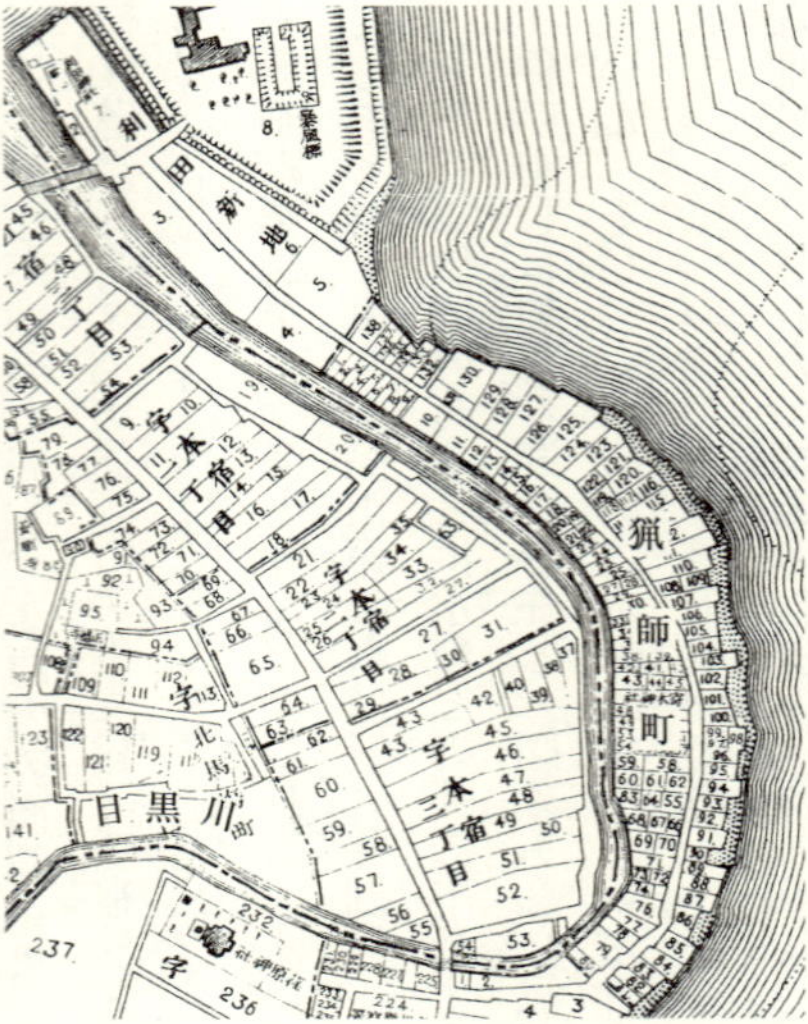

図 4-2　南品川猟師町と利田新地周辺
(「東京五千分一実測図」)

南品川宿村にも多くの耕地が分布し、「三木村」がここにも展開した。また特異な村として、二日五日市村という小さな村(高九四・七七五石)が地内に存在した。同村の家屋敷は、東海道のすぐ西側の裏町部分にまとまって存在し、ここも事実上町場と化したと推定される。

寺社と「十八ヶ所寺社門前」

南北品川宿村を見るうえで、もう一つの重要な要素は、両宿村の地内に多数分布する寺院・神社とその門前町である（表4-1）。これら寺院の創建年代は、一二〜一三世紀のものが八寺、一五世紀が五寺、中世末は六寺と、中世以来のものが圧倒的に多く、江戸時代に入ってからの創建は、次に見る東海寺《とうかいじ》（一六三八年（寛永一五））などわずか四寺にすぎない。

このうち、北品川宿村地内には、品川領内最大の一山寺院である東海寺（臨済宗。朱印地五〇〇石）をはじめ、併せて八つの寺院があり、また北品川の鎮守・稲荷社（現、品川神社）が存在し

表 4-1　品川 25 ヶ寺と門前町

北品川	
善福寺	門前 25 間，151 坪
法禅寺	
養願寺	門前地
正徳寺	門前．年貢地
本照寺	年貢地〜
光厳寺	
東海寺	門前
清徳寺	門前

南品川	
海徳寺	
常行寺	門前町．年季町屋
長徳寺	門前町
妙国寺	門前．内門前．年季家作
品川寺	門前町
海雲寺	門前町
海晏寺	門前町
心海寺	
本覚寺	
本栄寺	門前町
蓮長寺	門前町
妙蓮寺	門前町
願行寺	門前町
本光寺	
海蔵寺	門前町
大龍寺	
天龍寺	

『品川区史』資料編による．

た。そのほとんどには門前町が形成された。これらのうち、東海道沿いに展開した善福寺・法禅寺の門前町は、先ほど見たように一七二二年(享保七)に北品川歩行新宿の中に吸収される。また南品川宿村地内には、南品川の鎮守である貴船《きぶね》社(現、荏原神社)のほか、多様な宗派からなる一七の寺院が分布した。

こうして近世後期には、南北品川にある一八の寺社に門前町が存在した。これらは「十八ヶ所寺社門前」と総称され、一七四六年(延享三)、江戸町奉行支配のもとに一括して編入されている。つまり「十八ヶ所寺社門前」は、一八世紀半ば以降に江戸町方の一部となり、勘定奉行管轄下の代官支配地である南北品川宿村の宿駅や枝町(猟師町や利田新地、歩行新宿)とは異なる支配関係に置かれることになったのである。

これらの「十八ヶ所寺社門前」は、ほぼ次の二つのタイプに区分できる。

一つは、東海道沿いの両側町である。南品川の貴船社や品川寺《ほんせんじ》・妙国寺《みょうこくじ》・海晏寺《かいあんじ》・海雲寺《かいうんじ》など門前町の主要部分は、東海道沿いに南品川宿と連続し、両側町として南北に展開している(一部は裏町にも広がる)。

もう一つは里俗町である。東海道から西側部分の奥一帯に分布する門前町は、いずれもごく小規模なものであった。これらの小さな門前町が複数でブロックごとにまとまり、あたかも一つの両側町のようなかたちを構成し、北馬場町、南馬場町、青物横町《あおものよこちょう》などと呼ばれた。これらの町名は、先に述べた里俗町の例である。

南北品川宿村の「都市と農村」

以上のように、南北品川宿村には、南品川宿、猟師町、北品川宿、歩行新宿の四ヶ所と、十八ヶ所寺社門前の二つを、町場の大きなまとまりとして見いだすことができる。前者の四ヶ所は代官支配地であり、また十八ヶ所寺社門前は品川台町とともに近世中期に江戸町方に組み込まれ、町奉行支配の下に置かれた。隣接するこれら二つのまとまりは、前者が江戸近郊の宿場町、猟師町、また後者は江戸市中周縁部の町々、というようにその性格には大きな差異が存在したのである。

それぞれの人別の規模は表４－２のようである。四ヶ所の合計についてみると、一九世紀段階ほぼ一五六〇〜一六七〇軒、六一〇〇人〜九四〇〇人となる。また十八ヶ所寺社門前については十分なデータが得られないが、一八四五年(弘化二)には合計八六八軒に及ぶことがわかる。これを、一八四三年(天保一四)の四ヶ所の人数六八九〇人・家数一五六一軒から一軒当たりの数を算出して(四・四一人)推定してみると、十八ヶ所寺社門前の人別は、八六八軒×四・四一人となって三八三〇人前後に相当することになる。つまり十八ヶ所寺社門前は、人口規模で品川宿村全体の三分の一強に及んだといえよう。

表 4-2　南北品川宿村，町場 4 ヶ所の家数(軒)と人別(人)

	南品川宿		猟師町		北品川宿		歩行新宿		計	
	家数	人別	家数	人別	家数	人別	家数	人別	家数	人別
享和 2 (1802)									1603	6120
文政 11 (1828)	527	2005	135	525	522	1996	388	1764	1572	6290
天保 7 (1836)		2952		830		3003		2608		9393
天保 14 (1843)		2176		460		2650		1595	1561	6890
文久 1 (1861)										8308
慶応 2 (1866)	567	2293	148	655	545	2513	418	2093	1678	7554

『品川町史』中巻，『品川区史』通史編による．数値は史料のまま．

こうして南北品川宿村の人口規模は、寺社や武家屋敷地、未詳である品川台町、さらに賤民などを除き、ほぼ一万～一万五〇〇〇人ほどの規模に達したと見られる。これは中規模の大名城下町に優に匹敵する都市人口であるといえる。

一方で品川宿村は、前述のように南北とも広大な村域を抱え、その中に田畑や山野が広がる村でもあった。村としての両品川宿村には、それぞれ名主・組頭《くみがしら》からなる村役人がおり、村の構成員で耕地の所持者である百姓から、それぞれの石高《こくだか》に応じて年貢や諸役を取り立てる役割を請け負った。またこれら村役人は、併せて枝町・枝郷から年貢・諸役を徴収することも請け負い、一括して幕府代官へ上納する役割を担ったようである。

こうした宿村の百姓は、同時に宿場町の家持《いえもち》であることが基本であり、かれらは「地方中《じかたちゅう》」と呼ばれる百姓の共同組織を形作った。しかし、これら宿村内の田畑は、「どこも所持主である百姓が自ら耕作することはなく、いずれも近隣他村から入作するものに依頼して経営している」（一八四五年「日掛積銭許可願」）とあるように、耕地の所持者である百姓は、宿村内に所持する農地を耕作すること（手作り）はせず、自らは耕作地の地主として、実際の田畑経営は近隣村々からの小作人に委ねていたと見られる。

2　品川宿村の社会

折り重なる諸集団

第1節で見たように、南北品川宿村は支配関係や町場、耕地の空間構成などの点で、とても多様で複雑な構造をもった。そのなかで、町場における生業の様子について、一八四三年（天保一四）三月の品川宿「宿方明細書き上げ帳」に次のようにある。

品川宿での農間稼ぎには、街道沿いの食売旅籠屋《めしうりはたごや》や水茶屋のほかは、御府内（江戸）と同様に、いろいろと品物を商う店舗があります。また、裏々に居住する者は、前菜物《せんざいもの》(野菜)売り、駕籠《かご》舁《かき》、日雇いなどをして稼いでいます。女はこれらの渡世に応じて、縫い針、洗濯、賃仕事などをしています。南品川宿と猟師町で、海稼ぎをするものたちは、海辺に海苔《のり》篊《ひび》や麁朶《そだ》(木の枝)を立て、冬から春まで海苔を取り上げて売りさばいています。猟師町は海での漁業が主な仕事ですが、その他、商品を売る見世も少しあります。また三木など枝郷のものは、もっぱら農業を営んでいます。

ここからは、相互に異なる性格を持つさまざまな社会集団が、折り重なるように存在する町場とその周辺の様相が窺える。そして、このような社会をとりあえず大きく区分すると、宿駅、疑似《ぎじ》遊廓、村、町、猟師町、寺院社会、賤民社会などとなろう。そこで以下、この内、宿駅と、これと表裏の関係にある疑似遊廓を取り上げ、それぞれの特質を見ながら、南北品川宿村を生きた人びとの、くらしと営みの一端をスケッチしておこう。

宿駅と伝馬役

第二章で詳しく見たように、江戸と諸国をつなぐ五街道のターミナルは、江戸の中枢、大伝馬町《おおでんまちょう》と南伝馬町《みなみでんまちょう》であった。江戸から諸国への出入口には、品川—東海道、内藤新宿—甲州道中、板橋—中山道、千住—日光道中・奥州道中が設定された。これらは江戸から最初の宿(初宿)として重要な役割を担い、「江戸四宿《ししゅく》」と呼ばれ、いずれも江戸の出入口の都市として町場が発達したのである。なかでも品川は最大の規模を有し、前述のように、北品川宿一〜三丁目、南品川宿一〜四丁目、歩行新宿一〜三丁目を抱える宿場町であり、また江戸近郊有数の都市的な場であった(図4-3)。

図4-3　品川宿．問屋場の左右に料亭が見える(『江戸名所図会』)．

品川宿は、宿の伝馬役として、他の東海道宿駅と同様に、一日の最大負担規模は馬一〇〇匹・人足一〇〇人を上限として決められていた。これは、幕府が公用と認めた通行や運輸・通信に際し、馬一〇〇匹と人足一〇〇人分までは公用人馬の部分として、宿の百姓が無償の伝馬役として勤めねばならない、ということで、宿のみで対応できない不足部分は、近在の村々(助郷《すけごう》)百姓の伝馬役(助郷役)を動員してこれにあてたのである。

実際には、早くからこれらは代金納とされ、宿の問屋場の差配により、専業の運送業者が馬や人足の調達を請け負った。こうして、負担すべき馬数や人足数などは、宿の百姓＝家持が負担すべき伝馬役の基準を示すものとなった。一八四三年「宿方明細書き上げ帳」によると、品川宿ではこの伝馬役負担の基準を次のように定式化している。

・馬については、南北品川宿で折半し、五〇匹ずつとする。これを南品川では伝馬百姓六九軒半で、また北品川は六七軒半でそれぞれ分担する。

・人足については、歩行新宿が八五人分を九五軒の人足役負担百姓で勤め、残り一五人分は以下のように分担する。

・八人半——南品川宿の人足役負担百姓八軒で勤める。

・半人——南品川宿の伝馬百姓全体で負担する。

・二人半——北品川宿の伝馬百姓全体で負担する。

・四人——海晏寺・品川寺・海雲寺・長徳寺の四つの門前町が一定の割合(二・五九四人、一・〇九人、〇・二五五人、〇・〇六一人)で負担する。

近在の助郷村々に通知などを伝達する小役人足《こやくにんそく》については、二六人分を南品川、二一人分を北品川の百姓が、軒役《のきやく》(家屋敷一軒を単位とする)で担う。こうした小役人足を担う百姓の家を「小役屋敷」と呼んだ。

これらのうち、伝馬役の中心である人馬役（人足役と馬役）を担う百姓（伝馬百姓）――かれらの大半は先に見た地方中の構成員――には、両宿で総計五町分（約四・九ヘクタール）の屋敷地が地子《じ》免許地《し》（屋敷年貢が免除される土地）として与えられた。これらの免許地は、役の負担量に応じて個々の伝馬百姓の家屋敷地に分割されたのである。

こうした宿駅の運営を担ったのは、問屋《といや》・年寄《としより》・帳付《ちょうづけ》などの宿役人と、馬指《うまさし》・人足指《にんそくさし》などの下役人であり、彼らが詰める問屋場を中心とする「宿方《しゅくかた》」の機構がこうしたシステムを支えた。

ここでは、荏原郡・豊島郡を中心とする近在の村や町を併せて六二ヶ所、村高合計一万七三三四石分に対し、品川宿への助郷としての伝馬役を恒常的に割り当て、動員した。また大規模な公用交通がある場合などには、このほか「当分助郷」と呼ばれる村々一九ヶ村（三〇三九石）にも、別途伝馬役が賦課されたのである。

一方、品川には、宿駅に特徴的な経営やそれに携わる集団がいくつか見られた。

食売旅籠屋と食売女

その代表的なものは、旅籠屋とその仲間である。旅籠屋は本来、幕府の公用交通や大名の参勤交代などに際して宿泊の御用を担い、また旅行客を対象として宿泊機能を果たす役割を持つ。先の「宿方明細書き上げ帳」によると、当時、品川宿の旅籠屋は三宿併せて一一一軒ある。このうち、「平旅籠屋《ひらはたごや》」は一九軒で、残り九二軒は「食売旅籠屋《めしうりはたごや》」とある。つまり、旅籠屋の八割以上が食売旅籠屋であったことになる。

食売旅籠屋というのは、宿駅の家持百姓が公用人馬を提供するという伝馬役負担を負う代償として、飯盛女《めしもりおんな》(食売女《めしうりおんな》)を一定数置く特権を公式に認められたものである。これは、一六七八年(延宝六)一一月に幕府が江戸市中に触れた法令で、新たな茶屋を禁止したうえで、「給仕女を持つ茶屋は、一軒に女を二人より多く置いてはならない」としたのに準じ、南北品川宿の旅籠屋には食売女を二人ずつ、一七二二年(享保七)に成立した歩行新宿は同じく一人ずつ置くことが許された。

これらの食売女は事実上、遊女そのものであり、その上限数は当初から守られなかった。このために公認された唯一の遊廓である新吉原(浅草北端に位置する)との間で、その後度々争いが起こった。こうしたなかで、一七六四年(明和元)に「過人数」(定数を超えた食売女)の摘発が行われる。これに対して三宿からの出願があり、これをうけて道中奉行は同年八月に、品川宿に五〇〇人、板橋宿・千住宿には一五〇人の食売女を置くことを認めている。ちなみに一六九八年(元禄一一)に取り立てられた内藤新宿は、一七一八年(享保三)に一度廃止されるが、ようやく一七七二年(明和九)に宿駅として復活し(「立ち返り」)、この時に板橋・千住と同じ一五〇人の食売女を新たに抱えることが許されている。

こうして一七七〇年頃までに、江戸四宿は、いずれも江戸の出入口にある宿駅として、食売女を抱える旅籠屋が多数存在するという、新吉原に次ぐ事実上の「遊廓」――これを「疑似遊廓」と呼ぶ――として、江戸市中を中心とする遊客で賑わうことになる。なかでも品川の食売旅籠屋は、他の三宿での合計数よりも多い食売女を抱えることが許された。そして、「北」の新吉原と対比して、「南」の品川と称されるほどに大規模な疑似遊廓となったのである。

疑似遊廓

その後品川三宿では、天保末年ごろには公認された上限数を大きく超える一三五八人もの食売女が抱えられるに至った。当時の食売旅籠屋数は三宿で九四軒、一軒当たり平均一四人余りの食売女が抱えられていたこととなる。こうした状況の中で、一八四四年(天保一五)にこれまでにない厳しさで、食売女「過人数」の取締りが敢行された。こうして食売女は翌一八四五年(弘化二)現在六六八名にまで激減を強いられているが、その後徐々に元通りの規模となってゆく。

表4-3は、一八四四年一月、品川三宿における九四軒の食売旅籠屋と、それぞれが抱えた食売女の分布を示すものである。当時の旅籠屋は、歩行新宿三二軒、北品川宿二二軒、南品川宿四〇軒で、南品川宿に一番多く集まっている。一方、一軒当たりの食売女数は平均一四人余

表 4-3　品川三宿の食売旅籠屋(1844 年)

食売女数	歩行新宿	北品川宿	南品川宿	小　計
34 人	軒	2 軒	軒	2 軒
25〜30	3			3
20〜24	6	6	3	15
15〜19	13	6	3	22
10〜14	6	5	17	28
5〜9	4	3	16	23
0〜4			1	1
計	32	22	40	94
食売女総数	556 人	385 人	417 人	1358 人
1 軒当たり	17.4	17.5	10.4	14.4

りであるが、全体の半数近くは一〇～一九人の範囲内に収まり、また九人以下の層が四分の一弱みられる。

これを三宿ごとに見ると、歩行新宿・北品川宿と、南品川宿との間に、はっきりとした違いが見られる。歩行新宿では二五人以上を抱える大規模な旅籠屋が三軒、また一五～二四人を抱える者が一九軒にも及ぶ。また北品川宿を見ると、三四人もの食売女を抱える突出した規模の者が二軒あり、また一五～二四人の間に過半が集中している。一方、旅籠屋の数では最大規模の南品川宿では、大半が一五人未満で、特に一〇人以下の規模が半数以上に及んでおり、北品川の二つの宿に較べて規模が圧倒的に小さい。つまり、江戸市中により近い北に有力な旅籠屋が多く集まり、江戸方面から目黒川を越えて「橋向う」となる南品川には、小規模な零細旅籠屋が数多く分布したということが見て取れよう。

食売旅籠屋と宿駅

先にふれたが、一七六四年（明和元）に品川・板橋・千住三宿で食売女を増員することが許された時、各宿駅から道中奉行に提出された請書の中で、品川宿については、次のように述べられている。

そもそも品川宿で宿泊する旅行者は少ないのですが、江戸を出発し、あるいは到着する人びとが多く休息するところ（「休多き場所」）なので、一人二人の食売女ではとても手がまわりません。この旅籠屋は品川宿の家持は少なく、地借の者たちで、家業に行き詰まるとすぐに出て行ってしまいます。三〇年ほど前は旅籠屋が全体で一八〇軒もいましたが、今では九〇軒ほどです。地主たちは「農人」ですが、旅籠屋などからの地代や店賃の収入を得ることによって、宿駅の役負担を勤めることができております。ところが地借の旅籠屋が減ってしまい、おのずと地主が困窮しております。

右でいう「休」みに来る人びととは、食売女目当てに遊びに来る遊客のことである。これら食売旅籠屋は本来、品川宿の百姓である家持であることが原則とされたと見られるが、早くから表店の地借が中心となり、一八世紀後半頃までに、家持は一部に過ぎなくなった。そして、食売旅籠屋などから得られる地代《ちだい》や店賃《たなちん》収入を、宿村の百姓、すなわち地主が宿の伝馬役である人馬役の負担に宛てる、というのが宿財政の特徴となったのである。

例えば、一八三二年(天保三)の南品川宿の宿入用について「宿賄《しゅくまかない》諸入用勘定帳」という史料を見てみよう。この年、年間七七八両三分余の収入が計上されている。これから、伝馬に用いる馬を雇い上げ、馬子への給金を支払い、助郷に人馬の動員を伝える触《ふれ》を流し、宿役人へ役料を払い、人足の手当銭を支払い、幕府役人や公家などを接待し、道路を補修する経費を捻出するなど、宿としての多用な出費がなされるのである。

問題はこうした経費を賄う収入が何から得られるかである。まず全体の五五パーセント(四三一両余)に及ぶのが「役金」である。その大半(三七八両余)は御伝馬屋敷(六九軒半)を所持する家持(役屋敷所持者)の負担金であるが、この他、歩行屋敷《かちやしき》(一五軒)、小役屋敷(二八軒)や一部三木村百姓、また湯屋・煮売《にうり》屋の拠金も含まれる。またこれとは別に食売旅籠屋仲間(四〇軒)が二二両余を直接負担し、その他、「往還御用其外諸入用」という名目で、それぞれの役屋敷所持者と食売旅籠屋らが計一三九両ほどを追加で負担している。

先ほど述べたように、この時期、食売旅籠屋はほぼ地借層であり、かれらの支払う地代が、地主である役屋敷所持者の収入となった。こうして、宿財政の収入源の大半が、実は食売旅籠屋の経営によって、直接・間接に賄われる構造にあったことが窺い知れるのである。つまり、食売旅籠屋において食売女として悲惨な性労働を強いられた若い女性たちが生み出す莫大な利益の一部によって、品川宿の機能が維持されていたということである。

こうして、食売旅籠屋は「旅籠屋中」という共同組織を作り、地方百姓、すなわち三宿の地主層とともに、南北品川宿村の社会全体を束ねる有力な存在となり、大きな影響力をもった。

食売女と芸師

疑似遊廓としての品川宿村を見るうえで、まだ明らかにすべき対象がいくつもある。一つは、食売女である。多数に及んだ食売女自身ついては、実はその実態がまだほとんど明らかにされていない。今のところ、南品川・海徳寺文書に残された史料などから、幕末期の相対死《あいたいじに》や、刃傷事件で食売女や相手の死骸を海徳寺に仮埋葬したときの事例を知るのみである。この食売女の悲惨な実態を明らかにすることは、今後の大きな課題である。

また、食売旅籠屋に従属しつつこれと共生し、独自な仲間を構成する茶屋についてもまだ実態がよくわかっていない。隣接する高輪《たかなわ》の東海道沿いにも多数の水茶屋が分布し、また歩行新宿を中心に品川にも多くの茶屋が見られる。これらは、遊客を食売旅籠屋へと誘い、また遊客をもてなす食売旅籠屋の類業である。

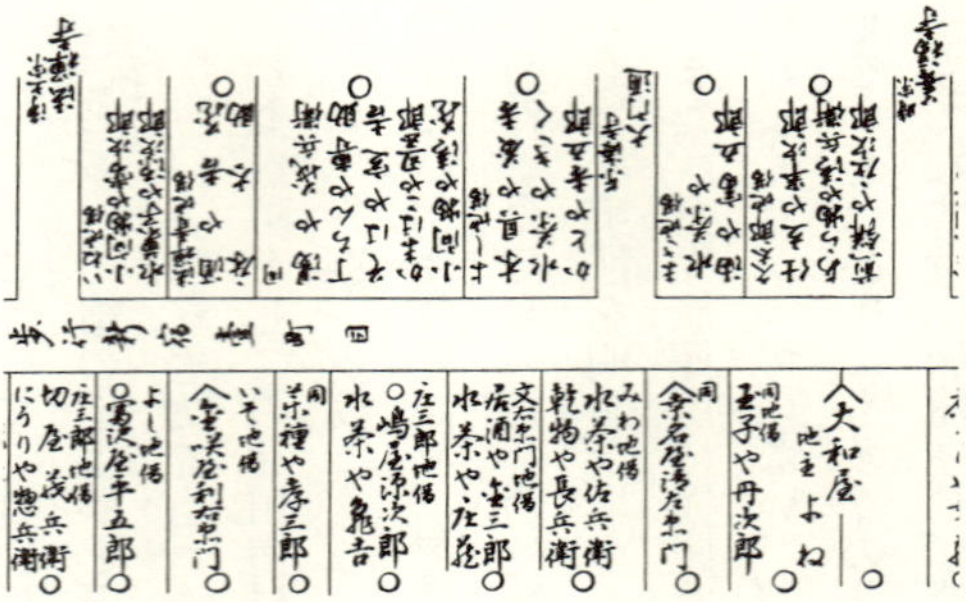

図4-4　品川宿図(歩行新宿一丁目部分)．右が北側・江戸の方角．∧印は食売旅籠屋．

さらに、品川で注目されるのは、芸師《げいし》と呼ばれる芸者集団である。芸師の大半は女性であり、歌三味線の指南と称して食売旅籠屋に出入する。一八一九年(文政二)の歩行新宿には、二丁目を中心に四七名の芸師が一七名の家主の下に居住していた。このうち三八名が女性である。吉原でも多数の男女芸者が遊廓内に定住するが、これとの対比で、品川の芸師の実態が気になるところである。

また、一九世紀中頃における品川宿の様相を描いた絵図(図4-4)により、品川三宿における諸営業について歩行新宿一～三丁目を例にして見ておこう。この絵図には、当時歩行新宿で合計一五〇軒におよぶ営業者が記載されている。そのなかで際だつのは、食売旅籠屋三〇軒と水茶屋三一軒であり、ここには疑似遊廓としての特徴がよく示されている。これに次いで目立つのは、荒物屋一二軒、煮売屋一〇軒、酒屋・升酒屋《ますざけ》八軒、質屋六軒などである。この他、居酒屋・そば屋が各三軒、餅屋・水菓子屋・

煙草屋・薬種屋・湯屋が各二軒、駕籠屋・薬湯・船屋・豆腐屋・蒲鉾《かまぼこ》屋・乾物屋・玉子屋・いもや・煎餅屋・餅菓子屋・八百屋・仕立屋・桃燈《ちょうちんや》屋・瀬戸物屋・木具屋などが各一軒ずつとなっている。つまり、食売旅籠屋や水茶屋を除くと、江戸市中の町々とおなじように多様な営業が分布していることになろう。

これらは全体として、宿駅の社会や、隣接する寺社と一八ヶ所寺社門前などの町場を支える機能である。こうした都市社会の担った役割を「賄《まかない》機能」と呼ぶ。そして品川三宿は、江戸に隣接する独自の中規模都市として、周辺部の流通・金融機能を包括的に担う場でもあったということができる。

3　民衆の世界

駕籠舁、二つの系統

さて、先に見た一八四三年(天保一四)品川宿「宿方明細書き上げ帳」でも述べられるように、宿駅、あるいは疑似遊廓ならではの職業として、駕籠屋・駕籠舁があった。以下、品川の民衆にとって主要な生業の一つだった駕籠舁について見ておこう。

人力で人を運ぶ駕籠は、江戸市中や街道筋で広く用いられた。近世後期、南北品川宿村でこうした駕籠に携わる者には、宿《しゅく》駕籠屋と片棒《かたぼう》駕籠舁の二つの系統が存在した。宿駕籠屋は、品川宿の問屋が交付する「品」の字の焼印を駕籠に捺した「役駕籠」を用いて、宿駅の負担として街道の駕籠御用を問屋場の指示の下で勤めることが本来の役割とされた。

宿駕籠屋の日常の営業は、宿内で休泊する客を対象に、街道の往来や、近在の神社・仏閣への参詣に応じることにあった。しかしその実態は、宿内の食売旅籠屋や茶屋に出入りして、江戸からの遊客を市中へと送り届けることが営業の中心だったのである。そこでは「戻りの稼ぎは決してしない」、すなわち遊客などを送り届けた帰りには客を取らないことがルールとされ、これを「片稼ぎ」と呼んだ。

品川三宿には、それぞれの宿ごとに世話人を代表とする宿駕籠屋の仲間があり、また「三宿駕籠屋」として品川宿全体を枠とする仲間を形成していた。一八四二年(天保一三)の史料によると、歩行新宿の宿駕籠屋は六軒で、それぞれ駕籠舁人足を店に抱えて営業した。この人足を抱駕籠舁《かかえかごかき》と呼ぶ。

宿駕籠屋にとって、駕籠御用を滞りなく勤めるためにも、抱駕籠舁人足を十分確保しておくことは切実であった。そしてこの時、抱駕籠舁の上限数を宿駕籠屋一軒あたり八名と取りきめ、人足を奪い合うような競争を避けようと試みている。また街道の御用通行が多い時、あるいは食売旅籠屋や水茶屋から多数の依頼があった場合に、後で見る片棒駕籠舁を臨時に雇って不足分を補ったのである。

そして一八四六年(弘化三)に、歩行新宿では三丁目に「待請所《まちうけしょ》」を設け、そこを歩行新宿三ヶ町の「裏々に借宅」している駕籠舁人足たち——当時五〇人余り——のたまり場とし、宿駕籠屋による臨時の雇いあげに支障が生じないようにしている。

片棒駕籠舁

一方、片棒駕籠舁は、宿駕籠屋に直接は従属せず、宿駕籠屋などから駕籠を賃借し駕籠舁業を営む零細経営であった。かれらは街道を往復する旅人や近隣の神社仏閣への参詣者を顧客の対象とし、「辻駕籠《つじかご》」とも呼ばれた。そして、宿駕籠屋が勤める道中の御用に動員され、また宿駕籠屋に雇用されてその営業を補佐したが、宿駕籠屋と競合する局面も多く見られたと推定される。

品川宿村におけるその全容はまだ十分明らかにできていないが、南品川宿では一八二六年(文政九)三月に「南本宿組」二〇〇人余とあり、また一八四五年(弘化二)六月には二丁目組六〇〜七〇人、四丁目組四〇〜五〇人の規模で存在したことが窺える。北品川宿は未詳であるが、歩行新宿では前述の一八四六年(弘化三)当時の五〇人余りという数値のほかに、一八六六年(慶応二)に、二つの組からなる四三人という数が確認できる。これらの「組」は、片棒仲間と呼ばれる駕籠舁人足の共同組織であり、組ごとに二〜四名の行事が代表としておかれた。

片棒駕籠舁が客を待つ場所は立場《たてば》と呼ばれ、その稼業は「立場渡世《たてばとせい》」とも称された。品川宿と川崎宿までの間には、品川問屋場前(南品川宿三丁目)をはじめ、東海道沿いに、観音前(品川寺門前)、浜川立場(大井村地内)、大森立場、六郷川端などに立場が存在した。

一八二六年三月一〇日、多摩川河口の左岸に位置する六郷川端・八幡塚《はちまんづか》村(現、大田区仲六郷)で事件が起こった。八幡塚村立場(六郷川端立場)の駕籠舁が、通行中の関東取締出役《しゅつやく》の家来に対し、「がさつ」なことばを投げつけ、これを咎《とが》めた役人らが当人を捕らえようとしたところ逃亡した、という事件である。関東取締出役とは、一八〇五年(文化二)に関東の村々の治安を強化するために創設され、幕領や私領の違いを超えて主に警察活動に従事した幕府役人である。激怒した出役らは、今後八幡塚村立場での駕籠舁渡世を禁ずると命じた。これに慌てた立場の駕籠舁らが、八幡塚村の村役人に取りなしを依頼したため、村役人らは江戸に出て取締出役の役人に懇願し、何とか渡世の禁止を免れることができたのである。

この後、八幡塚村と北品川宿三丁目、南品川宿四丁目の「稼方惣代《かせぎかたそうだい》」計四名から八幡塚村の村役人に対して、詫び状が提出されている。これを請けて八幡塚村役人は、駕籠賃を高くしないこと、酒手《さかて》を客にねだらないことを駕籠舁渡世の者たちに命じた。一方駕籠舁らは、こうした駕籠舁渡世に「遠来の、身元がよく分からぬ者」が紛れ込むことのないようにと、立場で渡世する者を限定し、立場の仲間を定めて規則を作り、また一人月に三二文ずつ「日懸《ひか》け銭《せん》」を積み立てさせ、仲間内の病人や不幸があった場合に手当ができるように、と申し合わせている。

この時、品川歩行新宿では、当時四一名いた片棒駕籠舁のうち、源太郎ほか計一〇人が、これまで八幡塚村立場に出て稼ぎをしてきたということで、この仲間(日懸け銭仲間)に加入することとしている。また、残る吉五郎ほか計三一人は、江戸への稼ぎが主で、ときおり客を東海道筋まで乗せ、大師河原(川崎大師)や池上(本門寺)へと運び、その帰りに客を乗せたまま八幡塚村立場に寄ることはあっても、そこで新たに客を乗せることはないとして、この仲間には加入しないことで了承されている。

これから、東海道沿いの各立場には、そこを拠点とする片棒駕籠舁とその仲間が存在したことが確認できるが、その構成員は、立場のある村の者のみでなく、近隣の他所からそこを拠点に活動する者も含まれたことが窺える。こうして片棒駕籠舁たちは、相互に競合しつつ、拠点とする立場を基礎に、同業者間の広いネットワークを形成したのである。

さて、右では品川宿やその周辺の駕籠舁渡世に「遠来の、身元がよく分からぬ者」が多く紛れ込むという状況が窺えたが、こうした問題の背景を、一八三八年（天保九）の「無宿悪党狩」の一件に関する史料から見ておこう。

「悪党」源次郎

一八三九年（天保一〇）六月一二日夜八つ時すぎ（深夜二時ごろ）、南品川宿利田《かがた》新地《しんち》の路上で、源次郎という男が捕縛された。彼は無宿で、異名が三本足、年は四二歳の中年男であった。これを逮捕したのは、関東取締出役山本大膳《やまもとだいぜん》の手代宮坂瀬兵衛《みやさかせべえ》の手の者である。

三日後の一五日、厳しい詮議を経て、源次郎の所行が取り調べられ、その供述内容（申口《もうしぐち》）が詳細に記述され（口書《くちがき》）、源次郎本人にその内容に間違いない旨を誓約させている。この時、品川宿一帯で大規模な「悪党」取締りが実施されており、捕縛者は三十数名に上っている。その一人ひとりについて、関東取締出役による所行の調査が同様に行われ、口書が取られているが、その中で源次郎のものは飛び抜けて長文のものとなっている。以下、長くなるが、この口書に記される供述の内容を読んでみよう。

源次郎の口書

私は、尾張《おわり》国春日井《かすがい》郡京町《きょうまち》（現、愛知県瀬戸市）の八百屋源次郎の倅《せがれ》として生まれました（一七九八年〈寛政一〇〉）。幼年の時、春日井郡の正恩寺という浄土宗の寺に弟子入りしましたが、もともとお経は嫌いで、寺の師匠から親元に戻されました。素行が悪いというので、父から追い出され、二八年前（一八一一年〈文化八〉、一四歳）に品川宿までやってきました。そこで親類や知り合いというわけでもないのですが、煮売店（居酒屋）をやっていた藤七という者の世話になり、あちこちの日雇い稼ぎに出かけました。

その後、品川宿の湯屋金太郎のところに行き、給金などは貰わずに湯焚き奉公（湯屋で風呂の湯を沸かす仕事）をしました。そして、金太郎が身元保証人（受人）となって、品川宿の和泉屋久右衛門のところで七年間奉公しました。その後ここを辞めてまた日雇いの仕事をしているうち、一五年前（一八二五年〈文政八〉、二八歳）に、近くの田んぼで賽博奕《さいばくち》をしていたところ、火付盗賊改長井五右衛門様の手下高須義八殿に捕縛され、重敲《じゅうたた》きのお仕置きを命じられました。

その後、品川宿に戻り、またあちこちで日雇い稼ぎをしていました。天保元年（一八三〇、三三歳）に、利田《かがた》新地《しんち》忠兵衛《ちゅうべえ》店《だな》亀次郎後家なみという者が、小さな男の子一人と暮らし、海苔取り稼ぎにも差し支えているので、手伝を傭《やと》いたいと言うのを聞いて、何度も出かけました。そうしているうちに、世話人がいたわけではありませんが、なみの家が経営に困っていると相談があって、なみの家に同居し、漁業や海苔取り稼ぎをしました。

天保五年（一八三四、三七歳）二月のこと、二条御番（京都二条城の警衛に詰める大番役の旗本）織部正様（未詳）組頭難波田八右衛門様の家来とけんかをしこれを打ちのめした事件で、町奉行筒《つつ》井伊賀守《いいがのかみ》様の廻り役（定廻りなどの同心）に捕まり、所払い《ところばらい》（居所の地域から追放されること）の処罰を受け、それ以来無宿となりました。品川宿には住んでいられないので、各地を流浪し、まれに、同居してきたなみのところに立ち寄ったりしました。しかし、なみからは「おまえはお咎めをうけた身であり、家主の太吉からもきびしく言われているので、置いてやるわけにはいかない」ときっぱり断られました。そこでやむなく、安房《あわ》あたりに出かけて、縄船（延縄猟《はえなわりょう》）仕事をしましたが、なじみがいる土地でもなく、「お構いの場所」（所払いの処罰を受け立ち入ってはいけない場所）とは気づかないで、また品川宿に戻りうろついていました。

そうこうしているうち三～四年前（一八三五～三六年〈天保六～七〉）のある日、歩行新宿和助店で煮売渡世をしていた新次郎のところに押しかけ、金二朱、また金一朱と二度「押借り《おしがり》」（脅迫し強制的に借りること）しました。

（中略）

去年（一八三八年〈天保九〉）一二月二四日、関東取締出役堀江与四郎《ほりえよしろう》様、堀口素助《ほりぐちもとすけ》様が品川界隈に出動され、無宿たちを一斉に捕まえるよう命じられたそうで、私やほかの無宿たちを捕縛し、すべて品川の宿役人にお預けとされました。その時、私は便所に行った隙に、縄取りの者を突き飛ばして、その場から逃走し、品川宿の近く東海寺山内の藪の中に隠れました。そこで縄を解き、日が暮れてから裏道伝いに江戸市中に向かい、夜を明かしました。

翌朝早く中山道に向かって出発し、それから木曽路を通って、私の故郷の尾張国春日井郡京町に戻り、父源次郎のところに行きました。ところが既に父は先年死んだとのことで、母と兄弟三人に面会し、品川宿で捕まったいきさつなどをくわしく話して聞かせたところ、母たちは「おまえは帳外れ(人別帳から除外され、無宿となること)で、品川宿で悪事もしているとのこと。ここに置いておくことは決してできない」と言われました。

そこでやむなく一〇日間ほど知人のところに世話になり、四月二〇日に尾張を発《た》ちました。そして木曽路に出て、中山道を通り品川宿に来てうろついていたところを捕まりました。

源次郎の半生と品川

長い引用になったが、ここには四二歳となる源次郎の半生が述べられている。故郷である尾張春日井郡京町は、瀬戸物の産地で著名な瀬戸村を構成する町場の一部である。正恩寺(未詳)の寺の小僧として入りすぐやめる、などの少年時代を経て、素行の悪さから親元を追い出された一四歳の源次郎は、一路江戸の手前、品川宿へと向かう。彼はその後捕縛された四二歳の時までの、半生の大半をこの品川で過ごすこととなる。

源次郎の品川における足跡は、この後大きく二つに区分できる。一つは、品川の宿場社会において、多様な生業の機会を得、だいたいはふつうの民衆の一員として過ごした、三七歳頃までの時期である。これは、日雇い稼ぎ、湯焚き奉公、和泉屋での七年間の奉公、後家なみの家に寄留しながら漁業や海苔取り稼ぎに従事した日々である。このうち日雇い稼ぎには、駕籠舁人足も含まれるかもしれない。その間に博奕で捕まり、重敲《じゅうたた》きの処罰を受けたこともあるが、全体としては民衆世界の一員として、それなりに堅気として生きた年月といえるだろう。

この中で、長期にわたった奉公先である品川宿の和泉屋は、あるいは後で見る食売旅籠屋かもしれない。また、三三歳になってから後家なみやその小さな男の子との四年に及ぶ暮らしは、あたかも家族とともにいるような平安な日々を源次郎にもたらしたのではないだろうか。

しかし一八三四年（天保五）二月、三七歳の時に起こした武士を打擲する事件をきっかけに、所払いの刑を得て無宿となった源次郎の人生は、一挙に暗転する。なみからも来訪を拒絶された彼は、一度は安房に出て漁業の手伝いをするなど、まだ堅気の暮らしを続ける意欲をもったようだが、そこにもなじめず、本来は立ち入ってはならない品川宿に再び姿を現す。その後は、品川宿や近辺で賭博《とばく》や強請《ゆすり》などの逸脱行為を繰り返し、界隈でも知られた「悪党」と目されることになる。源次郎としては、所払いにより無宿へと転落し、生業の範囲が極度に限定され、さらに居所の面でも流浪を強いられ、こうした逸脱行為なしでは生存できない状況へと追いやられていったことになる。

そして一八三八年(天保九)二月に、関東取締出役による一斉取締り(「悪党狩り」)によって捕縛されるに至る。この時三十数名に及ぶ「悪党」が拘禁された。彼は隙をみて脱走し、どのような方法と経路をとったか未詳ながら、翌年四月に故郷の尾張春日井郡京町に現れる。しかし窮地に陥った源次郎は、母や兄弟たちから迎えられるどころか厄介者として絶縁を通告される。これは源次郎にとって、計り知れない精神的打撃となったことだろう。かくて失意の源次郎に残された道は、やはり品川宿界隈をうろつくことでしかなかった。そして半年あまり後の一八三九年六月に、品川宿に隣接する利田新地の路上をぶらついていたところを、再び関東取締出役の役人に発見され捕らえられたのである。

源次郎が従事した仕事に、先に見た片棒などの駕籠舁人足が入っていたとすれば、彼は「遠来の、身元がよく分からぬ者」の一員であったことは確実である。この時捕縛されたほかの「悪党」を見ると、博奕・押借(強請《ゆすり》)渡世、住居不定の無頼、火消人足、無宿の頭、入れ墨の者などであり、源次郎が特に際だった悪党であったわけではない。かれらに共通するのは、身元がよくわからず、住居も不定で、博奕や盗み・強請の常習犯であることなどである。

ぶらんさんと日用層

ここで、右で見た点を念頭に置いて、南北品川宿村における民衆世界がどのように構成されていたかを、江戸の都市下層社会の特徴を参照しながら考えてみたい。

民衆世界の第一の要素は、裏店《うらだな》の住民、すなわち店衆《たなしゅう》である。一八六六年(慶応二)五月末、後でふれる品川での打ちこわし騒動の直後、品川歩行新宿では、困窮する民衆を対象に、宿の有力者や食売旅籠屋から大規模な施行《せぎょう》が実施された。

その時の記録が残っている。その中心は宿内の貧民一二二五人であり、ついで隣接する猟師町の窮民である。このうち前者は、歩行新宿一～三丁目の裏店層にほぼ相当しよう。当時の歩行新宿の人口は二〇九三名であるから、その六割近くが施行の対象となる窮民層だったことになる。

ついで第二の要素は、日用《ひよう》層である。日用層というのは、先に見た駕籠舁人足のように肉体労働を日雇いや一年以内の短い雇用で働く人びとのことである。宿の問屋場との関わりで施行対象とされている者に、歩行人足六六人、馬士六一人、状持(書状運送の人足)六人とあるが、かれらは問屋場が直接差配する人足であり、日用層にほかならない。

これとは別に、「不乱参人足」二二六人という記述もある。不乱参は「ぶらんさん」と読み、『日本国語大辞典』によると「ぶらんさん ①なすこともなくぶらぶらしている人。無為徒食の人。ぶらりさん。②役にたたない物。ぶらりさん」などと説明されている。品川宿や街道沿いで、ぶらぶらしながらさまざまな肉体労働や雑業に従事し、また賭場で博奕に明け暮れる単身者であり、日用層から落ちこぼれた社会層にいる「悪党」たちである。先に見た源次郎などはまさに、この「ぶらんさん」の典型である。

　このほか南北品川宿村の民衆世界を考えるためには、女性の存在を無視することはできない。民衆のなかの女性について、なかなか史料を得ることができないが、先に見た三宿の疑似遊廓を生きる食売女や芸師などとともに、裏店に居住する女性たちの多様な生業や暮らしの様子も見ていく必要があるだろう。

慶応二年・品川の打ちこわし

　幕末期の社会を揺るがした世直し一揆のハイライトとして知られる、一八六六年(慶応二)五月末から六月初めに発生した江戸打ちこわしは、五月二八日夜に品川で発生した騒動がその発端とされている。そして翌二九日夜に、隣接する芝田町・本芝・芝金杉町・浜松町あたりに騒ぎが飛び火し、六月二日以降、四谷、鮫河《さめが》橋《はし》、赤坂、神田、日本橋北、麻布、本所、内藤新宿など、打ちこわしが江戸市中全域に及んだとされている。しかし実際には、五月一八日に八幡塚村(六郷渡北側)、二三〜二四日に川崎宿と羽田村、二四日には大井御林町などで立て続けに発生した地域の窮民らによる打ちこわしが前提としてあり、これが品川へと波及したのである。つまり江戸打ちこわしは、この時、東海道筋をあたかも導火線として次々に爆発してゆく騒動の一環なのである。

南北品川宿村では、二八日夜五つ時(八時前後)頃、南品川宿御嶽《ママ》町(山カ)稲荷社(貴船社内)の太鼓がむりやり運び出され、南馬場町本覚寺境内でその太鼓が激しく打ち鳴らされたのを合図に、「面体を包」み、桃燈《ちょうちん》も持たない窮民たちが多数結集し、南馬場町から打ちこわしを始めた。打ちこわし勢は、南品川宿、北品川宿、歩行新宿へと北上し、品川宿北端に至り反転し、今度は北馬場町から東海寺門前、御殿山下などへと廻り、途中で富家を次々と破壊しながら、居木橋《いるぎばし》方面に逃亡したとされる。また、南品川常行寺境内熊野社や妙国寺境内諏訪社などでも窮民が集結したとされる。

打ちこわしに参加した人びとの実態は未詳であるが、騒動の後、三宿の名主らが「乱妨人ども御慈悲願い」に江戸町奉行所にまで歎願に出かけたことから、宿役人も見知っている宿内の貧民が打ちこわしの主体であったことが窺える。

また打ちこわしの対象となった者たちは表4-4のようである。これから、被害者の多くが品川三宿に分布するが、一部に稲荷門前(北馬場町の一部・四軒)・清徳寺門前(長者町の一部・四軒)などの十八ヶ所寺社門前にも一部及んだこと、また、その大半は家持《いえもち》であること、質屋(一軒)・米屋(五軒)・酒屋(四軒)・呉服屋(三軒)などの商家と、旅籠屋(食売旅籠屋・九軒)が目立つこと、などがわかる。

表4-4　1866年(慶応2)5月，品川打ちこわし被害者

南品川宿
家持・油屋伊兵衛(質屋)
家持・大津屋利右衛門(米屋)
家主・三浦屋次兵衛(質屋)
家持・三浦屋惣左右門(質屋)
伊兵衛地借・武蔵屋文五郎(米屋)
家持・木倉屋半兵衛(質屋)
家持・木倉屋又兵衛(酒屋)
五人組持家・紅屋伴蔵(旅籠屋)

北品川宿
新八地借・紅葉屋栄吉(旅籠屋)
家持・杉浦屋作次郎(呉服屋)
家持・布袋屋権八(旅籠屋)
家持・吉田屋又七(質屋)
家持・高田屋金八(質屋)
家持・伊勢屋伊右衛門(紙屋)
茂右衛門地借・伊勢屋茂助(釘屋)
家持・津国屋幸右衛門(呉服屋)
源七地借・小泉屋喜兵衛(砂糖屋)
家持・岩槻屋ゑひ(旅籠屋)
伝次郎地借・金屋粂吉(米屋)
伝次郎地借・相模屋忠蔵(質屋)
家持・下村屋新次郎(店頭)

歩行新宿
家持・三田屋さき(酒屋)
家持・尾張屋藤七(米屋)
家持・相模屋たま(旅籠屋)
家持・紙屋はつ(旅籠屋)
嘉兵衛地借・越前屋栄蔵(酒屋)
喜兵衛地借・萬屋清助(米屋)
宇兵衛地借・高島屋重蔵(質屋)
五郎八地借・玉木屋きん(旅籠屋)
家持・住吉屋啓蔵(旅籠屋)
直次郎地借・萬屋つね(旅籠屋)

北品川稲荷門前
家持・太田屋仁兵衛(質屋)
彦七地借・大和屋半右衛門(呉服屋)
家主・太田屋彦兵衛(古着屋)
彦兵衛地借・伊豆屋由兵衛(酒屋)

北品川清徳寺門前
家持・竹崎屋九右衛門(質屋)
家主・道具屋忠兵衛(道具屋)
茂兵衛店・道具屋儀助(道具屋)
家持・坂田屋甚七(質屋)

打ちこわされた食売旅籠屋のなかには、横浜港《みよ》崎《さき》遊廓設立の中心人物であった、岩槻屋《いわつきや》佐吉《さきち》の出身地である北品川宿三丁目(当時、娘ゑひ名義)の食売旅籠屋が含まれている。かれらは、地方中・食売旅籠屋中、あるいは大店など、複雑な支配の違いを超えて展開する地域の社会的権力そのものであったといえよう。

　一方、打ちこわしに参加した側を見ると、まず

当初集結した場所が、代官支配下の品川三宿の内や、町奉行支配下の十八ヶ所寺社門前の範囲ではなく、いずれも寺社奉行支配下の寺社境内であった点が注目される。これは、比較的警備が甘い寺社域を狙った可能性が高い。また、この騒動に参加した人びとは、品川宿村に分厚く存在する民衆世界を基盤とすることが確実だが、先に見たような日用層や、ぶらんさんなどが中軸となったことも十分想定される。この騒動が川崎宿、八幡塚村、大井御林町などと波及した経路を見ると、東海道筋で立場渡世に従事する片棒駕籠舁らが、この騒動に深く関わったことも想定できるのである。

分節的な社会と社会的権力

以上見たように、南北品川宿村は、複雑な支配秩序の下で、相互に異なる多様な社会集団が入りくむ分節的な様相を呈した。しかし同時に、こうした複雑で分節的な社会を統合する有力な社会層が存在した。これを「社会的権力」と呼ぶ。南北品川宿村ではこうした社会的権力として、宿村の百姓の共同体、すなわち地方中と呼ばれるものと、三宿に展開する食売旅籠屋の仲間があげられる。この両者は部分的には、家持の食売旅籠屋として重複したが、全体としては、相互に依存し合いつつ、南北品川宿村を実質的に支配したと見られる。また、これらとは別に、打ちこわしの対象となった質屋、呉服屋などのように、品川宿村において流通や金融をリードする大店層が、社会的権力の一員に含まれると想定できる。

宿村という共同体を基盤に、多様でそれぞれが個性的な社会集団が織りなすように形づくられた社会、宿駅や疑似遊廓を軸とするこれらの社会全体を、そこで統合し実質的に支配する百姓＝地主の共同組織や食売旅籠屋の仲間、および一部の大店層、などからなる社会的権力、こうした社会的権力の力に依存して初めて可能となる幕府や寺院領主の支配、こうした構造が浮かび上がる。そして、その対極にあるのは民衆世界である。しかもこの民衆世界は単純な構造ではなく、裏店の貧民を中心としながら、同時に流動的な日用層や社会から逸脱しかかった悪党層をも含み込んで成り立つ。これが近世後期から幕末維新期にかけて、巨大城下町江戸の南端に接する南北品川宿村で見られた社会の実像なのである。

第五章　舟運と薪——江戸の物流インフラと燃料

江戸は、近世日本において桁外れに大規模な巨大城下町であった。将軍家をはじめ、二七〇家に及ぶ諸大名と江戸在住の家臣、五二〇〇家ほどの旗本《はたもと》、また一万七四〇〇家ほどの御家人《ごけにん》などからなる武士身分をはじめ、五〇万人を超える町人、さらには僧侶などの生活や仕事を支え維持するため、日々厖大な量の消費物資が江戸に運ばれた。

本書の最後となる第五章では、こうした物資が行き交うもっとも重要な交通ルートとして、海面や内陸水面の水路を用いて行われる舟運《しゅううん》と、江戸のターミナルとしての機能を見ることにしたい。そして、行き交う多様な品目のなかから薪《まき》を事例として取り上げ、周辺地域から江戸への物資供給の実態と、薪の流通や販売に関わる場や携わる人びとのようすを見てゆきたい。

1　江戸湊と江戸河岸

水都・江戸

江戸とその周辺部を描いた図を眺めると、江戸は周囲を河川で囲まれ、またその内部を水路が縦横にめぐっていることに気づく。江戸城の堀を内側からたどって

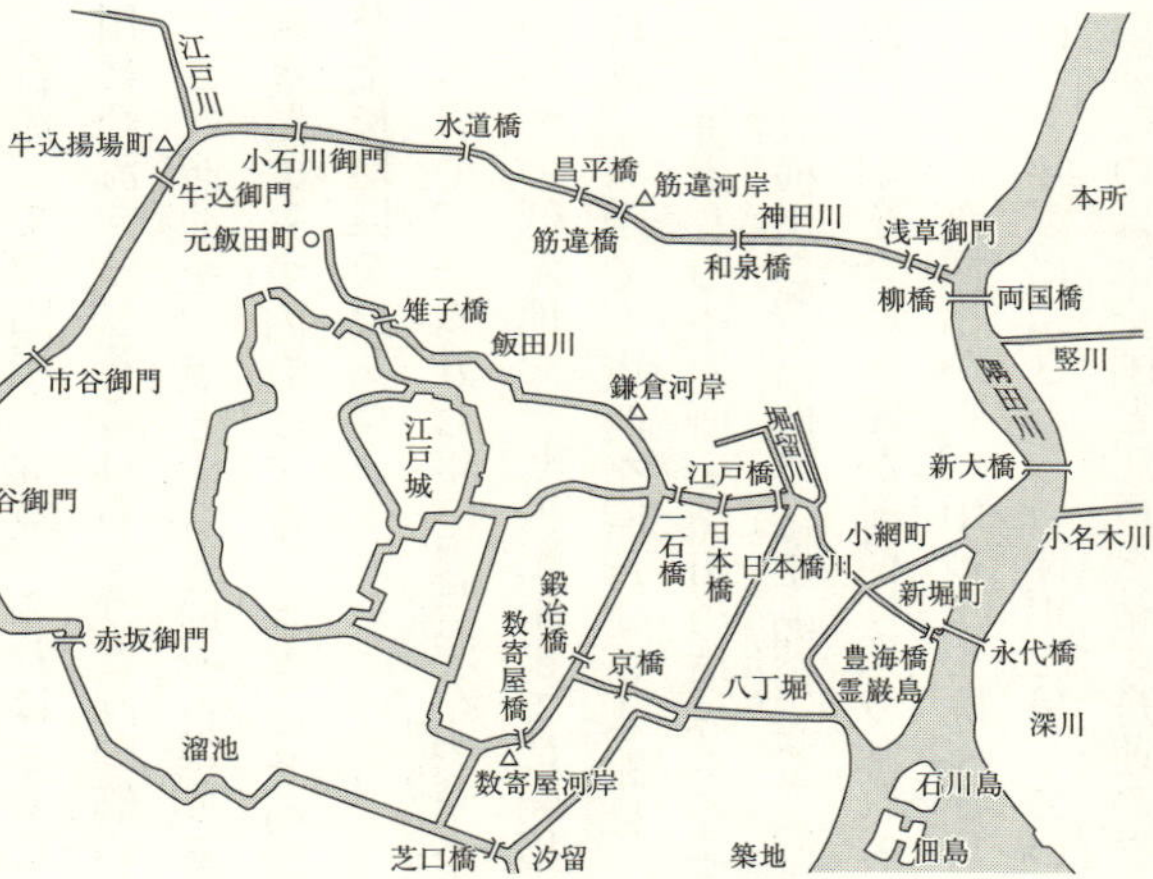

図 5-1　江戸中心部の河川と河岸

みると、主要なルートは、あたかも蚊取り線香のように、城郭から渦状に外側へとめぐる（図5-1）。その渦の一つは、本丸あたりを起点とする内堀《うちぼり》であり、これが東へ道三堀《どうさんぼり》を経て、元飯田町《もといいだちょう》を起点とする飯田川と合流し、日本橋川となる。これら内堀の水系はそのまま直接江戸町方中枢の日本橋・中橋・京橋地区の水路へとつながる。日本橋川は、日本橋をくぐると、江戸橋で堀留川《ほりどめがわ》と合流して、小網《こあみ》町を左に見ながら南東に下り、南北新堀町の間を通って、さらに豊海橋《とよみばし》をくぐると、江戸内海（東京湾）へと至る。そこはちょうど隅田川《すみだがわ》河口部分であり、左手にはすぐ永代橋《えいたいばし》がある。また、八丁堀《はっちょうぼり》、霊《れい》巌島《がんじま》、築地《つきじ》など一七世紀前半の埋立地も、それぞれが水路で囲まれている。

今一つ、江戸城の外堀は、四谷御門あたりを起点に北流し、市谷《いちがや》を経て、牛込《うしごめ》の先で江戸川と合流して神田川となる。これはさらに西へ水道橋、筋違橋《すじかいばし》をくぐりながら、柳橋《やなぎばし》を経て隅田川に合流する。そこはちょうど両国橋《りょうごくばし》のあたりである。一方、芝口《しばぐち》から金杉《かなすぎ》あたりを見ると、ここは溜池《ためいけ》を起点とする外堀が京橋と芝口地区を区切りながら、築地川として浜御殿(現、浜離宮庭園)先で内海に出る。さらにその南部では、渋谷あたりから流れ来る新堀川が浜松町と芝金杉地区を分かつ。

ついで、一六五七年(明暦三)の明暦大火《めいれきたいか》後に開発が本格化する本所《ほんじょ》・深川《ふかがわ》を見ると、ここはかつての低湿地を一七世紀末までに開拓し、直行する水路を基軸線として大規模な造成が行われた。なかでも東西を直行する水路は、幅二〇間余(約三六メートル)に及ぶ小名木川《おなぎがわ》と、その北を併走しつつ本所・深川の境界をなす竪川《たてかわ》(同じく幅二〇間)が主要なものである。また南北には大横川《おおよこがわ》(幅二〇間)、横十間川《よこじっけんがわ》などが走る。また深川の臨海部分を中心に、木場《きば》や各藩蔵屋敷内の堀を含め水路が縦横に入り乱れるように分布する。

こうした様相から、山の手を除く江戸の大半は、陣内秀信氏の用語を借りれば、まさに「水都」と呼ぶにふさわしい様相を呈している。そして「水都」江戸の内実を見るとき、もっとも重要なのは、全国と江戸を結ぶ舟運のターミナルとしての機能とその性格である。

こうして江戸を「水都」と見たとき、舟運のターミナル機能は、大きく二つの異なる局面に区分される。一つは、江戸内海の臨海部におけるターミナルであり、もう一つは、市中を縦横に走る堀や水路のターミナルとしての役割である。

江戸湊　まず、江戸臨海部を見ると、そこには近代以降の港湾のように、大型の船が直接岸壁に接岸したり、そこで荷役作業を実施しうる港湾施設が集中するような様相は見られない。菱垣廻船《ひがきかいせん》や樽廻船《たるかいせん》、また尾州廻船《びしゅうかいせん》(内海船《うつみぶね》)など、数百石を積載する当時の大型帆船、すなわち諸国廻船は、水深が浅い江戸の沿岸部に近づけず接岸できないのである。

全国から内海に入り、江戸にやってくる諸国廻船は、その多くが水深の深い品川沖に碇《いかり》を降ろした。また中型の廻船は、品川沖から澪筋《みおすじ》を注意深くたどりながら、佃島《つくだじま》から永代橋に囲まれた隅田川河口部一帯まで進入し碇泊した。ここの沿岸部には、本湊町《ほんみなとちょう》・東湊町《ひがしみなとちょう》という二つの「湊」町や大川端町《おおかわばたちょう》があり、これらに囲まれた水域を、「湊内《みなとうち》」とか「内川《うちかわ》」と呼んでいる。ここが本来の「江戸湊」に相当する(図５－２)。

廻船問屋　品川沖や江戸湊に停泊する諸国廻船は、廻船問屋がその世話にあたった。一八五三年(嘉永六)当時、廻船問屋は、江戸湊の近隣を中心に五七軒分布し、一〜一〇番組の仲間に編成されていた(三番組は享保期に欠番)。これら廻船問屋には、それぞれ得意先の廻船

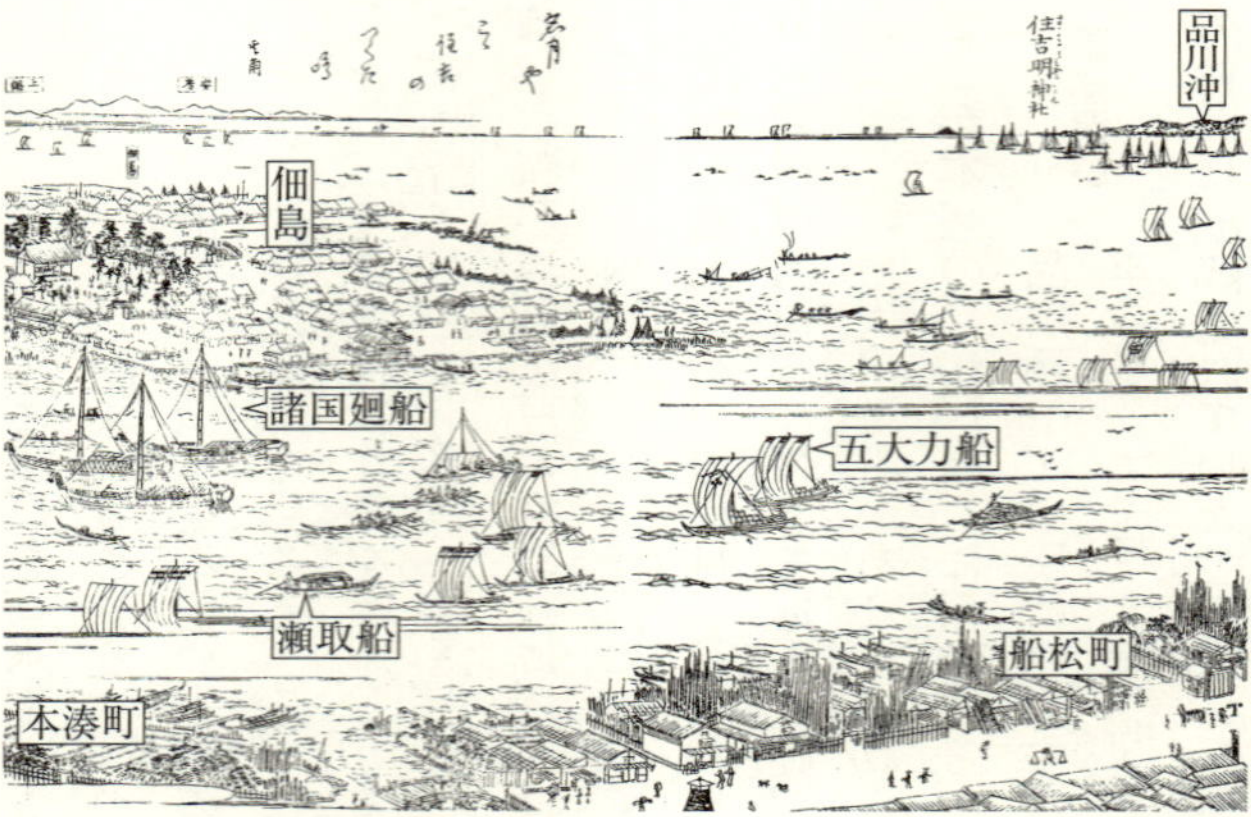

佃島方向をのぞむ(『江戸名所図会』)

(問船《といぶね》。後述)があり、その船頭や水主《かこ》など乗組員に宿泊場を提供し、荷物については瀬取宿《せどりやど》に指示し、茶船《ちゃぶね》(瀬取船《せどりぶね》)と呼ばれる小舟を江戸湊と品川沖に派遣して、廻船から船荷を積み替え、また帰りの荷物を調達・積載した。さらに廻船の「身元」や所属を証明し、諸国への帰路に浦賀番所を通過するときのために手形《てがた》(通船手形)を発行した。こうした江戸湊のターミナル機能の中心を担うことが、廻船問屋の役割であった。

一七八二年(天明二)、「問船式法《といぶねしきほう》・引受方式法《ひきうけかたしきほう》」という史料によると、廻船問屋は、特定の廻船と固定的な関係(出入《でいり》)をもったことがわかる(『諸問屋沿革誌』)。こうした得意先の廻船を「問船」と呼んだ。これには、国単位で問船を独占する場合と、各地の湊を単位として問船との関係をもつ場合とがあった。

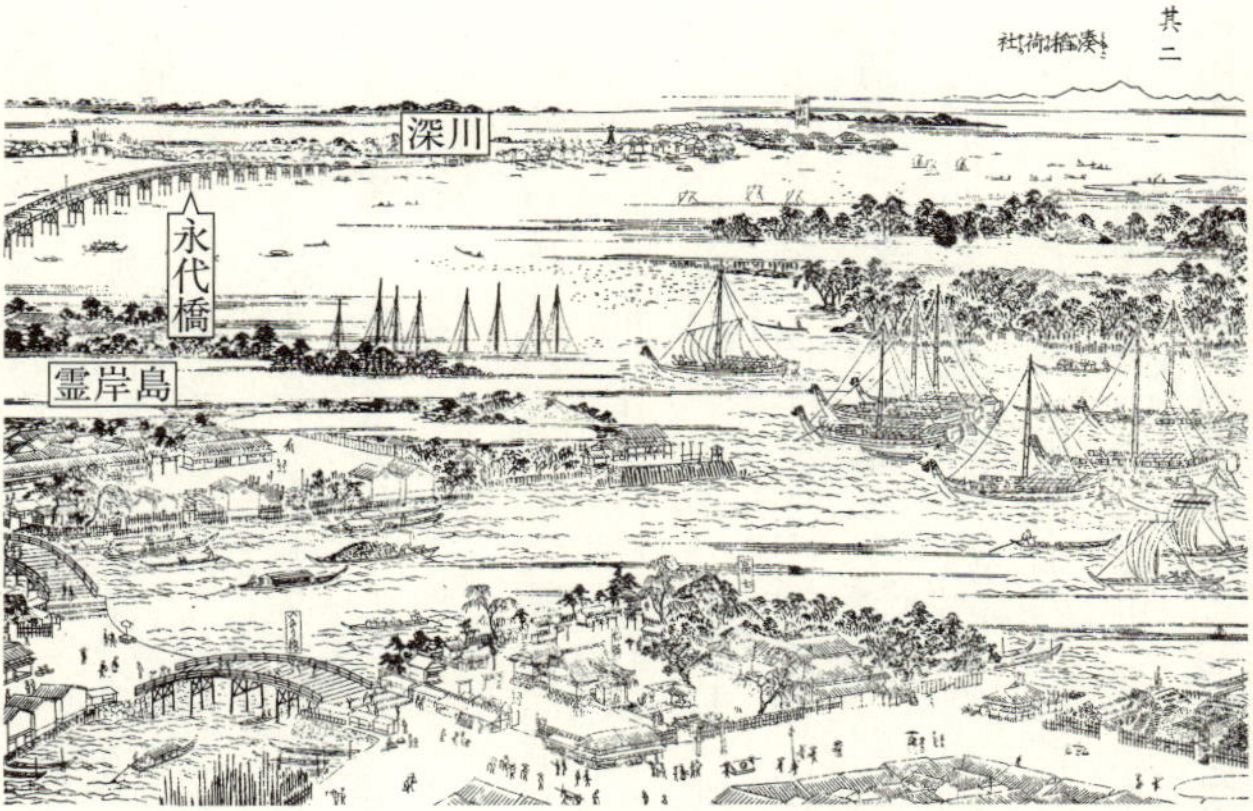

図 5-2　江戸湊．築地の本湊町から

廻船問屋にとって、こうした取引先を「場所《ばしょ》」と呼んだ。場所は複数の廻船問屋が共同で所有することもあり、多様なかたちがあったが、廻船問屋にとって、場所との関係を占有することこそが、それぞれの経営の根幹をなしたのである。

一例として、廻船問屋柴屋仁右衛門《しばやにえもん》(南新堀一丁目)が尾州廻船住徳丸《すみとくまる》を所有する船主住田屋《すみだや》(内田)権三郎《ごんざぶろう》(尾張国知多郡内海《うつみ》東端。現、愛知県南知多町)に宛てて差し出した計算書(年代不明)を見ると、この時柴屋は豊後《ぶんご》速見《はやみ》郡の杵築《きつき》藩米四〇〇俵を住徳丸から搬出し、藩の江戸蔵屋敷へと納入するまでを差配した。柴屋は、杵築藩から「運賃」八両を受け取り、これから弁米《べんまい》(輸送途中に損なわれた米。問屋の手数料)、車力賃、小揚げ代、蔵入れ人足賃などの諸費用、合計四両三分二朱余を引き去り、残金三両一朱余を住田屋に支払っている。

瀬取宿　廻船問屋の指示を受けて、江戸湊(内川)や品川沖に出て、諸国廻船との間で荷物の積み下ろしを行うのが、瀬取船とも呼ばれる小型船(茶船)である。例えば、鉄砲洲《てっぽうず》船松町《ふなまつちょう》で瀬取宿を営む遠州屋長四郎《えんしゅうやちょうしろう》は、先に見た廻船問屋柴屋仁右衛門の指示を受けて、尾州廻船住徳丸の積荷を陸揚げしたが、そのときに遠州屋が受け取った代金の内訳を記す史料から次のようなことがわかる。

まず、品川沖に大茶船九艘を派遣して荷物を下ろし、別の五艘で江戸からの荷物を積み込んでいる。この他に上方への上り荷物を大茶船八艘で積んでいる。また、その後住徳丸が江戸湊まで進入したのか、そこで小茶船一艘と中船一艘による荷役作業も行われている。これらの料金(瀬取賃)は、当座は住田屋が遠州屋に支払うが、最終的に荷物を受託した武家あるいは商人に請求されることになろう。

近世後期に、東湊町《ひがしみなとちょう》組、鉄砲洲《てっぽうず》組、北新堀《きたしんぼり》組、大川端《おおかわばた》組、深川《ふかがわ》組の五組の瀬取宿の仲間が存在した。これらの瀬取宿の全体像はまだよくわかっていないが、組の名称から見て、いずれも江戸湊周辺に集中的に分布していたことが窺える。また、廻船問屋柴屋仁右衛門は、鉄砲洲組に所属する七軒の瀬取宿と関係を持ち、これらは「尾三勢《びさんせい》瀬取宿仲間」と呼ばれていた。つまり五組の中には、廻船問屋との取引先に応じた独自の仲間結合があったことがわかる。

こうした瀬取宿は「貸方茶船持《かしかたちゃぶねもち》」、「小前《こまえ》の貸船持《かしぶねもち》」、あるいはただ「貸方《かしかた》」とも呼ばれた。かれらは茶船を所有し、これを船乗りに賃貸して荷役作業に従事させ、その上前をはねることを稼業とした。こうして臨海部の荷役作業は、廻船問屋を頂点に、多くは貸方茶船持である瀬取宿、瀬取宿から茶船を借りて営業する船乗り、船乗りに雇用される水主《かこ》や日用《ひよう》、という重層的で複雑な構造のもとで行われたのである。

江戸河岸

江戸には、諸国廻船による海上ルートの江戸湊とは別に、内陸水面と江戸内海をめぐる舟運においてもターミナルが存在する。

江戸は、その南部、北部の近郊でいくつかの河川と近接し、また東部では、市中内部に河川を取り込んでいた。南側の多摩川、北部から東部に回り込むように流れる荒川・隅田川がこれである。また深川を経て、中川、さらに江戸川が江戸の東部近郊を流れる。そしてこれら河川は、いずれも江戸と内陸部諸地帯との間で物資が行き交う重要な舟運ルートを構成した。なかでも、深川を東西に貫通する小名木川は、中川番所(図5-3)で中川を越えて行徳《ぎょうとく》に至り、そこから江戸川につながる、というルートで、近世で最大規模に達した内陸水面舟運の大動脈であった。

図 5-3　中川番所(『江戸名所図会』)．中川を経て，小名木川を左に向かうと江戸に至る．

　この舟運ルートは、ほぼ一七世紀の中頃までに整備されたもので、江戸川を遡上して関宿《せきやど》・境《さかい》に至り、そこで利根川《とねがわ》水系と接続する。利根川水系は、その上流部の倉賀野《くらがの》あたりを起点とし、信濃や越後、上野《こうずけ》からの物資が運ばれ、中流域では、利根川に合流する鬼怒川《きぬがわ》・小貝川《こかいがわ》を経て、下野《しもつけ》や奥州からの荷物が運ばれるルートとなった。また、利根川の中下流域や霞ヶ浦《かすみがうら》・北浦《きたうら》などの湖沼を利用し、銚子《ちょうし》などを経て、常陸《ひたち》・下総《しもうさ》・上総《かずさ》などの物資が江戸へと大量に運送された。そして奥州の荷物も、那珂湊《なかみなと》から涸沼《ひぬま》、北浦を経て利根川水系に至り、江戸へと搬送された。これら利根川水系―江戸川―小名木川を基軸線とする舟運ルートを、江戸から見て「奥川筋《おくかわすじ》」と呼んでいる。

　そして、奥川筋一帯の河川や湖沼沿いには、河《か》岸《し》と呼ばれる小規模な湊とそれに付属する町が無数に営まれた。河岸は、その周辺域から運ばれるさまざまな物資の集散地となり、一方で、江戸や江戸を通じて上方などからやってくる多様な下り荷物を関東各地や奥州などへと供給する拠点であり、地域の流通センターとなったのである(図5-4)。

これら奥川筋の各河岸には、河岸問屋《かしどいや》や、高瀬船《たかせぶね》と呼ばれる中型の帆船を所持する船持たちがいた。高瀬船は河岸問屋や後で見る江戸の奥川筋船積問屋の差配により、多様かつ大量の荷を積んで、江戸との間を往復したのである。

また、江戸内海沿岸部分にも小さな湊が多数分布した。例えば、現在の千葉市域の沿岸部を見てみると、検見川《けみがわ》、寒川《さむがわ》、千葉、浜野、曽我野《そがの》、八幡《やわた》などの湊町を見いだすことができる。これらの湊町には、運送宿《うんそうやど》と呼ばれる舟運業者が存在し、安房《あわ》・上総や下総内陸部から搬出される年貢米や諸物資を江戸へと搬送する役割を担った。そして、運送宿や舟持らが所有する中型船である五大力船《ごだいりきせん》が、こうした物資の運送の大半を担った。このように江戸内海を用いて運送される五大力船などは、内水面を行き交う川舟と同様に扱われた。

一方で、これら高瀬船や五大力船を迎える江戸には、舟運のターミナル機能を担う場が堀や水路沿いに数多く存在した。これらを仮に「江戸河岸」と総称し、江戸湊と区別しておきたい。

図5-4　関東水流図(静嘉堂文庫蔵)

そこで以下、江戸河岸を機能させるいくつかの要素を見ておこう。

艀下宿　第一に重要なのは艀下宿《はしけやど》である。奥川筋から高瀬船や江戸内海の湊から五大力船によって運ばれてきた荷物は、江戸市中に入ると、海辺や隅田川沿いの問屋、あるいは浅草御蔵《あさくさおくら》や大名の蔵屋敷などには直接荷揚げされた。しかし、江戸市中の深部にまでのびる堀や水路にこれらの中型船は進入できず、このため、積荷は中川番

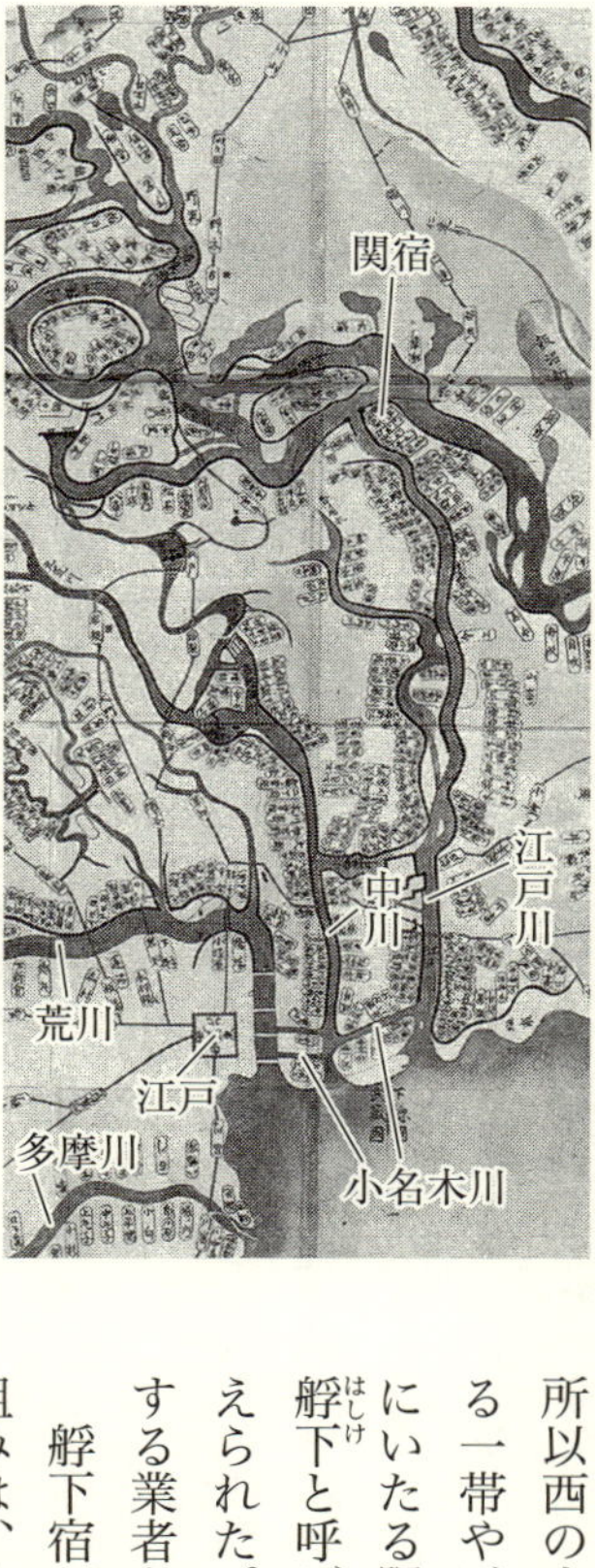

所以西の小名木川を中心とする一帯や、永代橋から両国橋にいたる隅田川河口部分で、艀下《はしけ》と呼ばれる小舟に積み替えられた。これら艀下を差配する業者を艀下宿と呼ぶ。

艀下宿が介在する荷役の仕組みは、先に見た瀬取宿とほぼ同質である。艀下宿は、みずから艀下船を所有しこれを船頭らに貸し付けるものも多く、また艀下船を所有する自立的な船持を傘下に従属させて、艀下業務を差配した。

この艀下宿は相互に競合する二つの集団を形成していた。一つは、日本橋中枢に展開する小網町付船《つけふね》仲間である。これは、小網町周辺の日本橋川界隈に分布する艀下宿の集団で、一七七〇年（明和七）には一七八人の構成員がいた。艀下の小舟は、中川番所付近の、奥川筋や江戸内海から江戸へと至る入り口部分に出かけ、高瀬船や五大力船が運ぶ荷を積み替えて、送り先に届けることを職分とした。

今ひとつは、両国橋御役船《おやくせん》艀下宿仲間と呼ばれる集団である。これは、両国橋の水防を役務として担うことで営業特権を付与された艀下宿集団であり、文政年間(一八一八〜三〇年)には七一人で構成された。その内訳は、深川海辺大工町に一四人、「役舟の者」二二人、他町住居で一八一四年(文化一一)に加入するものが二四人、その他一一人とあり、小網町付船仲間とは異なり、隅田川より東側の主として深川や本所界隈の水路沿いに分布していた。そして、この二つの艀下宿集団がその差配の下に編成する船頭や水主は多数に及んだのである。

奥川筋船積問屋

艀下宿とともに、江戸河岸の機能を支える今ひとつ重要な要素は奥川筋船積問屋である。奥川筋からやってくる高瀬船が江戸で積荷を下ろし空船となると、船頭は帰路、江戸からの荷を積んで地元の河岸へと運び、そこから荷主の元へ届けた。こうした帰り荷物の調達を差配するのが奥川筋船積問屋である。

一七八九年(寛政元)の史料によると、当時江戸市中には三七軒の奥川筋船積問屋が存在し、これらは日本橋川筋界隈を中心に分布した。そしてそれぞれ武蔵・下総・上野・下野・常陸などの河岸を得意場とし、そこへの送り荷の調達を独占した。こうした積荷としては、綿・木綿・塩・糠《ぬか》・干鰯《ほしか》・荒物・乾物干魚・小間物類などがあり、河岸を通じて、各地の商人に届けられた。船積問屋は、その運賃の一割を口銭《こうせん》として取得したのである。

2　江戸河岸の人びと

以上、全国に及ぶ流通網と関わる江戸のターミナル機能を、江戸湊と江戸河岸の二つの局面から捉えてみた。本節では、江戸河岸の具体的な様相を、神田川沿いの二つの河岸について見ておこう。次いで、奥川筋の舟運ルートによって周辺部から江戸へと大量に搬入される薪に注目し、その流通の実態に迫ってみたい。

三点の「受け取り」から

下総国千葉郡泉水村《せんずい》(現、千葉市中央区今井)は、江戸内海に面する小さな湊町である。ここで船宿を営んだ小河原家《おがわら》に残された古文書の中に、次に見るような受け取りが何点か含まれている。これらの受け取りは、現在でいえば日々取り交わされる領収書の類であり、大量に作成されるが、その多くは現用の書類としての「生命」はごく短く、すぐに破棄される「はかない」文書である。こうした文書を、「蜻蛉文書《かげろう》」ephemera などと呼んでいる(ロナルド・トビ氏の御教示による)。しかしこれらの蜻蛉文書は、社会の現場での取引や売買、あるいは支配の実態をリアルに伝えるかけがえのない史料なのである。そこで、小河原家文書中の受け取りから二、三取り上げてみよう。

a　送り状の覚

（割印）九月十四日着

一、米十三俵　下大和田村納め

同月同日

一、餅米一俵　同村

（割印）十月廿五日届け

一、米十四俵　下大和田村納め

右は、同村年貢米のうち、差しだし候分《そうろうぶん》、積み送られ候あいだ、書面の通り相違なく受け取り申し候、以上

文政十亥年十月廿五日　久保平左衛門内　石井左司馬（印）

泉水村舟宿　政右衛門殿

b　久保様分

覚

一、米十四俵
右の通り受け取り申し候、以上
い(亥)ノ十月廿五日
車や三右衛門(印)
泉水　政右衛門様

c
送り状の事
(割印)一、米十俵　車力　三右衛門殿
右は、下大和田村当丑年《うしどし》年貢米の内、納めの分も只今《ただいま》越し候あいだ、書面の通り、受け取り申し候、以上
丑十月八日
久保平左衛門内　石井左司馬(印)
泉水村　政右衛門殿

aとbはひとくくりの史料で、ともに文政一〇年(一八二七)一〇月に作成されたものである。

またcには年代が記載されていないが、差出人の名前から見て、a・b(図5-5)の二年後、

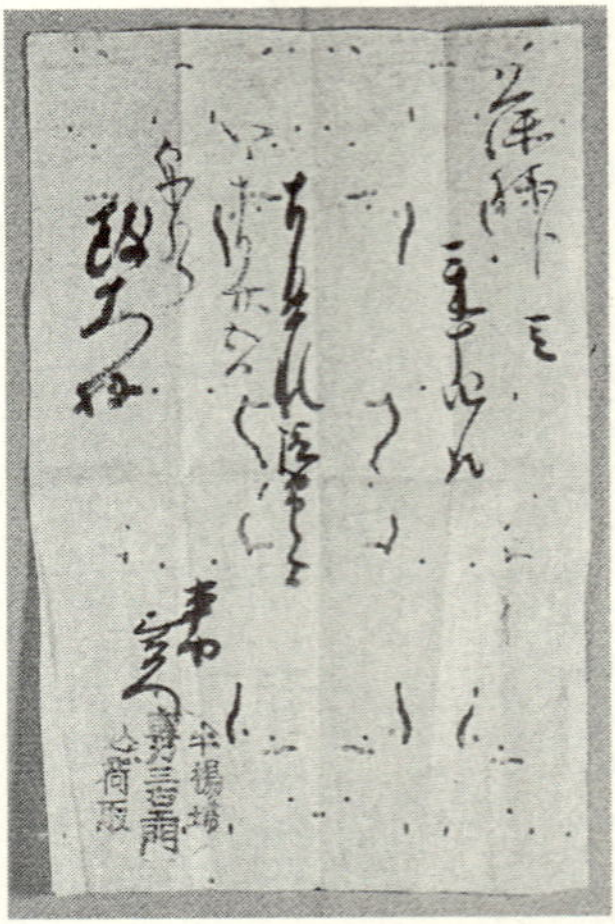

図5-5　史料bの受け取り．左下の印判に「牛込揚場 荷取 車力三右衛門」とある（千葉市史編纂室蔵）．

すなわち文政一二年のものと推定できる。

差出人である石井左司馬の主人である久保平左衛門は、知行高一一〇〇石の旗本で、その知行所は、近江滋賀郡・常陸茨城郡・上総山辺《やまべ》郡・同周淮《すえ》郡などに分散して与えられた。史料に見られる下大和田村《しもおおわだむら》（現、千葉市緑区下大和田町）は、右の上総山辺郡に相当し、一村全体（四八三・五九石）が丸ごと久保氏の知行所とされた。旗本久保氏の屋敷は、江戸牛込逢坂《うしごめおうさか》（現、新宿区南町）にあったが、下大和田村は久保氏にとってもっとも近くの、しかもまとまった知行所として最大の規模であった。

こうして、右の一連の受け取り類は、旗本久保氏が、江戸近隣の知行所である下大和田村から年貢米を送らせた時に作成されたものであり、これから、その運送ルートやこれに関わった人びとを知ることができる。

廻船宿小河
原政右衛門

　船宿の小河原政右衛門は、五大力船を所有し、上総や下総内陸部のさまざまな荷を江戸に運び、また全国からの商品を江戸から積み込んで、内陸部村々へと運送することを家業とした。こうした船宿を、「運送宿」と呼ぶ。史料のaは、文政一〇年分の下大和田村の年貢米のうち、九月一四日に米一三俵と餅米一俵、一〇月二五日には米一四俵を受領した受け取りを、旗本久保氏の役人石井が、泉水村の船宿小河原政右衛門宛てに発給したものである。bは右のうち一〇月二五日の年貢米一四俵を、車屋三右衛門が小河原政右衛門から受け取ったことを証明する。

　この文書に捺された三右衛門の印判を見ると（図５－５）、「牛込揚場　荷取　車力三右衛門」とあって、車屋（車力《しゃりき》）三右衛門は牛込揚場町《あげばちょう》（現、新宿区揚場町）の河岸で稼ぎをしていることがわかる。彼は後で見る筋違河岸《すじかいがし》に見られるような車力の親方に相当することになろう。

　またcは、二年後のものであるが、小河原政右衛門の舟が送ってきた下大和田村の年貢米を、車力三右衛門を通じて、江戸の久保屋敷が受け取ったことを示す。政右衛門の五大力船は大型で、江戸湾を航行して江戸に近づいても、神田川を遡航できないため、先に見たように、小網町付船仲間や両国橋御役船艀下宿仲間に所属する艀下宿の差配のもとで、神田川に入る手前で積荷を艀下船に積み替え、この艀下船が神田川を上ったのである。

以上から、旗本久保氏の知行所下大和田村からの年貢米の流れを整理すると、次のようになろう。

下大和田村（馬による陸送）→泉水村の船宿小河原政右衛門（五大力船による海上輸送）→江戸の艀下宿（艀下に積み替え）→牛込揚場町河岸（荷揚げ。車力による陸送）→牛込逢坂・久保屋敷

右の史料でポイントとなるのは、牛込揚場町である。ここは、神田川を遡航してきた艀下船が到達できる最終地点であり、町名にもあるように、規模の大きな揚場、すなわち河岸が存在した。

牛込揚場町

この牛込の揚場は、江戸川との合流地点にも近く、「山の手諸色《しょしき》運送の揚場」（『御府内備考』）、「山の手一円諸荷物水上運送場所」（市中取締書留）とあるように、牛込・小日向《こひなた》・小石川《こいしかわ》・市谷など、江戸城から見て郭外の北西部に分布する武家屋敷や町人地に、多様な物資を供給する、この地区で最大規模の河岸であった。

牛込揚場町は片側町で、惣間口は京間五七間弱（約一一二メートル）、道路を挟んで神田川沿いに河岸地が広がる（図5-6）。この河岸地はすべて揚場であり、中央部分を挟んで南北二ヶ所の「町方揚場」（図5-6の右側が間口九間五尺（約一九メートル）、同じく中央やや左側のものが一七間（約三三メートル））があり、これらは民間の河岸として利用された。中央の間口三〇間分（約五

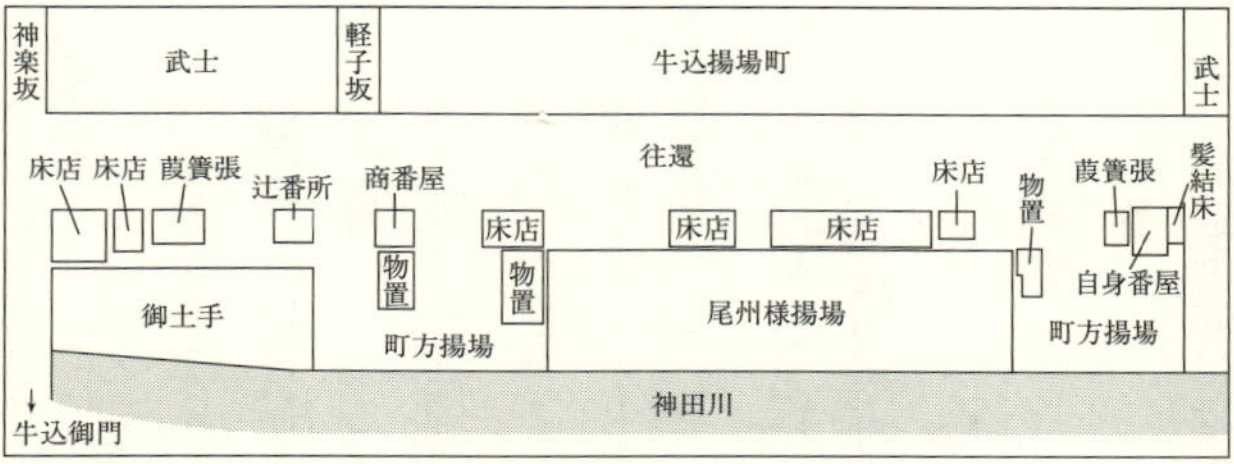

図 5-6　牛込揚場町と御堀端（「順立帳」1869 年〔明治 2〕より）

九メートル）は「尾州様揚場」であった。すなわちここは、近隣にある市谷門外の尾張徳川家上屋敷に物資を運ぶための揚場として設定され、特に尾張藩屋敷への薪炭供給の基地機能を果たした。

天保末年当時、尾張藩へ薪炭を運ぶことは、牛込揚場町に居住する炭薪仲買一一番組に属す五軒の薪屋が担った。これらの薪屋たちは、尾張藩揚場の半分を薪置き場として借用し、その対価として、年間の車力代五〇両を「冥加《みょうが》」として勤めていた。また揚場には二人の揚場見守人が置かれた。その一人は尾張藩屋敷に納入する土・瓦を置き、また今一人は薪屋で、それぞれ実際は自分の「売荷物」も置いていたとされる。つまり、揚場の管理を請け負いながら、その見返りに、揚場の用益権を事実上占有したということである。

以上から、牛込揚場町の河岸は、尾張藩の揚場部分を含めて、その大半は民間の利用に供されていたことになろう。そして、先に見た車屋三右衛門は、こうした揚場の用益状況の下で、艀下船から荷揚げされた物資の運送を担ったのである。

次に、神田川が隅田川に合流する地点から一・七キロメートルほど遡った地点にある筋違河岸《すじかいがし》(大河岸)を取り上げ、牛込揚場町で垣間見た河岸の車屋(車力)について、その具体的な姿を見ておきたい。

筋違河岸

筋違橋は今は存在しないが、現在の千代田区神田淡路町二丁目から神田川を越えて対岸の外神田一丁目へと渡る橋で、昌平橋《しょうへいばし》と万世橋《まんせいばし》(一八七三年(明治六)架橋)のほぼ中間に位置していた。その神田側に筋違御門《すじかいごもん》があり、橋の周辺には両岸とも広大な火除地《ひよけち》が設置された。一八七二年に筋違御門が解体されると、翌年に筋違橋も撤去された。ここは当時、神田と外神田に物資を運ぶ重要なポイントであり、橋の北側、外神田側に江戸でも有数の大きな河岸が存在し、筋違河岸と呼ばれた(図5-7)。

一八五一年(嘉永四)八月、江戸の筋違橋の近くで、車力たちが大喧嘩をくりひろげる事件が発生した。『藤岡屋日記』(三一書房刊、全一五巻)という史料に、この時の喧嘩の様子が記されている。少し長くなるが、筋違河岸の様子を知るうえでたいへん興味深い内容なので、全文を現代語訳で紹介してみよう。

筋違河岸には車力親方の株が一八軒あった。親方の一人、塩車長兵衛《しおぐるまちょうべえ》の仕手方車力《してかたしゃりき》(大《だい》

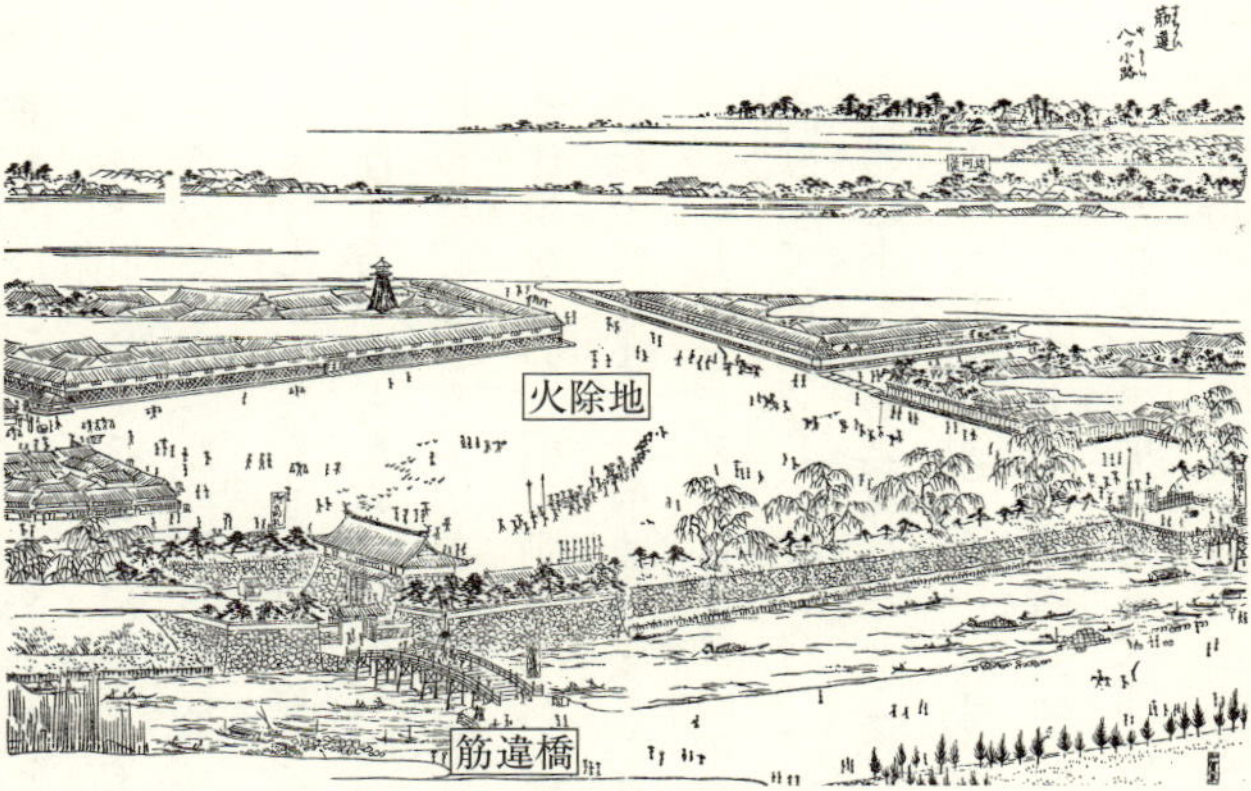

図 5-7　筋違御門付近．筋違橋の手前（北側）両側に河岸が広がる（『江戸名所図会』）．

八車《はちぐるま》を引く労働者）に常《つね》という者がいた。常はこの年の春頃から怠けだしてろくに働かず、筋違河岸の外で仕事をすると言いだし、親方塩車の部屋を出て、山の手などで仕事をしていた。最近、また筋違河岸をぶらつき、神田《かんだ》旅籠町《はたごちょう》二丁目の親方土《つち》屋《や》小左衛門《しょうざえもん》のところで臨時に使われていたところ、これを見《み》咎《とが》めた塩車が小左衛門に「うちで不始末をしでかした者を使うな」と抗議してやめさせた。

八月一日、せっぱ詰まった常は大河岸に出かけ、長兵衛に事情を訴え取りなしてもらおうとしたが不在だったので、辺りにいた仕手方の仲間に、「おれは何の不義理もしていないのに、ここでの仕事を止められてしまった。これではあんまりだ」と愚痴を言う。たまたまそこに居合わせた親方勘兵衛《かんべえ》の倅《せがれ》・春《はる》がこれを聞いて口を挟み、「おまえはおしん(殿《しんがり》として大八車を後ろで押す役か)の癖に、戯《ふざ》けた事を言うと川へぶち込むぞ」と吐き捨てるように言ったところ、常も腹を立て「いらんことを言う。貴様に話しているのではないわ」と応ずる。これから口論になり、春は常をさんざんにぶちのめし、常もくやしがって石を投げつけるなどで、大騒ぎとなる。

仕手方車力と親方の悴の喧嘩なので、常にあやまらせておけば、この一件は済んだはずだった。ところが、春の親父勘兵衛と、常の以前の親方塩車長兵衛は、常日頃、筋違河岸で仕事を争い、相手側の出入り先を、車力賃を値下げして奪うなど対立していたので、騒ぎはそのままでは収まらず、かえって大きくなってしまった。

こうしたところ、神田仲町《なかちょう》の平吉と重次郎が仲裁に入り、双方で和解させ「明日二日に、高砂屋《たかさごや》で仲直りし、笑い合って終わろう」と準備しておいた。翌日、長兵衛が勘兵衛のところに来てこの話をしたところ、勘兵衛は「それには及ばない。相手(常)は雲助《くもすけ》同様のやつだ。われわれ親方が、仕手方などと盃《さかずき》を交わしては世間体もよくない。行く必要はない」と言うので、長兵衛も帰ってしまう。

一方仲裁者の平吉と重次郎は、二日の朝から勘兵衛と長兵衛の二人が、今は来るかと一日中待っていたところ、二人ともやって来ないので腹を立て、「われわれが仲裁者として行き届かなかったのだろうが、顔くらい見せてもいいだろう。二日間もこの件で時間を費やし、仲直りのために奔走したのに、まったくこのことを顧みず、自分の仕事をしているとは奇っ怪である。もはや堪忍袋の緒が切れた。しかし、相手の家に押しかけては、こちらに利があるのに傷がつく。連中が河岸で家業をしているところで、二人とも打ち殺してしまえ」と勇み立つ。

三日の朝、喧嘩の当事者である親方四人(勘兵衛・長兵衛と平吉・重次郎)を除き、車屋仲間の残り一四人の親方たちは、自分たちとは関係ないことだと、知らん顔を決め込むわけにもゆかず、大勢で勘兵衛と長兵衛のところにでかける。そして「われわれが仲裁人となり双方の和談をはかりたいので、今日一日は仕事を休んでくれ」と双方に申し入れる。ところが、「今日の仕事は御屋敷仕事であって、単なる仕事ではない」などといってなかなか承知しない。そこで「先方の御屋敷に掛け合い、昼まで休めないか」と話すがこれも聞き入れない。さらに「朝五つ時(午前八時頃)まで休むというのではどうか」と説得するが、耳を貸そうとしないので、親方たちはあきれて手を引いてしまう。こうしたなかで、親方の一人平吉は、勘兵衛と長兵衛のこうした対応に激しく憤る。

四日、平吉は仕手方の者に「おれが一人、解死人《げしにん》(下手人。殺人の犯人)となるから、相手を残らず打ち殺してしまえ。しかし、家を襲撃するのは差し障りがあるので、河岸で連中が車を引き出そうとするところに押しかけ、打ち殺せ」と指示し、手子(梃子)棒や得物《えもの》(武器)をひっさげて、勘兵衛と長兵衛がいつ来るかと河岸で待ちかまえる。

勘兵衛は、悪知恵の働く男で、こうした動きに気づき、河岸に出ないでいたが、長兵衛はうかうかと河岸へ行って仕事の指図をし、米俵を積んだ大八車をまさに引きだそうとしたところに、平吉とその仕手方の者たちが一斉に手子棒を振り回して襲いかかり、双方入り乱れての大喧嘩となる。

河岸と車力

右の喧嘩を記録した『藤岡屋日記』は、外神田《そとかんだ》の書肆《しょし》藤岡屋由蔵《よしぞう》が記したもので、天保年間から幕末期にかけて、江戸や当時の社会情勢に関する知見、うわさ話、瓦版《かわらばん》の記事、寄席での噺《はなし》など、さまざまな情報を評論ぬきに詳細に記す厖大な記録である。そこには、他の史料からはなかなか得られない、江戸の都市社会の情報で満ちあふれている。右の大喧嘩の記事もその一つである。藤岡屋がいったいどのようにこの情報を得たかはよくわからないし、どこまでが事実に基づいているのかも検証する必要がある。しかし、とりあえずこの記事から、筋違河岸をめぐる社会の様相を以下のように読み取ることは許されるだろう。

筋違河岸には、車力の親方株を持つ者が一八人存在した。その親方は「車屋」と総称され、塩車・大車・土屋などといった屋号を持ち、河岸の近隣に店を構えた。こうした車屋は、河岸に到着する船荷を大八車に積んで、これを隣接する内陸部の武家屋敷（御屋敷仕事）や問屋・商人ら（仕事）の届け先に運送することを稼業とした。そして、筋違河岸の一八軒の車屋は、客を争奪するなど相互に競合しながらも、共同組織である車屋仲間を結成していた。

河岸には、親方とは別に、仕手方と呼ばれる車力の労働者が多数存在した。彼らは、親方の店の「部屋」に集団で住み込み、あるいは、流動的な日用《ひよう》となって、車屋に臨時で雇用されたりした。その業務は、車屋の差配の下で大八車の荷を運搬することであった。これには、大八車を操作する部位や位置によって、先頭（棒鼻）や殿《しんがり》などの差異があったと見られる。右の史料で興味深いのは、こうした仕手方が親方とは別に独自の仲間を結成していることである。また筋違河岸には、車力以外に、荷揚げに従事する軽子《かるこ》、小揚《こあ》げ人足など多数存在したことが確実であるが、その実態や車屋との関係などはまだよくわかっていない。

以上見てきたように、牛込揚場や筋違河岸を中心とする地域は、江戸市中の奥深くに至る神田川に沿う一つの湊町である。そこは、江戸の北西部から北部にかけての地帯へと物資を供給するセンターとして、神田川を遡航する艀下による舟運の拠点の一つであり、舟で運ばれた物資を荷揚げし、これを近隣の各所に運送する車屋・車力が多く屯《たむろ》していたのである。そして牛込揚場町や筋違河岸のような湊町は、江戸の中で決して特別な場所ではなく、こうした河岸とその周辺の社会は、江戸市中に数多く分布したのである。

3　薪――奥川筋から江戸へ

前節で牛込揚場における薪屋の存在を垣間見たが、以下では、この薪という品目に注目し、近世後期、江戸とその周辺社会を結ぶ、薪をめぐる社会関係を見てゆくことにしたい。

現在の市民生活において、電気やガス、ガソリン・灯油などはなくてはならないエネルギー源であり、また原子力が果たして有用なエネルギー源たりうるのかが根本的に問われている。依然としてそれらの中心に位置する石炭・石油・天然ガスなどの化石燃料が、海外から日本へと大量に輸入され消費される以前、ほぼ唯一の燃料エネルギー源は薪や木炭などの木材であった。日本において、高度経済成長期におけるいわゆるエネルギー革命の前は、都市部においても薪や炭の利用はまだごくふつうに見られたのである。

ここでは、まず幕末期の薪流通の概況を炭を含めて少し見たうえで、江戸と下総内陸部をめぐる薪流通の有り様を検討してみたい。

幕末期の薪炭需要

一八六三年(文久《ぶんきゅう》三)一一月から一二月にかけて、江戸の町奉行所では開国後に鰻登りに上昇する物価をどう統制するか、その対策をめぐりさまざまな評議を行っている。これより先、一八六〇年(万延《まんえん》元)一一月、当時の北町奉行石谷因幡守穆清《いしがやいなばのかみあつきよ》は、奉行所に江戸市中の諸問屋仲間の代表(行事)を各組一人と「重立ち」の者を二〜三人ずつを呼び出し「諭書《さとしがき》」を読み上げた。その内容は、次のようなものである。

　近頃諸物価が上昇し、多くの者が困っていると聞く。凶作が続き、また外国貿易などで払底《ふってい》したりで、商品が値上がりしているが、何の理由もなく相場を異常に引き上げたりすることはもってのほかである。おまえたちは将軍様のお膝元に安住し、商売を永続できていることをご恩恵として振り返り、正路・実直に商売し、商品の価格を大きく引き下げるようにせよ。そのためにも物資を江戸市中へ潤沢に供給し、そうすることでおのずと値段を引き下げ、一同が安心して暮らせるようにせよ。

この「諭書」は、名主《なぬし》を通じて広く江戸市中全体に伝えられた。このあと町奉行所は品目ごとに現状を調査し、それぞれの価格引き下げ策を検討してゆく。そうした一環として、一八六三年一一月に至り、「諸色《しょしき》」のなかでも、特に薪炭の価格引き下げを先行して実行させる案についての評議が行われた。薪炭の問題を所轄するのは、南町奉行佐々木《ささき》信濃守《しなののかみ》顕発であった。この時、諸色掛与力《しょしきがかりよりき》から諸色掛名主に命じて、薪炭流通と価格の現状が調査され、報告書が提出される。そして、一二月に入り、対策案を作成し、合役の北町奉行阿部越前守《あべえちぜんのかみ》正外に意見を求めたうえで、調査結果の報告書類を添えて、老中板倉周防守勝静《いたくらすおうのかみかつきよ》に「伺書」を提出している。

その中で、南町奉行佐々木は、江戸炭薪問屋行事への申渡案を記しているが、その内容は炭の価格を二五パーセント、薪を二〇パーセントという大幅な引き下げを命ずるものである。これについては町奉行自身が「厳法」(厳しい命令)と見ている。結局この案は実施に至らず、御普請役などの幕府役人が産地を回って、江戸への出荷量を不足のないように励行させる、ということで落ち着いたようである。

海手薪・奥川薪

この薪炭価格引き下げ策の検討にあたって、一八六一年(文久元)以降に作成された何点かの調書は、この時期の薪炭流通の概要を知るうえで恰好の素材となる。特に、一八六一年三月に江戸の川辺《かわべ》竹木炭薪問屋行事が作成した報告書が重要である。報告書は三通あり、それぞれ「川辺炭」(熊野など紀州炭以外の近隣諸国から送られる炭)、「海手薪《うみてまき》」、

「奥川薪《おくかわまき》」について、それぞれ別の炭薪問屋行事が作成している。これによると、まず江戸へ薪炭を供給する地帯（山方）は以下の国々とされている。

川辺炭――武蔵《むさし》・伊豆《いず》・相模《さがみ》・駿河《するが》・甲斐《かい》・遠江《とおとうみ》・常陸《ひたち》・上野《こうずけ》・下野《しもつけ》・上総《かずさ》・下総《しもうさ》・安房《あわ》

薪――「海手薪」武蔵・伊豆・相模・上総・下総・安房

　　「奥川薪」武蔵・下総・常陸・上野・下野

駿河・甲斐・遠江の三国は炭のみであるが、ほかの九国――これらは関八州《かんはっしゅう》と伊豆――は薪炭ともに江戸へと送出していることになる。このうち薪については、搬送する舟運ルートによって海手薪・奥川薪に区分されている。武蔵・下総は海手・奥川両方に見える。武蔵に属す荒川流域は奥川筋であるが、多摩川流域は、河口の羽田や八幡塚《はちまんづか》を経由して江戸に至る海手ルートになっている。また下総は、利根川流域や印旛《いんば》沼《ぬま》界隈は奥川ルートであるが、南部の市川・船橋から千葉に至る地帯では、内陸部から江戸内湾沿いの港湾から送出され江戸へと運ぶ海手ルートが用いられる。さらに、伊豆・相模・上総・安房は海手のみ、また常陸・上野・下野は奥川とされている。

炭薪の販売量

以上を前提に、江戸での炭薪販売量について見てみよう。「諸色《しょしき》直《ね》段《だん》引下《ひきさげ》」に記される数値は、江戸の川辺竹木炭薪問屋が扱う江戸への年間入津量である。数値は

「五ヶ年平均」(一八五五〜五九年(安政二〜六)か)値と、一八六〇年(万延元)の量が比較されている。この数値には、幕府炭会所が直接調達する分や、大名・旗本が領地・知行所から調達し、あるいは問屋を介さず産地から直接購入する分(直買)は含まれていない。つまり、江戸城や大名・旗本屋敷などの武家需要は除外され、町方の需要に応ずる炭薪問屋の供給分のみがここに示されている。

これによると、川辺炭、すなわち奥川筋から送られる炭は「五ヶ年平均」で年二三八万俵余、薪は、海手薪が同じく雑木二七八万束余、堅木三二五・五万束、松木五一七・九万束となっている。また奥川薪は、一八五四年(嘉永七)のデータで、束類が九五〇・二万束余、「才類」が七八〇・五万本余とある。全体としては奥川薪が海手薪の二倍程度に達していることが窺える。これらが町方の年間の薪炭需要を賄ったことになるが、熱エネルギーとして、どの程度の需要を賄えたか未検討である。しかしいずれにしても厖大な量であることは間違いない。

これらの数値で「束」とあるのは、山方で「切賦《きりわけ》」(薪割り)された薪の束(束物)のことである。一束は「二尺四寸結束」、「槙尺一尺八寸」など円周でもって規格化され、木の種別(松・樫《かし》・雑木など)や太さ(五本結、八本結など)、また産地によって等級が付けられ、品質に応じて価格が設定される。また「才類」とあるのは、山方では「切賦」せず、枝打ちした丸太のまま送出される薪の材料と思われる。こうした「才類」は奥川薪にのみ見られ、海手薪は束物のみであることも注目される。これらは、江戸市中において丸太のまま販売され、末端の炭屋や消費者において薪割りに供されるのであろう。

ところで、川辺竹木炭薪問屋のうち、炭、海手薪、奥川薪をそれぞれ主に扱う問屋の数を見ると、一八五四〜六一年(嘉永七〜文久元)の七年間で、取扱量を大きく減らすなか、奥川薪問屋が四割減る一方、海手薪を扱う問屋は二割、また炭を扱う問屋も一割以上増えていることがわかる。

その背景として、一つには「近来山方が追々伐りつくし、深い山から伐り出すようになったので、業者の出費が嵩《かさ》んでいる」(「諸色直段引下」)とされ、江戸周辺域のみでなく、関東周辺の山々・森林の深くまで伐採が進むなかで、薪炭の供給が枯渇しつつある状況があるのではないか。

二つ目として、幕末期の「運賃・艀下」(船賃や江戸での艀下賃)が高騰したことがあげられる。一八五二〜六三年(嘉永五〜文久三)にかけて、「運賃・艀下」は「海手」で一・三〜二倍、「奥川」では一・五〜四倍近く、となっている。これと船の規模による一艘あたりの積載量の差などから、海手ルートで江戸に運ばれる薪の量がその比重を高めつつあったのではないだろうか。

こうして江戸に大量に送られる薪のなかで、奥川薪を扱う荷主の事例として、印旛《いんば》郡竜腹寺村《りゅうふくじ》(現、千葉県印西市)の海老原家《えびはら》を取り上げてみよう。

薪荷主・海老原家

竜腹寺村は一八世紀初期に佐倉藩《さくら》(稲葉氏《いなば》)領となり、一七二三(享保八)年に稲葉氏が山城国淀《よど》(京都府京都市)へと転封されたのち(一〇・二万石)も引き続き下総に残された稲葉氏の領地の一部を構成した。これを淀藩下総分領と呼ぶ。海老原家は、特に文政・天保期(一八一八〜四四年)に急成長し、幕末期にかけて淀藩下総分領の中でも有数の豪農とみなされることになる

まず幕末期の海老原家当主長彦が記した「海老原善兵衛代々記録」から、薪荷主としての海老原家の活動を窺わせる記事があるので、現代語訳で見ておきたい。

- 一八二一年(文政四)一一月　荷主商売の始めである。このときに薪を買い始めたところ、暮れまでに思いのほかたくさん買い取ることができ、九万束余りも仕入れた。最初の年としては上出来で、めでたく年を越した。
- 一八二二年(文政五)二月　二月二〇日から薪荷物を船積みし始める。この春は、平年より川筋通りの水量が途切れず、このために船を二、三艘、あるいは四、五艘と、先番・後

番の順にして積み込んだ。船賃は、一〇〇〇束あたり上薪一両三分で積み始め、その後は一両一分二朱くらいに下る。下物は、同じく一両くらいに値下がりする。こうして田植え前には大方を積み終わり、残りの分を六、七艘に一度に積み込んだ。最初の年の商売としては上首尾である。それから田植え後になり、さらに積み送り、六月七日までには残らず積み立てた……。

●同年六月末　この年は、利根川そのほかの沼や川辺が春から水行がとてもよく、高瀬船の運航がスムーズで、薪を新たに仕入れた初年の荷物は残らずめでたく売り切った。船賃も一〇〇俵目(米に換算してか)につき三分から二分二朱まで下落し、一〇〇〇束につき一両二分から一両くらいに下がった……。

●一八二三年(文政六)六月　一五日から二一日まで雨が降り続き、風向が丑寅《うしとら》(北東)から辰巳《たつみ》(南東)となる。このため利根川筋や沼々が満水となり、諸々の河岸場では薪荷主が預かるたくさんの荷が流されて、多大の損害を出した。

●一八二五年(文政八)　この春は、水廻りがよく、利根川通り通船は特によかった。このため、買い入れておいた大小の薪を四七艘の船で滞りなく江戸の問屋へ積み送った。船賃は安く、「俵目」三分くらい。

●同年　薪商売について年末に決算したところ、九〇両余りの徳分が残った。
●一八二六年(文政九)　去年の暮れから薪商売がたいへん繁昌し、薪木を二五万束余り仕入れたところ、四月上旬から少し水量が増え、出荷を始め、引き続き水廻りがよいので、「弐番水」は五月上旬に、「三番水」は六月上旬にと、六月中に残さず利根川や沼辺りの薪を積み送った。
●一八二七年(文政一〇)八月　川通りが六月以降渇水のため船の運行が一切できない。しかし自分は、いつもより多くの荷物を六月の日照りになる前にすべて送り出した。
●同年　この年の春から仕入れた薪高は二五万束余りである。今年は亥年で四二歳の年にあたるのに、多量の荷物を仕入れ、ことのほか心労であったが、四月上旬から川通りの通船がよろしく、安全に九五艘を積み送り、一艘の難船もなく江戸に送り届けた。代金の決済(仕切)も一一月二五日までに終え極めて首尾よく年を越せた。利益(浮金)も九四両二分となる。

以上の記述から、新興の薪荷主・海老原家の経営は、次のような特徴をもつことが窺える。まず、海老原家が薪荷主経営を始めるのは、一八二一年(文政四)のことである。この間、薪荷物の仕入れは適宜行われ、取扱い量は当初の九万束から数年後には二五万束へと急増している。海老原家のある竜腹寺村は内陸部にあるが、近隣の竹袋《たけふくろ》村木下《きおろし》河岸に出店を置き、ここに奉公人を置いていた。この出店は、薪荷主海老原家の河岸沿いの売場ではないか。仕入れた大量の薪はここに蓄蔵され、利根川など川筋の水量や船賃価格、江戸での薪相場を見ながら、春から六月頃にかけて、高瀬船によって一気に江戸へと積み出される。

海老原家では文政期後半に年間九〇両を超える利益をあげているが、こうした江戸向けの薪を扱う薪荷主としての経営の成功こそ、海老原家が豪農へと飛躍を遂げる原動力となったのである。

山稼仲間

さて海老原家のような薪荷主たちは、地元において広範囲に及ぶ仲間を結成した。一八四一年(天保一二)五月に、淀藩下総分領の薪荷主惣代六名は、同藩の大森役所代官にあてて一通の願書を提出している。この惣代には竜腹寺村の海老原善兵衛も含まれている。

これより先、淀藩は下総分領の薪荷主に対し、江戸上屋敷(駿河台・富士見坂下。千代田区神田小川町付近)へ毎年「西川槙《にしかわまき》」八〇〇〇束を買上代金五五両余りで調達し運送することを命じた。これを受けた惣代六名は荷主仲間全体と相談し、この御用を引き受ける見返りに、仲間取締りのために薪荷主に対して藩が鑑札を交付するように要求することにした。出願の内容は次のようなものである。

御領分の印旛郡・埴生《はぶ》郡・香取《かとり》郡村々の中で、農業のあいまに薪荷主を営む私たちが申し上げます。前々から私たちは農業の合間に「山方《やまかた》」の渡世をする仲間として人数を決め、竹木を江戸へと運送する商売をしております。ところが、山を買い入れて薪を伐採し、さらに河岸まで出すという過程でいろいろ行き違いがあり、御役所に御苦労をかけ、村々の間でもごたごたしてとても困っています。そこで一同で相談し、今後混乱が再発しないように、荷主仲間の人数を改めて限定し、各郡二名ずつ代表として年番行事取締を置くことにしました。そこで、私たち山方荷主仲間の構成員に鑑札を交付していただきたく、お許しいただければ、商売の収益から毎年冥加金を五両ずつ上納します。この件について、薪割・馬持・舟持渡世の者たちにも話したところ、問題はないとのことです。

このときに「三郡山稼《やまかせぎ》仲間」として提出されたリストには三四名が見える(表5-1)。彼らの居村である一七ヶ村は、利根川・印旛沼・長沼沿いか、その近隣にある。当時の淀藩分領は

表 5-1　淀藩下総分領における三郡山稼仲間の構成

郡名	村名	名　前
印旛 16 人	大森	弥右衛門(組頭)，与左衛門(組頭)
	竹袋	勇治郎，半兵衛，市平，作兵衛，孫七，五兵衛，勘十郎，久左衛門
	平岡	勝右衛門
	小林	三右衛門(世話役)，太左衛門
	竜腹寺	海老原善兵衛(名主)，五十嵐要蔵(世話役)
	中根	紋右衛門(名主)
埴生 13 人	安食	伊兵衛(組頭)，藤右衛門(組頭)，吉兵衛，吉左衛門
	酒直	五左衛門，新五右衛門
	竜角寺	三右衛門
	麻生	源左衛門
	須賀	定七
	長沼	源右衛門
	北羽鳥	太左衛門(名主)，庄兵衛
	磯部	治右衛門
香取 5 人	名小屋	利兵衛，伊右衛門，源兵衛
	高倉	庄左衛門
	滑川	喜兵衛

この一帯に集中し、印旛郡には一七ヶ村、埴生郡一四ヶ村、香取郡一一ヶ村であり、その四割の村々に薪荷主が存在することになる。

この出願は認可され、同年一二月に、「三郡山稼仲間」の議定証文が作成されることになる。議定は二三条に及ぶが、そこでの取決めの内容を以下見てみよう。

山稼仲間の取決め

第一は、三郡山稼仲間としての利益を共同で維持し保障しようとする点である。この仲間の構成員は、鑑札を交付された三四名にとりあえず限定され、増減に際しては仲間全体の合意を経て、領主に出願することにしている。仲間は年番行事によって運営され、春と秋に「惣立《そうたち》会《あい》」すなわち会合を開き、相場をたて、積荷を記載する積立帳をチェックするほか、さまざまな問題を協議する。

第二は、仕入れ、製品加工、流通などに関する規定である。まず仕入れの最初の段階は「山《やま》入《いり》」である。薪荷主の多くは、同時に近隣の「山」(立木《たちき》)の伐採権を購入し、自ら薪や炭の材料である木材を伐採した。また今一つは、伐木の購入による仕入れである。次の段階は「山河《やまが》岸《し》仕入」である。議定の前文には、山稼ぎの経営の局面として、「山河岸仕入向、ならびに切《きり》賦《わけ》、運送積立」とある。

山河岸とは、送り先の江戸の河岸に対して、産地である山方の河岸を意味すると見られる。薪荷主は自身で伐採し、あるいは購入して得た薪材を居所か近隣の河岸に、大量に運んだ。これらの薪材を蓄えうる場を山河岸と呼んだのではないだろうか。この議定では、「山河岸・道筋通り」における荷物の紛失を防ぎ、山河岸世話人を置いてきちんと管理することを謳っている。これからは、共同で利用する山河岸の存在も想定できる。

「切賦」とは、薪木用の木材を一定規格の薪に整える薪割りの作業のことである。先にあげた史料にあるように、馬持や舟持とともに、薪荷主の外にあって独自の工程に従事する専業の集団（薪割人足）を形成していたことが窺える。議定では、「薪切りわけの駄賃」について「郷風《ごうふう》」によって取り決め、荷主ごとに勝手に薪割賃銀を決めるな、としている。また薪の寸法として一尺八寸を基準とするなど規格と品質の統一をはかっている。

今一つの運送・積立とは、薪木を陸送する馬持や、山河岸から江戸向けに船積みし搬送する流通面に関する問題である。特に積立については、江戸をはじめ上利根川・下利根川から常陸の西浦・北浦、また印旛沼などにおける船賃の相場に準じ、相互に抜け駆けしないことや、積荷の不足が生じないよう、船賃一両につき銀五分（〇・八三パーセント余りに相当）を「舟方取締料」として舟持に支払わせることにしている。これは一種の損害保険料ということができる。

第三は、三郡山稼仲間が「佐倉組」に加入するということである。佐倉組については未詳であるが、印旛郡の佐倉藩領村々を中心に組織された薪荷主の仲間ではないだろうか。御用や冥加金上納を対価とする山稼営業権の有り様、竹木の相場など、佐倉組に準拠し、また佐倉組が取引をめぐる訴訟にまき込まれた場合には、余荷《よない》（支援金）を送るなどしている。

このように見てくると、下総三郡の淀藩分領で結成された三郡山稼仲間は、藩によって公認された在郷の株仲間であるということができる。この三郡山稼仲間が公認され、議定が結ばれた一八四一年(天保一二)一二月は、ちょうど天保改革が本格化し、同年末から翌年春にかけて、改革の一つの目玉である株仲間解散令が実施される時期と重なる。当時の幕府は物価高騰の第一の原因を、流通を独占する三都や諸都市の株仲間にあると見ていたが、淀藩下総分領では、在郷薪荷主の株仲間を新たに認可するという逆の方向を、ほぼ同時期に取っていたことが興味深い。

右で見たような薪の産地=山方における海老原家のような薪荷主は、少なくとも奥川薪については、下総全域にほぼ、万遍《まんべん》なく分布したものと思われる。これらの薪荷主たちは、淀藩下総分領の場合で見たように、とりあえずは所領支配の枠組みで仲間を結成したが、より広い範囲で、郡などを単位とするネットワークを形づくっていたのである。

4　江戸の薪炭問屋

次に、奥川薪を主に扱う江戸の薪炭問屋について、その具体的な姿を少し見ておこう。

本所松井町二丁目・山田屋八治郎

一八〇二年(享和二)二月、本所松井町二丁目(東京都墨田区)直七店の三番組薪問屋山田屋八治郎は、中沢村(千葉県鎌ケ谷市)の薪荷主八郎右衛門らを

相手に、発注した松薪の納入をめぐり、領主である本多家(駿河田中藩)の下総分領を管轄下に置く船戸《ふなと》代官所(千葉県柏市)に訴訟を起こしている。この争論はすぐ示談となり、訴訟側、相手側の合意内容を文書に記した「済口証文《すみくちしょうもん》」が代官所に提出されている。

この一件では、山田屋は当初、松薪一万四三七四束分の購入代金の前金として一〇三両と銭九〇〇文を八郎右衛門に渡し、八郎右衛門からは松薪五四五四束が送られ、代金を相場で計算し、これを前金から差し引いている。しかし残りの薪八九二〇束の送付が滞ったため、これを不当とした山田屋が出訴したが、荷主の八郎右衛門側が前金残高を全額返済することで合意している。山田屋がある本所松井町二丁目は、本所竪川の一つ目、隅田川に合流する部分近くの南側にあたる。

深川下大島町・越後屋藤兵衛

一八二二〜二四年(文政五〜七)に、淀藩下総分領に属した下総印旛郡竹袋《たけふくろ》村(千葉県印西市)の船頭惣七と大森村六軒新田(同前)の薪荷主八郎兵衛との間で起こった争論に関する史料で、江戸深川下大島町(東京都江東区)の炭薪問屋越後屋藤兵衛が見える。この争論は、地域の豪農商でもある薪荷主八郎兵衛が船頭惣七に委託して薪荷物を越後屋へと送出し、その代金(仕切金)の授受をめぐって不正があったかどうかで争われたものである。

越後屋は、下大島町に店を構える川辺四四番組薪炭問屋であり、一八六〇年(万延元)に神沢屋健次郎という者へ問屋株を譲ったことがわかる。上・下の大島町は、中川番所からほど近く、小名木川北側に連なり、奥川筋から利根川―江戸川舟運によって江戸に進入する入口部分にあたる。一八五一年(嘉永四)当時、ここには炭薪問屋一三軒、炭薪仲買一八軒が集中しており、ここが、奥川の炭薪が集積する一大センターであったことが窺える。

本所緑町一丁目・藁屋八五郎

下総香取郡滑川《なめかわ》村(千葉県成田市)の青柳《あおやぎ》家はこの地域有数の薪荷主であり、滑川河岸を拠点に江戸へ多量の薪を送出していた。青柳家に残された一八六一年(文久元)一一月の「薪荷物仕切帳」という横帳(半紙を横折りにして綴じた帳面)によると、江戸の本所緑町一丁目(東京都墨田区)の藁屋《わらや》八五郎《はちごろう》(藁八)との取引のようすが窺える。本所緑町は、竪川の二つ目橋東近く北側にある。

この仕切帳によると、一八六一年(文久元)五月頃から九月初めにかけて、青柳家が藁屋へと送った薪について、送出した期日、河岸問屋、船などについて記し、それぞれの勘定を計算して、代金の最終決済の内容をまとめている。藁屋八五郎は、川辺二二番組炭薪問屋の一員であり、一八五八年(安政五)に薪炭の問屋株を取得したばかりだった。

仕切帳の内容からは、以下のようなことがわかる。①薪荷主の青柳家は、滑川河岸の二軒の問屋（善太郎と久兵衛）に依頼して、それぞれ舟持に積荷を委託して藁屋あてに薪荷を送っている。②薪荷の品目は、薪割された束もの（五本〆、六本〆、八本〆など）と、薪材のままの分（三・四本才）とに大きく分けられる。一回ごとの薪荷の量はそれほど多くなく、小口の取引といえよう。③薪荷の代金からは、船賃・駄分・入分・口銭などが差し引かれている。駄分・入分とは積荷の手間代かと思われるが、比較的少額であり、船賃と、藁屋の収入となる問屋口銭が主な控除分となっている。つまり藁屋は、船賃や積荷の手数料を立て替え、これらを自らが取り分とする問屋口銭とともに、薪荷代金から差し引いて、青柳家に支払うわけである。

本所松井町一丁目・金子屋喜平治

次の事例は、下総相馬郡下ヶ戸《さげと》村（千葉県我孫子市）染谷家の取引先である。下ヶ戸村は、近世後期に駿河国田中藩領となる。同村の旧家・染谷《そめや》彦《ひこ》右衛《え》門《もん》家に伝来する古文書には多くの薪関係の史料が見いだせる。これらによると、染谷家は幕末期に田中藩の御薪請負人をつとめ、江戸屋敷や加《か》村陣屋《むらじんや》（千葉県流山市）への供給を担っていた。同家文書の中に、「御荷物仕切」と題された年欠（未年）四月の横帳が一点含まれている。この帳面は、「金子屋喜平治」から「染野（谷）彦右衛門」にあてた薪荷物の仕切帳である。金子屋喜平治の店は、帳面に捺《お》されている印判から、先ほど見た山田屋の近く、本所松井町一丁目（東京都墨田区）にあり、また、一八五一年（嘉永四）から幕末にかけて同町で川辺四番組炭薪問屋に属したことが知られる。

仕切帳からは、とりあえず次の点が明らかとなる。①染谷家からの薪荷は、この間二〜三月に二回、舟で江戸へ送られている。積荷の大半は松の薪材であり、薪として加工されたもの(結束)は一部である。②問屋口銭(「定メ引」)は一〇パーセントに相当する。これと船賃が代金から控除され、荷主に渡される。③薪代金の残額を決済するに際して、その大半が塩代金にあてられている。塩の購入先である日野屋定之助《ひのやさだのすけ》は、江戸堀江町一丁目与兵衛地借の下り塩仲買である。金子屋は染谷家の依頼を受け、薪代金のうち八両余りを日野屋からの塩購入にあて、塩を染谷家に送ったことになる。塩の用途はわからないが、江戸と下ヶ戸村との間で、あたかも薪と塩が交換されるように流通している点が興味深い。

以上、奥川薪を扱う江戸の薪炭問屋の例をいくつか見てみた。これらに共通するのは、いずれも江戸の小名木川や竪川の流路に面し、奥川筋との舟運にとって最適といえる地帯に店舗を構えていることである。こうして受託された大量の奥川薪は、この後、江戸市中の隅々に分布する炭薪仲買へと引き取られ、小売りされて、ふつうの人びとを含む江戸市中全域で燃料として消費されてゆくことになろう。

薪の歴史全体像へ

本章では、物流のセンターとしての江戸について、まず江戸湊と江戸河岸の概要を見たうえで、特に江戸河岸の構造と、奥川筋から供給される薪の流通について検討してみた。奥川筋に限っても、これを通じて日々刻々と江戸へ供給される薪や薪材の量は厖大である。江戸に生きるふつうの民衆の暮らしを支える燃料エネルギー源としての薪の供給は、一方で、江戸近隣をはるかに超えた範囲で、山奥まで薪材の伐採が進み、自然環境や村々の暮らしや生産に大きな影響を与えたことが想定される。しかし、こうした実態の解明は、史料調査のレベルからまだほとんど取り組まれていないのが現状である。

一方、ここで見た薪や炭が、江戸市中でどのように販売され消費されるのか、こうした基礎的な事実もわかっていない。特に、一二〇〇軒以上の規模で存在した江戸の炭薪仲買が一つの鍵である。こうして、薪について、山方での薪材の伐採と加工、薪荷主による薪の集荷と江戸への販売、河岸問屋や船持による搬送、江戸の炭薪問屋での貯蔵と卸売り、炭薪仲買による小売り、多様な消費、こうした全体像について、ていねいに調べる必要がある。

こうした全体像の把握は、例えば現代社会において、われわれにはもっぱら消費の局面しか見えないという仕組みがあることからも重要である。薪のように、一見取るに足りないモノ＝商品に対して、これに携わった人びとや集団についてていねいに調べ、深く洞察し、その全体像を見ようとすることは、歴史学に限らず、現代を生きるわれわれ市民にとっても大切な営みとなるであろう。

おわりに――江戸に生きる

以上、江戸という都市社会を生きた人びとの様相を、町人地《ちょうにんち》を中心にそれぞれが置かれた社会の構造や、その中での身分的位置、また集団との関係などに注目しながら、五章にわたって述べてきた。

冒頭の第一章では、城下町という都市の類型と、その中での江戸の位置、また巨大化を遂げた江戸の概要を見た。続く二章以降では、「はじめに」で述べた歴史分析の三つの方法――社会＝空間構造論、身分的周縁論、分節構造論――を携えつつ、近世中後期に巨大化を遂げた江戸へと向かい、主に町方《まちかた》(町人地)社会に分け入って、第二章で、江戸中心部にある南伝馬町《みなみでんまちょう》とその界隈、第三章では、江戸の北端に位置する浅草寺《せんそうじ》とその寺院社会、第四章においては、江戸南部の近郊にある複雑な品川宿村《しながわしゅくむら》、という三つの地帯を取り上げ、それぞれの性格と特徴を具体的に見た。また第五章では、江戸の燃料エネルギー需要を支える薪《まき》に注目しながら、その流通と販売の局面を、在地社会や江戸の河岸《かし》などを舞台に見てきた。

しかしここで扱った素材や対象は、主に見てきた江戸町方に限っても、まだその一部分にしかすぎない。空間の広がりや人口の規模からすると、取り上げたのは、多めに見ても町方全体の一割にも満たないであろう。また、巨大都市江戸の生命線である流通インフラに関わる問題にしても、燃料については薪以外に炭も重要である。その他、もっとも基礎となる物資としての米はもとより、雑穀、酒、醬油、味噌、水油《みずあぶら》、魚油《ぎょゆ》、塩、木綿、綿など、流通・消費の面から検討すべき素材は大量に残されている。しかも、江戸城をはじめ、大名藩邸・旗本屋敷などからなる武家地や、一部町方にも及ぶ御家人の拝領町屋敷《はいりょうまちやしき》、また、町方とほぼ同じ空間の広がりを持つ寺社地については、第一章で大ざっぱに概観しただけであり、その詳細な検討は本書の対象外としている。こうして、「江戸に生きる」人びとの歴史を、全体として叙述するために、多くの宿題を残したままである。

本書では、冒頭で述べたように、「下からの視座」に立ち、民衆の「小さな歴史」を積み重ねる中から江戸の全体史を見ようとしてきた。しかし、こうした作業を経て、いったいどのような江戸の全体像が見えてくるのだろうか。この点は率直に述べて、まだだいぶ後の到達目標であり、今はその輪郭すら十分に述べることができないでいる。そこで、江戸の都市社会の全体像を把握するうえでの方向性について記すと、考えている道筋はほぼ次のようである。

一つは、社会のなかで疎外された、あるいは疎外しつくされた人びと――非人や遊女のような――を基礎に、身分社会の実態を、村や町などの小社会を中心に万遍なくきめ細かく見ていくということである。巨大都市・江戸についていえば、江戸の大名屋敷(藩邸)や寺院社会、神社社会の一つひとつを、さらに町方を構成する最小単位としての町やその連合体の一つひとつ、などがそれにあたる。また、大名や旗本など武家のイエの結合、寺院の組織や共同体、また宗教者の諸集団、有力な問屋から零細な小商人、さらに諸職人の仲間や組合、日用《ひよう》層の結合や賤民・芸能者・乞食層などの集団や仲間など、それぞれが存立する空間を含め、その実態を丹念に明らかにすることが基本となる。

二つには、幕府や大名などの領主権力や、朝廷権威など、幕藩制国家権力を構成する主な要素が、民間にある小社会や小集団を束ね、編成し統括する有り様を見なければならない。そこでは、暴力や法によるむき出しの支配・搾取という面だけでなく、儀礼や信仰、あるいは民間の慣習など民俗レベルにまで降り立つ支配の仕組みを、社会を統合し一定の秩序へと束ねる機能の面からもその性格を明らかにしなければならないだろう。

三つめは、都市や在地の民間社会にあって、百姓や町人たちを主体とするふつうの人びとを、生産や流通、また生活の場で直接支配し、これを編成する一部の有力者たち――これを社会的権力と呼ぶ――の役割を見ることが重要となる。在地社会の豪農や、都市の豪商などは、幕府や大名など公権力が社会を統合・支配するうえで、欠かせない役割を果たした。江戸でいえば、「大店《おおだな》」などはそうした存在であり、大規模な魚市場や青物市場などの問屋《といや》・仲買《なかがい》の仲間(市場仲間)も社会を束ねるうえで重要な位置を占めたと考えられる。

こうした中で本書では、江戸の中のいくつかの部分社会に注目し、その実態を史料にもとづきなるべく精緻に分析してみたが、そうして得られた結果を再構成し、右で述べた方法上の道筋を念頭において、さらに江戸の全体像をめざすことになる。こうした道筋をたどることは、一見迂遠《うえん》ではあるが、これ以外に道はないと改めて確信した次第である。

また本書を執筆する中で、幾人かの「名のある」都市民衆と出会えたことも大きい。第二章では、大工に下げ渡された少年の奴《やっこ》・三之介、屋根屋に奉公している最中、付け火で火あぶりとなった召仕《めしつかい》・又介、蠟燭《ろうそく》屋の店前に倒れ込んだ若狭《わかさ》出身の非人・六兵衛などがいた。第三章では、個人名では記さなかったが、浅草寺寺中地借《じがり》の厖大な店借《たながり》たち、浅草寺境内で営業する境内見世《みせ》の商人や、芸能者たち、また祭礼などに立ち現れる若者たちがいた。続く第四章では、食売旅籠屋《めしうりはたごや》で酷使される多数の食売女《めしうりおんな》や芸師、また肉体労働者としての駕籠舁人足《かごかきにんそく》、そして「ぶらんさん」の一員である悪党・源次郎などが思い浮かぶ。第五章では、河岸で働く仕手方車力・常や、高瀬船を運航する舟運労働者たちが立ち現れてきた。

こうした江戸を生きた民衆たちは、本書によって初めてその名が知られたりするのだろうが、けっして「名も無き民衆」ではない。一人ひとりが、権力者や偉人・英雄たちと同じように、生を受けて以来、かけがえのない名前を持ち、その後の人生を歩んだ実在した人びとなのである。そして、この列島の現在を生きる私たち市民のほとんどは、実は、近世の都市や村々を生きたふつうの民衆の、その直接の子孫であり、後裔《こうえい》に他ならない。

江戸を生きた都市民衆の人生について、その痕跡をたどることのできる史料は、それほど多く見いだすことはできないだろう。であるからこそなおさら、ほんのわずかではあれ、史料にその名を刻んだ人びとの生が、とても大切にいとおしく感ぜられる。こうしたふつうの人びとの歩んだ生を、その断片でもよいから、一人でも多く歴史の闇から掬《すく》い取り、その人びとを育んだ周辺社会の実態とともに、可能な限りていねいに見てゆきたい。こうして、民衆の「小さな歴史」を一つでも多く豊かに叙述し、先ほど述べたような道筋で、少しでも全体史に近づくことができれば、と希望している。

あとがき

日本近世史を新書五冊で描こうという、この壮大な(だいそれた)企画に、団塊世代の一員であることからか、その末席に参加させていただいた。「通史」という叙述の形式についてかねがね疑問を呈してきたこともあって、本書がこのシリーズ中の一冊として並ぶのは、正直いってあまり居心地はよくない。しかし、筆者のような「周縁」的な存在を疎外することはなかった外の四名の執筆者の方々、また構想をうまく組み立てられず右往左往するなかで、あれこれ励まして下さった新書編集部の大山美佐子さん・古川義子さんに、それぞれ感謝したい。

本書は主タイトルに「都市」を掲げるが扱うのはほぼ江戸だけ、副題で「江戸に生きる」とあっても町方の社会をちょいと覗いたぐらいで、看板に偽りありという具合だが、この点、読者のみなさんにはまことに申し訳ない次第である。ただ、自分にはこうした対象を選び、叙述の方法をとることしか、外に道はありませんでした、と頭を垂れるしかない。

一方で本書は、現在社会をふつうに暮らし、誠実に働き学ぶ市民の方々を読者として念頭に置いて書いたつもりである。しかし読み返してみると、小難しい用語や表現、そして理屈っぽい論文調の文章が目につき、読みやすい新書だとはけっしていえない。江戸を生きた民衆の歴史を、現在を生きるふつうの市民の方々になるべくわかりやすく叙述し、その内容を理解していただくということは、容易でない。ここには大きな矛盾があり、難問が存在する。こうした課題を克服できないままの自分の非力さを、改めて思い知った次第である。

老境に入った身としては、こうした宿題をきちんと自覚し、改善に向けて修練するための時間は、それほど長く残されていないが、読者の方々からのご批判やご質問をいただきながら、多少でも前進できればと願っている。

二〇一五年四月

吉田伸之

索　引

さ 行

た 行

な 行

は 行

ま 行

や・ら・わ 行

参考文献

全編を通じて

高橋康夫・吉田伸之・宮本雅明・伊藤毅『図集 日本都市史』東京大学出版会, 1993

塚田孝『近世日本身分制の研究』兵庫部落問題研究所, 1987

二宮宏之『フランス　アンシアン・レジーム論 ── 社会的結合・権力秩序・叛乱』岩波書店, 2007

山口啓二『鎖国と開国』岩波書店, 1993

吉田伸之『近世巨大都市の社会構造』東京大学出版会, 1991

吉田伸之『近世都市社会の身分構造』東京大学出版会, 1998

吉田伸之『巨大城下町江戸の分節構造』山川出版社, 2000

吉田伸之『日本の歴史 17　成熟する江戸』講談社, 2002

吉田伸之『身分的周縁と社会＝文化構造』部落問題研究所, 2003

吉田伸之『伝統都市・江戸』東京大学出版会, 2012

第 1 章

石井進『日本の歴史 12　中世武士団』小学館, 1974

伊藤毅・吉田伸之編『伝統都市 1　イデア』, 東京大学出版会, 2010

佐藤信・吉田伸之編『新体系日本史 6　都市社会史』山川出版社, 2001

杉森哲也『近世京都の都市と社会』東京大学出版会, 2008

高木昭作『日本近世国家史の研究』岩波書店, 1990

玉井哲雄『江戸 ── 失われた都市空間を読む』平凡社, 1986

西川幸治『日本都市史研究』日本放送出版協会, 1972

ボツマン, ダニエル「カースト制度と身分制度 ── 比較歴史学の可能性について」『部落問題研究』195, 2011

宮川満『太閤検地論』第 2 部, 御茶の水書房, 1957

山口啓二『山口啓二著作集』第 2 巻, 校倉書房, 2008

第２章

片倉比佐子『都市紀要 28　元禄の町』東京都，1981

高山慶子「大伝馬町名主の馬込勘解由」『東京都江戸東京博物館調査報告書 21』2009

松崎欣一「江戸両伝馬町の成立過程及び機能について」『慶應義塾志木高等学校研究紀要』1，1970

松本良太「人宿」『岩波講座日本通史 15　近世 5』岩波書店，1995

三浦俊明「江戸城下町の成立過程――国役負担関係を通してみた町の成立について」『日本歴史』172，1962

第３章

竹内誠「江戸における法と民衆――「祭り」と「喧嘩」」『史潮』17，1985

小松(武部)愛子『近世天台宗寺院の存立構造』学位申請論文，2012

松平冠山編『浅草寺志』上・下巻，浅草寺出版部，1939・1942

光井渉『近世寺社境内とその建築』中央公論美術出版，2001

第４章

後藤雅知『近世漁業社会構造の研究』山川出版社，2001

『品川区史』通史編・上，品川区，1973

『品川町史』上中下巻，品川町役場，1932

柘植信行「中世品川の信仰空間――東国における都市寺院の形成と展開」『品川歴史館紀要』6，1991

松本四郎「幕末・維新期における都市の構造」『三井文庫論叢』4，1970

松本四郎「幕末・維新期における都市と階級闘争」『歴史学研究』1970 年度大会別冊特集，1970

吉田伸之「北品川の寺社門前」塚田孝・吉田伸之編『身分的周縁と地域社会』山川出版社，2013

吉田伸之「幕末期，江戸の周縁と民衆世界」『歴史評論』758，2013

吉田伸之「品川歩行新宿と食売旅籠屋」『シリーズ遊廓社会1　三都と地方都市』吉川弘文館，2013

第5章

大友一雄「江戸市場における薪炭流通と幕府の炭会所政策」『徳川林政史研究所紀要』1983年度，1984
陣内秀信「水都学をめざして」『水都学1』法政大学出版局，2013
『千葉県の歴史』通史編，近世1・2，千葉県，2007・2008
原直史『日本近世の地域と流通』山川出版社，1996
吉田伸之「流域都市・江戸」『別冊都市史研究　水辺と都市』山川出版社，2005

吉田伸之

1947年東京都生．1975年東京大学大学院人文科学研究科修士課程修了．千葉大学教育学部助教授，東京大学大学院人文社会系研究科教授を経て
現在 — 東京大学名誉教授
専攻 — 日本近世史
著書 — 『近世巨大都市の社会構造』(東京大学出版会)
『近世都市社会の身分構造』(東京大学出版会)
『巨大城下町江戸の分節構造』(山川出版社)
『日本の歴史17　成熟する江戸』(講談社)
『身分的周縁と社会＝文化構造』(部落問題研究所)
『伝統都市・江戸』(東京大学出版会) ほか

都市 江戸に生きる
シリーズ 日本近世史④　　岩波新書(新赤版)1525

2015年4月21日　第1刷発行
2025年1月24日　第7刷発行

著　者　吉田伸之《よしだのぶゆき》

発行者　坂本政謙

発行所　株式会社 岩波書店
〒101-8002 東京都千代田区一ツ橋 2-5-5
案内 03-5210-4000　営業部 03-5210-4111
https://www.iwanami.co.jp/

新書編集部 03-5210-4054
https://www.iwanami.co.jp/sin/

印刷・精興社　カバー・半七印刷　製本・中永製本

ISBN 978-4-00-431525-4　　Printed in Japan

岩波新書新赤版一〇〇〇点に際して

ひとつの時代が終わったと言われて久しい。だが、その先にいかなる時代を展望するのか、私たちはその輪郭すら描きえていない。二〇世紀から持ち越した課題の多くは、未だ解決の緒を見つけることのできないままであり、二一世紀が新たに招きよせた問題も少なくない。グローバル資本主義の浸透、憎悪の連鎖、暴力の応酬――世界は混沌として深い不安の只中にある。

現代社会においては変化が常態となり、速さと新しさに絶対的な価値が与えられた。消費社会の深化と情報技術の革命は、種々の境界を無くし、人々の生活やコミュニケーションの様式を根底から変容させてきた。ライフスタイルは多様化し、一面では個人の生き方をそれぞれが選びとる時代が始まっている。同時に、新たな格差が生まれ、様々な次元での亀裂や分断が深まっている。社会や歴史に対する意識が揺らぎ、普遍的な理念に対する根本的な懐疑や、現実を変えることへの無力感がひそかに根を張りつつある。そして生きることに誰もが困難を覚える時代が到来している。

しかし、日常生活のそれぞれの場で、自由と民主主義を獲得し実践することを通じて、私たち自身がそうした閉塞を乗り超え、希望の時代の幕開けを告げてゆくことは不可能ではあるまい。そのために、いま求められていること――それは、個と個の間で開かれた対話を積み重ねながら、人間らしく生きることの条件について一人ひとりが粘り強く思考することではないか。その営みの糧となるものが、教養に外ならないと私たちは考える。歴史とは何か、よく生きるとはいかなることか、世界そして人間はどこへ向かうべきなのか――こうした根源的な問いとの格闘が、文化と知の厚みを作り出し、個人と社会を支える基盤としての教養となった。まさにそのような教養への道案内こそ、岩波新書が創刊以来、追求してきたことである。

岩波新書は、日中戦争下の一九三八年一一月に赤版として創刊された。創刊の辞は、道義の精神に則らない日本の行動を憂慮し、批判的精神と良心的行動の欠如を戒めつつ、現代人の現代的教養を刊行の目的とする、と謳っている。以後、青版、黄版、新赤版と装いを改めながら、合計二五〇〇点余りを世に問うてきた。そして、いままた新赤版が一〇〇〇点を迎えたのを機に、人間の理性と良心への信頼を再確認し、それに裏打ちされた文化を培っていく決意を込めて、新しい装丁のもとに再出発したいと思う。一冊一冊から吹き出す新風が一人でも多くの読者の許に届くこと、そして希望ある時代への想像力を豊かにかき立てることを切に願う。

（二〇〇六年四月）

岩波新書より

日本史

古墳と埴輪　和田晴吾
〈一人前〉と戦後社会　禹宗杬／沼尻晃伸
豆腐の文化史　原田信男
桓武天皇　瀧浪貞子
読み書きの日本史　八鍬友広
日本中世の民衆世界　三枝暁子
森と木と建築の日本史　海野聡
幕末社会　須田努
江戸の学びと思想家たち　辻本雅史
上杉鷹山　「富国安民」の政治　小関悠一郎
藤原定家『明月記』の世界　村井康彦
性からよむ江戸時代　沢山美果子
景観からよむ日本の歴史　金田章裕
律令国家と隋唐文明　大津透
伊勢神宮と斎宮　西宮秀紀
百姓一揆　若尾政希

給食の歴史　藤原辰史
大化改新を考える　吉村武彦
江戸東京の明治維新　横山百合子
戦国大名と分国法　清水克行
東大寺のなりたち　森本公誠
武士の日本史　髙橋昌明
五日市憲法　新井勝紘
後醍醐天皇　兵藤裕己
茶と琉球人　武井弘一
近代日本一五〇年　山本義隆
語る歴史、聞く歴史　大門正克
義経伝説と為朝伝説　日本史の北と南　原田信男
出羽三山　山岳信仰の歴史を歩く　岩鼻通明
日本の歴史を旅する　五味文彦
一茶の相続争い　高橋敏
鏡が語る古代史　岡村秀典
日本の近代とは何であったか　三谷太一郎
戦国と宗教　神田千里

古代出雲を歩く　平野芳英
自由民権運動　〈デモクラシー〉の夢と挫折　松沢裕作
風土記の世界　三浦佑之
京都の歴史を歩く　小林丈広／高木博志／三枝暁子
蘇我氏の古代　吉村武彦
昭和史のかたち◆　保阪正康
「昭和天皇実録」を読む◆　原武史
生きて帰ってきた男　小熊英二
遺骨　戦没者三一〇万人の戦後史　栗原俊雄
在日朝鮮人　歴史と現在　水野直樹／文京洙
京都〈千年の都〉の歴史　高橋昌明
唐物の文化史◆　河添房江
小林一茶　時代を詠んだ俳諧師　青木美智男
信長の城　千田嘉博
出雲と大和　村井康彦
女帝の古代日本◆　吉村武彦
古代国家はいつ成立したか　都出比呂志

(2024.8)　◆は品切，電子書籍版あり．(N1)

岩波新書より

- 渋沢栄一 社会企業家の先駆者　島田昌和
- 平家の群像 物語から史実へ　高橋昌明
- アマテラスの誕生　溝口睦子
- 金・銀・銅の日本史　村上隆
- 戦艦大和 生還者たちの証言から◆　栗原俊雄
- 歴史のなかの天皇◆　吉田孝
- 沖縄現代史〔新版〕　新崎盛暉
- 刀狩り◆　藤木久志
- 戦後史　中村政則
- 明治デモクラシー　坂野潤治
- 環境考古学への招待　松井章
- 源義経　五味文彦
- 奈良の寺　奈良文化財研究所編
- 西園寺公望　岩井忠熊
- 日本の軍隊◆　吉田裕
- 日本文化の歴史　尾藤正英
- 熊野古道◆　小山靖憲
- 日本社会の歴史 上・中・下　網野善彦

- 神仏習合　義江彰夫
- 従軍慰安婦　吉見義明
- 考古学の散歩道　田中琢・佐原真
- 武家と天皇　今谷明
- 琉球王国　高良倉吉
- 昭和天皇の終戦史　吉田裕
- 西郷隆盛　猪飼隆明
- 平泉 よみがえる中世都市　斉藤利男
- 象徴天皇制への道　中村政則
- 軍国美談と教科書　中内敏夫
- 一揆　勝俣鎮夫
- 日本文化史〔第二版〕　家永三郎
- 自由民権◆　色川大吉
- 日本中世の民衆像◆　網野善彦
- 神々の明治維新　安丸良夫
- 真珠湾・リスボン・東京　森島守人
- 陰謀・暗殺・軍刀　森島守人
- 東京大空襲　早乙女勝元
- 兵役を拒否した日本人　稲垣真美

- 演歌の明治大正史　添田知道
- 太平洋海戦史〔改訂版〕◆　高木惣吉
- 太平洋戦争陸戦概史◆　林三郎
- 昭和史〔新版〕◆　遠山茂樹・今井清一・藤原彰
- 管野すが　絲屋寿雄
- 明治維新の舞台裏〔第二版〕　石井孝
- 革命思想の先駆者　家永三郎
- 「おかげまいり」と「ええじゃないか」　藤谷俊雄
- 犯科帳　森永種夫
- 大岡越前守忠相　大石慎三郎
- 応仁の乱　鈴木良一
- 歌舞伎以前　林屋辰三郎
- 源頼朝　永原慶二
- 京都　林屋辰三郎
- 日本神話◆　上田正昭
- 沖縄のこころ　大田昌秀
- ひとり暮しの戦後史　塩沢美代子・島田とみ子
- 戦没農民兵士の手紙　岩手県農村文化懇談会編

岩波新書より

- 山県有朋◆ 岡義武
- 萬葉の時代◆ 北山茂夫
- 日本の精神的風土◆ 飯塚浩二
- 日露陸戦新史 沼田多稼蔵
- 日本資本主義史上の指導者たち 土屋喬雄
- 岩波新書の歴史 付・総目録1938-2006 鹿野政直

シリーズ 日本近世史

- 戦国乱世から太平の世へ 藤井譲治
- 村 百姓たちの近世 水本邦彦
- 天下泰平の時代 高埜利彦
- 都市 江戸に生きる 吉田伸之
- 幕末から維新へ 藤田覚

シリーズ 日本古代史

- 農耕社会の成立 石川日出志
- ヤマト王権 吉村武彦
- 飛鳥の都 吉川真司
- 平城京の時代 坂上康俊
- 平安京遷都 川尻秋生
- 摂関政治 古瀬奈津子

シリーズ 日本近現代史

- 幕末・維新 井上勝生
- 民権と憲法 牧原憲夫
- 日清・日露戦争 原田敬一
- 大正デモクラシー 成田龍一
- 満州事変から日中戦争へ 加藤陽子
- アジア・太平洋戦争 吉田裕
- 占領と改革 雨宮昭一
- 高度成長 武田晴人
- ポスト戦後社会 吉見俊哉
- 日本の近現代史をどう見るか 岩波新書編集部編

シリーズ 日本中世史

- 中世社会のはじまり 五味文彦
- 鎌倉幕府と朝廷 近藤成一
- 室町幕府と地方の社会 榎原雅治
- 分裂から天下統一へ 村井章介

世界史

岩波新書より

近代国家への模索 1894-1925 川島真
革命とナショナリズム 1925-1945 石川禎浩
社会主義への挑戦 1945-1971 久保亨
開発主義の時代へ 1972-2014 高原明生 前田宏子
中国の近現代史をどう見るか 西村成雄

シリーズ アメリカ合衆国史

植民地から建国へ 19世紀初頭まで 和田光弘
南北戦争の時代 19世紀 貴堂嘉之
20世紀アメリカの夢 世紀転換期から一九七〇年代 中野耕太郎
グローバル時代のアメリカ 冷戦時代から21世紀 古矢旬

シリーズ 歴史総合を学ぶ

世界史の考え方 小川幸司 成田龍一 編
歴史像を伝える 成田龍一
世界史とは何か 小川幸司

岩波新書より

社会

不適切保育はなぜ起こるのか	普光院亜紀
なぜ難民を受け入れるのか	橋本直子
罪を犯した人々を支える	藤原正範
女性不況サバイバル	竹信三恵子
パリの音楽サロン	青柳いづみこ
持続可能な発展の話	宮永健太郎
皮革とブランド 変化するファッション倫理	西村祐子
動物がくれる力 教育、福祉、そして人生	大塚敦子
政治と宗教	島薗進編
超デジタル世界	西垣通
現代カタストロフ論	金子勝 児玉龍彦
「移民国家」としての日本	宮島喬
迫りくる核リスク 〈核抑止〉を解体する	吉田文彦
記者がひもとく「少年」事件史	川名壮志
中国のデジタルイノベーション	小池政就
これからの住まい	川崎直宏
検察審査会	デイビッド・T・ジョンソン 平山真理 福来寛
ドキュメント〈アメリカ世〉の沖縄	宮城修
東京大空襲の戦後史	栗原俊雄
土地は誰のものか	五十嵐敬喜
民俗学入門	菊地暁
企業と経済を読み解く小説50	佐高信
視覚化する味覚	久野愛
ロボットと人間 人とは何か	石黒浩
ジョブ型雇用社会とは何か	濱口桂一郎
法医学者の使命 「人の死を生かす」ために	吉田謙一
異文化コミュニケーション学	鳥飼玖美子
モダン語の世界へ	山室信一
時代を撃つノンフィクション100	佐高信
労働組合とは何か	木下武男
プライバシーという権利	宮下紘
地域衰退	宮﨑雅人
江戸問答	田中優子 松岡正剛
広島平和記念資料館は問いかける	志賀賢治
コロナ後の世界を生きる	村上陽一郎編
リスクの正体	神里達博
紫外線の社会史	金凡性
「勤労青年」の教養文化史	福間良明
5G 次世代移動通信規格の可能性	森川博之
客室乗務員の誕生	山口誠
「孤独な育児」のない社会へ	榊原智子
放送の自由	川端和治
社会保障再考 〈地域〉で支える	菊池馨実
生きのびるマンション	山岡淳一郎
虐待死 なぜ起きるのか、どう防ぐか	川﨑二三彦
平成時代◆	吉見俊哉

岩波新書より

バブル経済事件の深層　奥山俊宏・村山治
日本をどのような国にするか　丹羽宇一郎
なぜ働き続けられない？　社会と自分の力学　鹿嶋敬
物流危機は終わらない　首藤若菜
認知症フレンドリー社会　徳田雄人
アナキズム　一丸となってバラバラに生きろ　栗原康
総介護社会　小竹雅子
賢い患者　山口育子
住まいで「老活」　安楽玲子
現代社会はどこに向かうか　見田宗介
EVと自動運転　クルマをどう変えるか　鶴原吉郎
ルポ 保育格差◆　小林美希
棋士とAI　王銘琬
科学者と軍事研究　池内了
原子力規制委員会　新藤宗幸
東電原発裁判　添田孝史
日本問答　田中優子・松岡正剛

日本の無戸籍者　井戸まさえ
〈ひとり死〉時代のお葬式とお墓　小谷みどり
町を住みこなす　大月敏雄
歩く、見る、聞く　人びとの自然再生　宮内泰介
対話する社会へ　暉峻淑子
悩みいろいろ　金子勝
魚と日本人　食と職の経済学　濱田武士
ルポ 貧困女子　飯島裕子
鳥獣害　動物たちと、どう向きあうか　祖田修
科学者と戦争　池内了
新しい幸福論　橘木俊詔
ブラックバイト　学生が危ない　今野晴貴
ルポ 母子避難　吉田千亜
日本病　長期衰退のダイナミクス◆　金子勝・児玉龍彦
雇用身分社会　森岡孝二
生命保険とのつき合い方◆　出口治明
ルポ にっぽんのごみ　杉本裕明

鈴木さんにも分かる　ネットの未来　川上量生
地域に希望あり◆　大江正章
世論調査とは何だろうか◆　岩本裕
フォト・ストーリー 沖縄の70年　石川文洋
ルポ 保育崩壊　小林美希
多数決を疑う　社会的選択理論とは何か　坂井豊貴
アホウドリを追った日本人　平岡昭利
朝鮮と日本に生きる　金時鐘
被災弱者　岡田広行
農山村は消滅しない　小田切徳美
復興〈災害〉　塩崎賢明
「働くこと」を問い直す　山崎憲
原発と大津波　警告を葬った人々　添田孝史
縮小都市の挑戦◆　矢作弘
福島原発事故　被災者支援政策の欺瞞◆　日野行介
日本の年金◆　駒村康平
食と農でつなぐ　福島から◆　塩谷弘康・岩崎由美子

岩波新書より

過労自殺〔第二版〕◆　川人　博
金沢を歩く　山出　保
ドキュメント 豪雨災害　稲泉　連
ひとり親家庭　赤石千衣子
女のからだ フェミニズム以後◆　荻野美穂
〈老いがい〉の時代◆　天野正子
子どもの貧困 II　阿部　彩
性と法律　角田由紀子
ヘイト・スピーチとは何か◆　師岡康子
生活保護から考える◆　稲葉　剛
かつお節と日本人　宮内泰介　藤林　泰
家事労働ハラスメント　竹信三恵子
福島原発事故 県民健康管理調査の闇◆　日野行介
電気料金はなぜ上がるのか◆　朝日新聞経済部
おとなが育つ条件　柏木惠子
在日外国人〔第三版〕　田中　宏
まち再生の術語集　延藤安弘
震災日録 記憶を記録する◆　森　まゆみ

原発をつくらせない人びと　山秋　真
社会人の生き方◆　暉峻淑子
構造災 科学技術社会に潜む危機　松本三和夫
家族という意志◆　芹沢俊介
夢よりも深い覚醒へ◆　大澤真幸
3・11 複合被災◆　外岡秀俊
子どもの声を社会へ　桜井智恵子
就職とは何か◆　森岡孝二
日本のデザイン　原　研哉
ポジティヴ・アクション　辻村みよ子
脱原子力社会へ◆　長谷川公一
希望は絶望のど真ん中に　むのたけじ
アスベスト 広がる被害　大島秀利
原発を終わらせる　石橋克彦編
日本の食糧が危ない　中村靖彦
希望のつくり方　玄田有史
生き方の不平等◆　白波瀬佐和子
同性愛と異性愛　風間　孝　河口和也
新しい労働社会　濱口桂一郎

世代間連帯　上野千鶴子　辻元清美
子どもの貧困　阿部　彩
子どもへの性的虐待◆　森田ゆり
反貧困　湯浅　誠
不可能性の時代　大澤真幸
地域の力　大江正章
少子社会日本　山田昌弘
「悩み」の正体　香山リカ
変えてゆく勇気◆　上川あや
戦争で死ぬ、ということ　島本慈子
ルポ 改憲潮流　斎藤貴男
社会学入門　見田宗介
少年事件に取り組む　藤原正範
悪役レスラーは笑う◆　森　達也
いまどきの「常識」◆　香山リカ
働きすぎの時代◆　森岡孝二
桜が創った「日本」　佐藤俊樹
生きる意味　上田紀行
社会起業家◆　斎藤　槙

(2024.8)　◆は品切，電子書籍版あり．　(D3)

岩波新書/最新刊から

2040 **反逆罪**
―近代国家成立の裏面史―
将基面貴巳 著
支配権力は反逆者を殺すことで、聖性を獲得してきた。西洋近代の血塗られた歴史を読み解き、恐怖に彩られた国家の本質を描く。

2041 **教員不足**
―誰が子どもを支えるのか―
佐久間亜紀 著
先生が確保できない。全国の学校でそんな悲鳴が絶えない。独自調査で問題の本質を追究し、教育をどう立て直すかを具体的に提言。

2042 **当事者主権 増補新版**
中西正司
上野千鶴子 著
障害者、女性、高齢者、子ども、性的少数者が声をあげ社会を創りかえてきた感動の軌跡。初版刊行後の変化を大幅加筆。

2043 **ベートーヴェン《第九》の世界**
小宮正安 著
型破りなスケールと斬新な構成で西洋音楽史を塗り替えた「第九」。初演から二〇〇年、今なお人々の心を捉える「名曲」のすべて。

2044 **信頼と不信の哲学入門**
キャサリン・ホーリー 著
稲岡大志
杉本俊介 監訳
信頼される人、組織になるにはどうすればよいのか。進化論、経済学の知見を借りながら、哲学者が迫った知的発見あふれる一冊。

2045 **ピーター・ドラッカー**
―「マネジメントの父」の実像―
井坂康志 著
著作と対話を通して、彼が真に語りたかったこととは。「マネジメントの父」の裏側にある実像を、最晩年の肉声に触れた著者が描く。

2046 **力道山**
―「プロレス神話」と戦後日本―
斎藤文彦 著
外国人レスラーを倒し、戦後日本を熱狂させた国民的ヒーロー。神話に包まれたその実像とは。そして時代は彼に何を投影したのか。

2047 **芸能界を変える**
―たった一人から始まった働き方改革―
森崎めぐみ 著
ルールなき芸能界をアップデートしようと、役者でありながら奮闘する著者が、芸能界のこれまでとこれからを描き出す。

(2025. 1)